周天籁——著

风流千金

文汇出版社

周天籁的再发现

张屏瑾

周天籁（1906—1983），是民国时期上海著名的通俗文学作家，代表作《亭子间嫂嫂》、《亭子间嫂嫂外传》，1990年代被当做"海派"文学的代表作品发掘出来以后，一时广为流传，"嫂嫂"成为了现代文学史上一种引人入胜、发人深思的女性形象。但是，对这位高产的连载小说作者来说，光有一部《亭子间嫂嫂》，远不足以看到他作品的全貌，也不足以通过他的写作，来一窥上海小报连载文学的别样风光。近年来，文汇出版社陆续推出了周天籁的其它作品，如《浪漫浪漫集》《逍遥逍遥集》等后期写于台湾的随笔文章，受到读者喜爱。而他1940年代的其它小说，除了《夜夜春宵》一部以外，一直未能与读者见面。这次文汇出版社又选择了《春之恋》（含《桃源艳迹》《粉红色的炸弹》《春之恋》三部小长篇）和长篇《风流千金》，通过努力，付梓出版，在很大程度上补足了周天籁以一幅挥洒笔墨所刻画出的"洋场风景"。

《风流千金》，1941年12月1日到1942年9月30日连载于上海《吉报》，共282节，1946年由文光书局出版。这部小说讲述一位出身良好家庭的年轻小姐，经由上海的风月场所，与一个又一个异性结交，兜兜转转，最后染病而丧命。作品是典型的市民通俗小说笔法，却有几个原因而显得颇为不同。首先是主题的大胆，虽然写作时间仅隔一年，周天籁笔下的女主人公，已经从过着身不由己的悲苦生活的"亭子间嫂嫂"，变成了对男性放浪追逐的富家千金。这位都市女性不但追求情场自由，而且对男人挥洒钱财，慷慨有加，只为品尝情和欲之欢乐，虽亦处处遇人不淑，尤其是"情"与"欲"常难两全，但作者在这部小说里似乎采用了西方小说"零度写作"的一种动机，对于笔下人物的命运不流露任何态度，只以不断的呈现为己任，而不加任何品评解释。

这其实也是周天籁这四篇作品的一个共同特点，作者好像只是客观描述现象与事实，他确实颇喜欢给自己的小说加上"事实小说"之标签，含义有如今天的"非虚构"，当然，谁也知道"事实"只是一个幌子，这些作品整体上呈现出一种猎奇的态度，因此无法像《亭子间嫂嫂》那样，可以被一种"五四"以来的展现底层与社会关怀的文学主潮所容纳，最终难免埋没。不过，今天重新来看待这些在当时很有一些阅读量的连载小说，会发现其中一些独特的文学性的线索，首先当然是文学的娱乐功能。《桃源艳迹》（小说连载版标注有"海上事实"字样），1948年10月12日到1949年1月16日连载于上海《风报》，叙述桃源坊的两富豪家里的一连串私情故事，因都是争风吃醋的情节，难免雷同，不过，娱乐的一大特点本来就是不断重复同一个模式，小说也由于涉及形形色色的三教九流，而具有了另外一种观察世态的角度。《粉红色的炸弹》，分两段于1947年和1948年分别连载于上海的《苏报》与《辛报》，连载时名为《情弦应变记》，讲的是上海公司职员生活里的饮食男女，主要人物有广告公司的经理、小职员、破落了的交际花等等。这些男女之间的情感纠葛陈义不高,通常只是出于生存的需要,或欲望的交集,因而没有任何的"文艺腔",却受到小报读者的欢迎,这里面也可以看出一点普通人对于文艺的需求。

我另外感到有点吃惊的,是周天籁这几篇小说里一种不自觉的"摩登"色彩。《风流千金》中的女性大胆追求感官享乐,与上海1930年代都市现代性中的"摩登女郎"叙述可谓前后承接,而这位掩人耳目、勾栏里流连的风流千金,还让人联想起法国著名的新浪潮电影《白日美人》里的中产阶级家庭主妇,同样在优越的家庭生活之下去妓院"工作",最后也是悲剧结尾。两相比较,还不能完全用女性的性意识解放来解释,更保留了一种对于社会整体结构的压抑性的表现,虽然在周天籁的上海,这完全是用奇闻八卦的形式讲出来的。由此发觉,所谓通俗与先锋、消费主义与问题小说等等,似乎也不能简单地去区分与归类。

同样的还有《春之恋》,男主人公早早地依从家长安排而婚娶,却从没有自主谈过恋爱,为了成为一名成功的作家,他决定和过去青梅竹马的女同学修好,目的完全是为了写出符合新式恋爱观的小说作品来,他一边恋爱一边记录恋爱,等到完成了这部小说以后,他的恋爱也就走到了尽头。周天籁没有让我们读到这部"小说中的小说",不过这已足够对新式自由恋爱构成一种讽刺,对新文学的"恋爱小说"更有强烈的反讽。实际上,周天籁所有的小说虽然写的都是情爱主题,却没有一部是"五四"新文学意义上的"恋爱小说",或许《春之恋》所透露出的,正是通俗文学作家对新文学的某种理解。

与《亭子间嫂嫂》相比,《风流千金》等几部小说的叙述和文笔都有些不一样，前者明显要含蓄很多。这里的几部小说，其原文略嫌拖沓，有些地方前后会表现出不一致、不平衡，体现出小报连载小说常常会出现的问题：为写而写，笔墨铺张浪费，或为了迎合读者的某些趣味而刻意为之，这虽在特定的语境里增加了"可读性"，却损害了其艺术上的价值。这次重新出版时，对原文酌情加以调整，旨在发掘、整理这一上海通俗文学不可多得的原始资料，为读者和文学史研究者们提供参考。

上世纪初的通俗小说家们仰赖阅读市场而生存，纵然也能写出传世佳作，却很难终生爱惜羽毛，周天籁就是这样的一个例子。不过，这些泥沙俱下的文字里夹带了时代的种种物质与精神状况，表现出市民生活的百态写真，上海方言的俚俗韵味，乃至于文学和文化本身的一些特殊状态，不加修饰，让人有身临其境之感，这不能不说就是"海派"文学的本义了。

2019 年 5 月 26 日

静安寺路上有家叫做派克公寓的，那是一家贵族化公寓，里面秘密附设着一家贵族化的咸肉庄，内部装潢，可说富丽堂皇极了，并且大大小小房间有十多个，有会客室，碰和室，浴间，化妆室；"会战"时用的睡房有五六间，一律用席梦思弹簧床，野鸭绒被褥；木器是毛全泰的红木摩登家具，有的用柚木，统是定制的全套，其他如杯盘碗盏全部银制的；娘姨有十多个，服侍客人可说周到体贴，无微不至，她们都经过一番训练，因此极得客人欢心，临走她们的下脚钱，至少三十五十一掷，因为到这里来白相的客人，都是上海大亨，名流，汽车来来去去，阔绰得不亦乐乎。薪水阶级的朋友，也就根本达不到这里来，就是来的，老实说，至少也要几个月不天亮，请问如何白相得起呢。

这家咸肉庄的老板是广东人，今年四十岁，姓郭的绰号叫广东老郭，搭档一个姘头，是苏州人今年廿九岁叫蹄髈阿六，一个甚肥甚肥的女人。这个蹄髈阿六外面人头熟极了，她的出身，原是长三堂子，后来身体越弄越肥像只母猪一样，自知这碗堂子饭吃不下去了，收歇了之后，便同广东老郭搭上，就开始同居起来，手边也积下几万块私房钱，由老郭存入银行，打算做些生意。后来生意倒没有做，鉴于几个贵族咸肉庄营业非常发达,如马立斯×号,如祥康里×号,如厦门路×号,这都是最著名的贵族咸肉庄,因此同老郭一商量,大转其脑筋,决意也开出一家来,资本预备廿万元,细细派派如何不要廿万元,挖房子,内部装潢置办一切,完全以贵族姿态出现,打倒目前几家贵族门口,处此时代,唯有竞争,才能立足。于是两人拼凑廿万元下本,便在静安寺路派克公寓里挖下一排连房间十多个,彻底改造,成为一家上海最最贵族的咸肉庄。蹄髈阿六主张,既然派头大,索性派头大到底,不主张有坐庄的小姐,完全一律到外面去喊真崭实货的公馆里姨太太,少奶奶,小姐,电影明星,要做到客人点中某人,便将某人喊来,方为吃价。可这不是一桩容易的事,阿六手边头相熟的一批小姊妹,都有手腕可以把她们拉拢,终感觉得人头不够,忽然想起王三妹来,又想起五小姐来,王三妹是海上某闻人的下堂妾,五小姐是慕尔堂女学生。

这王三妹同五小姐在上海都很有名气,知道的人很多,尤其王三妹比五小姐更有名气,她们每天在交际场中周旋,认识的人真也不少。蹄髈阿六说:"把她们两个人拉拢来,做着庄上的基本人员,一定大有苗头,因为有了这两个人的号召,无疑是很有力量的。"广东老郭点点头道:"你阿六果真有办法把王三妹同五小姐拉拢,我们这个门口就有生路,现在我是资本放下去了,像现在我们这家派头,在上海可说是第一家,没有比这里更富丽的,如果没有生意这是你外面兜不转,所以你说的拉拢这两个人,一个王三妹一个五小姐,这倒是当务之急。我想你还是赶快进行这桩事!"

蹄髈阿六这时候已经秘密进行,拉拢了一批小姊妹,人头倒也有十多个,都分别商量妥当,临时可以把她们喊来,有的说明只可以陪客人做局而不能接夜厢,有的可以做局也可以接客人夜厢,她们都很高兴帮蹄髈阿六的忙,同时她们也赛过寻寻野食吃吃,进账点外快,何乐而不为呢?可是蹄髈阿六认为这一批人都不是将才,也不是榜上有名的,有的还在长三堂子里悬牌应征,有的已经嫁了人,但嫁的并不是大亨,闻人,要是大亨闻人就又好了,越是大的闻人的越吃价,可以在客人面前夸说这是某某闻人的二姨太,某某闻人的三少奶奶。上海白相贵族咸肉庄的朋友,就吃这一记噱头。但这十多个都不够资格,蹄髈阿六一想,非急急罗致新人才不可,她的记忆里,她的夹袋里,只有两个,在上海的确很有地位,人也来得,漂亮极了,也风骚极了,交际场中每天见到她们芳踪的,一个就是前面说过的王三妹,一个便是五小姐。王三妹虽然堂子里出身,因为她做过某银行行长的妾,脱辐后又嫁过戏子,同时又搭上了某大公司的葛大班,又爱上了某电影小生,人头之多,坐下足有两圆桌,并且他们都死心塌地的爱她,后来又同戏子离婚了,这个戏子就为了她投黄浦自杀,直到现在王三妹依然过着昏天黑地,纸醉金迷的玩弄男性的浪漫生活,上海没有一个人不知道,是一朵赫赫有名的交际之花。五小姐呢,她本姓周,芳名丽华,父亲贩土发了财,家私不下三千万,五小姐青春才二九,也是个早熟姑娘,相当浪漫,可是她所交接的一批小姊妹都是只知交男朋友不知读书,耳濡目染,也变成一个坏料,叫名在慕尔堂读书,哪里是真的读书,还不是跟了一批男朋友在外面胡天胡地。

蹄髈阿六拉拢王三妹五小姐来帮忙,王三妹答应是答应的,却提出了几个条件:"第一条认得的客人不做,以免下不来台,传说出去,王三妹会跑咸肉庄,名声多么难听。第二条绝对自由,不受约束,今天高兴上庄就上庄,不高兴上庄,你蹄髈阿六不可以强求,也不可以情商。第三条规定做局三百元,夜厢六百元,这价钿似乎贵了些,不过以我王三妹的身份,三百元做一个局,客人实在并不吃亏,六百元一个夜厢,也很便宜,我从前在生意上,有许多客人在我身上花过不少不少钱,八千搭一万的很多,无非都转我念头,但,他们何曾碰到我的身体,可想而知现在三百元就可以同我一度销魂,六百元还要陪他窝心一夜呢。"

蹄髈阿六道:"不贵,的确不贵,不过我本家同你三七拆了账,你到手也无几了。我的主张有客人喊你坐房间,你索性不应酬,有工夫的话,就到我们庄上来叉叉麻将,陪陪客人;譬如白相性质。你以为哪能?"

王三妹道:"蛮对蛮对,我有工夫总归到庄上来白相叉叉麻将是了,至于客人喊我坐房间,我决不出来应酬,喊到我起码做一个局,虽然谈谈讲讲,不做局,也作为做局计算,横竖你蹄髈阿六门槛精,随机应变,看客人打发是了。"

这家庄上自从添了这两个人才之后,艳闻秘史渐渐泄漏到外面来,据说这是上海最伟大的一家贵族门口,只要客人点中什么人,她们都能够替你喊到,就是这一点吃硬,营业蒸蒸日上。自有一批有闲阶级的王孙公子,前来问津,虽然外面没有宣传,没有登过广告,居然每夜门口汽车停下十多辆。这时候蹄髈阿六从另一方面果真又拉拢了一批真崭实货的人家人,公馆里的姨太太,少奶奶,小姐,电影明星,她们都同男子一式一样,需要性的解决,有的简直不要客人一个钱的,情情愿愿白陪你睡觉。但求解决得痛快,便已心满意足了。因此蹄髈阿六在客人面前捞了不少横档,介绍的费用,还有房间钱,譬如这个房间给你们派用场,便要付三十元四十元的一次房间钱,而客人付给的销魂费,蹄髈阿六推脱是女的到手,她们庄上所得到一些好处,就不过客人开销这笔费用。到这里来的客人,哪里还同她计较,一切都由蹄髈阿六去照算,没有话说。

这一天庄上却到了一位某洋行的买办,叫沈衡章的,同了一个朋友一起来白相。蹄髈阿六一看模样是个大客人,可是很陌生,便亲自出马招待他。

蹄髈阿六看见这个沈客人马而虎之的,手指上戴着一枚像黄豆那般大的金刚钻戒指,闪闪发出亮光来,身上穿的是马褂袍子,下面元色缎子夹鞋,一支老粗的雪茄塞在嘴巴里。年纪大致三十光景,同来的那个朋友却穿的西装,人很潇洒,不知他姓什么。两人来到会客室里坐下,蹄髈阿六亲自迎上去笑道:"先生,请问先生,阿有老相好呀?"

沈衡章笑嘻嘻答道:"没有老相好。听说你们这里客人点中什么人,都可以喊到,有这事吗?"

"蛮对,蛮对,你先生尊姓呀?"

"鄙姓沈。"

"喔,沈先生,那末你打算喊什么人呢?说出这个人名字,她住的地方,我们就可以打电话喊她来,不过上海地方很大,人头也很多,老实说,不一定能够喊到,总之别人家庄上能够喊到我们这里无有喊不到道理。"

沈衡章同朋友两人哈哈一阵大笑道:"对对,你是不是这里本家?"

"我就叫蹄髈阿六呀,我同你们先生还是头一次见面呢。"

"久仰得很,久仰得很。"沈衡章笑着道,"我想喊四小姐来谈谈,听说四小姐近来也秘密到这里来?"

蹄髈阿六一个愕然道:"四……小……姐,哪里一个四小姐呀,她姓什么叫什么?你怎么知道四小姐到这里来?"

"我听朋友说起,你们这里有个四小姐,非常精彩,她姓史,家住西摩路,人家都喊她史四小姐的,你们能够把她喊到,要我出多足多的钱都高兴。"

蹄髈阿六脑筋一动,问道:"沈先生,你在几号里喊过她的?假使别人家喊过,我们这里也喊得到,至于我们这里根本没有姓史的四小姐这个人,你听朋友说在我们这里喊过她,也许弄错了。"

沈衡章道:"你们这里既然喊她不到就算了,我们隔一天再来白相吧。"便起身要走,蹄髈阿六便急急的说:"沈先生,沈先生,慢一步走,再坐一歇,让我进去问问,再确实告诉你吧。"

于是沈衡章便又坐了下来,蹄髈阿六赶到里面去,原来里面有一桌麻将,王三妹,五小姐,一班人正在那里叉着麻将,蹄髈阿六对王三妹道:"王小姐,王小姐,我有一件事问你。"

王三妹一边打着麻将一边道:"阿姊,阿有啥事体?"

蹄髈阿六道:"外面来了两个客人,一个姓沈的点中要喊史四小姐,住在西摩路的,我们这里根本没有这个史四小姐,我想问问你相识不相识。"

王三妹没有回答,倒是五小姐抢着道:"有的,有的,史小姐是我一个同学姊妹,她的名字叫湘韵,史家是上海大族,她的老太爷做过大官,就是史小姐两个哥哥现在还是做着很大的官员,在上海很有地位,我同史小姐有上两年同学。"

蹄髈阿六认真的道:"五小姐,你真的认得她?"

五小姐一边打牌一边答道:"认是认得的,不过客人点中她,肯出来不肯出来,还是一个问题。"

蹄髈阿六欢喜道:"五小姐,五小姐,你既然同她相熟,我想托你去走一趟,同她相商相商,先约她到这里来白相,到了这里我再来告诉她,好不好?"

王三妹插出来道:"阿姊,外面那个沈客人今夜总归来不及了,你还是去告诉他,叫他明天夜里来,一面托五小姐去邀史小姐到这里来打牌,别的话不要告诉她,否则事体要弄僵的,到了这里之后就是你阿姊同她商量不下,我同五小姐两人来同她说,总之这个沈客人是陌生的,想来没有关系,一向认得史小姐决也不会答应。"

"当然到了这里再说了。"

五小姐道:"请她到这里来我答应得下,而且我可以写包票,她这个人真可说是个糊涂虫,随便什么地方都要去的,赛过一个烂糊三鲜汤……"

蹄髈阿六拍拍五小姐的肩胛笑道:"谢谢侬,谢谢侬,准定明天去请她来,事体成功,重重的谢你。"说着便又赶到外面会客室里来,笑着告诉沈客人道:"沈先生,我已经问过哉,你说的史四小姐,原来就是史湘韵,你假使说史湘韵我就知道了。不错,今夜电话打去人已经走出,告诉她娘姨,约她明天夜里到这里来,请沈先生今夜做一个别人吧。"

沈衡章笑道:"我喊史小姐也是闻名而来,她本来名字叫什么倒不仔细,好,准定明夜再来就是。"

还有一个西装客人有些不愿意走,蹄髈阿六道:"我劝你们今夜就在这里住夜了吧,沈先生我介绍你一个王三妹,还有一位客人我介绍你一个五小姐,不是很好,王三妹同五小姐都是赫赫有名的交际之花,包你称心如意。"

沈衡章听了蹄髈阿六这样挽留他住夜,便说:"不,今夜我诚心来做史小姐的,史小姐不能来,假使掉了别人,心理作用,有点不大愿意,我准定明夜来吧。"说着他又问同来的朋友道:"你预备这里住夜!你就留下好了,我先走一步。"

那个朋友笑嘻嘻点了点头,表示好的,蹄髈阿六便说:"蛮对,沈先生你就准定明夜来,你这位贵友便留在这里吧,如果王三妹,五小姐不中意,我们这里人头真多,你点中,只要她们不曾有客人做去,一定能够替你喊到。"

沈衡章走了后,那个西装客人便留了下来,他轻轻的问蹄髈阿六道:"听说南京路有家大南货店老板的四姨太也到这里来走动的,有这回事没有?"

蹄髈阿六笑蜜蜜,点了一下头道:"你先生是不是中意她?"

"是的,听说人非常精彩,娇小玲珑的。"

"我告诉你,她只能够同客人做做局,不能在外面接夜厢,因为她有胡老麻子的。"

"我就同她做个局好了。"

于是蹄髈阿六便拖了拖西装客人的袖子,领了他到另外一间去。这一间的布置特别考究,四壁悬着西洋模特儿放大照片,靠壁一排丝绒沙发,中间一只低低的圆桌,插着一瓶鲜花,地上铺的来路货地毯。这一间也是会客室,但实际上并不是会客室,她把西装客人领到这里之后,盼咐他坐着,盘问他姓什么,叫什么,上海住在什么地方。西装客人起初不肯说,蹄髈阿六道:"你尽管大方的告诉我们,这里决不会替你宣布出去的。"

西装客人笑道:"我们到这里来白相,完全是逢场作戏,你留下我的名字地址,一旦传出去多少难听,客人面子有关。"

"告诉你决不会替你讲出去的,你放一百念四个心好了。"蹄髈阿六恐怕他不相信,又说:"先生你请坐一歇歇,我拿一本簿子给你看,到这里来的客人都留有姓名住址,虽然这里是庄上,性质同普通一般的不同。"说着便赶了出去捧了一册洋装本硬簿子进来,一页一页翻给他看道:"你看你看了之后自会相信。"西装客人接过来一看,这里面果然都是大亨,闻人,不觉大吃一惊。

蹄髈阿六道:"如何,如何,这些客人都常到这里来消遣白相,打扑克,叉麻将,不算一回事,你先生到这里来的时候,看见门口不是有好多汽车停着吗?"

西装客人随即抽出插袋里自来水笔在簿子上写着"金任民"三个字道:"我姓金,叫任民,我是吃报馆饭的。"

"金先生,你的名字我们代为保守秘密的,不过你自己知道,别把这里的事情去在报纸上发表。"

"当然不会,你代守秘密,我也代你守秘密。"

"你请坐片刻,我马上打电话去喊她来。"蹄髈阿六把簿子接收了去,一个电话打到四姨太公馆里,告诉她有个姓金叫任民的客人,"你相识不相识?"四姨太答道:"不相识。"蹄髈阿六道:"不相识那末你赶快来吧。"把电话挂了后,又赶到这一间里来告诉客人道:"金先生,你的缘分真好,四姨太没有走出,接了我的电话马上就来,不到十分钟就会到这里。"金任民笑道:"代价大概要多少呢?"

"金先生，我老实告诉你，四姨太到这里来完全是同客人结交朋友性质，决不会多要你的钱，就是你不付也没有关系，因为四姨太很有钱，她到这里来一半是同客人结交朋友，一半还是白相性质，你金先生真心待她的，她也会真心待你，彼此还不是白相一颗心？她难道还在这上面进账一些钱吗？"

"那末房间钱，娘姨下脚钱我应该照付。"

"随你心意赏赐，你金先生拿得出，我们也受得进。"蹄髈阿六正在说，娘姨进来拖了拖她出去，原来四姨太到了。蹄髈阿六便领了四姨太到那机关洞里向室内一张望，果然这位客人四姨太不相识。原来金任民坐在这一间里，靠悬在壁上模特儿放大照片旁边都伏有机关，外面一扳之后，便从室外可以看到室内一切，人的面目，举动，看得清清楚楚。这时候如果看出室内的客人相熟的，当然保留面子关系，拒绝出来接客，只推托人喊不到；如室内的人不认识的，当然没有问题，第一次做过之后，第二次再来，那更不成问题了，于是两人便直接到房间里去了。所以凡到这里来的客人，都要经过这间密室一度小憩，成功或不成功，有缘分没有缘分，在这一间密室里便决定了，可是客人始终是不会知道她们这里的秘密，这也是别开生面的一种设计，据说是蹄髈阿六想出来的念头，上庄的一班姨太太，少奶奶，小姐，电影明星，没有一个不赞成，没有一个不说设计周密。

四姨太看见金任民这个客人并不相识，便走到这间密室来迎接客人到房间里去幽会。这且按下不表。第二天五小姐受了蹄髈阿六的托付，便到西摩路史小姐的家里去，恰恰史小姐没有出门，正在家里，看见五小姐光临，很诧异的问道："咦，五小姐，你今天怎么会来的？"

五小姐笑道："特为来望望你呀，因为长远我们没有看见了，你近来一向很好？"

史小姐便领五小姐到她自己的一间房间去，五小姐很高兴的道："史小姐，你近来长得更加漂亮了，过去我倒偶然同你在舞场中碰见，近来想你也不大出门，所以很少看见。"

史小姐人生得很漂亮，今年廿四岁，外边的男朋友很不少，交际场中不时可以看见她的芳踪，相当浪漫，同她有过关系的男朋友真不止一个，坐下来至少有一圆桌。

史小姐把五小姐领到房间里坐下，急急问道："我知道你今天到我这里来，一定有什么贵干，决不会像平常一样来看看我那样简单。"

"你怎么知道我今天有事来的？"五小姐格格格笑着说。

史小姐很忙碌的倒茶，授烟，搬出一盒精美糖果来，一颗一颗剥出来给五小姐吃。双方谈了一会，五小姐把来意说了出来："你听见过没有，上海有个很神秘的地方，静安寺路派克公寓里面有个专门替我们设备的俱乐部，你到过没有？"

史小姐听了这句话很高兴的坐了过来笑道："听倒听见过，但不甚仔细，也没有到过。"

"这里面你没有到过，真枉为是个摩登女子，我也不知去过好多次了。里面样样都有，仿佛一个女人夜总会，有麻将，有扑克，有吃有玩，一个人到了这里面真不想回出来，舒服是舒服极了！"

"真的？你既然去过，为什么不领我去见识见识呢？"

五小姐便说："你此刻有空吗？我就领你去，好不好？"

史小姐只要一听见有人告诉她有什么地方很好玩的,她最最起劲,路远足远都要赶去玩一个畅。她听见五小姐说有这样一个女人玩的夜总会哪得不要去的道理,当下便跟五小姐到这庄上来了。

两人一进门,蹄髈阿六看见了史小姐,似乎在什么地方看见过的,五小姐便从中介绍一番,来到会客室坐下。蹄髈阿六一想:这不是谈话时候,还是领史小姐到里面去叉一场麻将再作道理。于是五小姐领史小姐到了里面,史小姐觉得不像是什么夜总会,心中很诧异的问五小姐道:"丽华妹妹,你把我领到这一个什么地方来了?"

五小姐笑道:"这是女人的夜总会呀?"

"你别哄我了,这决不是夜总会,你应该忠实的告诉我。"

这样一来五小姐忍不住格格的笑了起来,蹄髈阿六也走了进来笑着问道:"什么事,什么事?"

史小姐道:"没有什么事,我有句话问问丽华妹妹呢。"

五小姐便把这里详细情形一五一十告诉了史小姐,说这是个上海最伟大的贵族门口,也等于一个女子夜总会,来到这里的女人都是上海几个女大亨,女闻人,男子到这里来白相的,也都是汽车阶级居多数,极高尚的上等社会闻人,并且这里生意非常发达,来到这里的女人,没有一个不表示欢迎的,来过一次第二次还要来。史小姐听了五小姐这番话,恨不得立刻就走,心想:我史小姐来到这种地方,可不把我的台都坍光了,如果这里碰到相熟的人,叫我一只脸蛋如何放得下。便把脸色一沉,对五小姐表示不满道:"丽华妹妹,你枉为同我是老同学,为什么把我领到这种地方来,万一碰着熟人,宣传出去,叫我如何去见人呢?如何对得起我两个哥哥呢?

请你还是放我回去吧。"

五小姐急道:"湘韵姊姊,你放心,你放一百念四个心,这里的组织严密得出乎你意料,决不会使人家知道,老实说:我既然带你来,我拿人格担保你决不会给外边人知道,否则我对不起你,那末我又有什么益处呢?"

史小姐苦笑道:"你是这里一个拉皮条脚色,没有益处我真也不信,我倒要问你,既然你没有益处,何必用哄骗手段把我领到这里来?"

五小姐笑道:"假使我有益处,真正天晓得,自后你会明白,现在不和你多争辩,我领你去参观参观。"说着便拖了史小姐一间一间走去。

五小姐把史小姐先领到那间密室里参观一下道:"我告诉你,凡是到这里来的客人,都坐在这一间里等候。表面上一些也没有什么可疑地方,其实客人来到这里,我们从这壁上可以直接看见室内一切。"说着又领了史小姐到室外去把那机关扳了一下,果然室里看得清清楚楚,五小姐便说:"我们在这里看见室内的客人面孔是相熟的,或者在什么地方见过而有点疑惑的,我们立刻就可以拒绝,你想,安全不安全,绝对是不会有遇着熟人的机会,这个接客不接客的权利完全握在我们手里,所以这里最是安全不过的。"五小姐如此这般一解释,史小姐颇感兴趣,执住五小姐的手笑道:"丽华妹妹,我看你倒是这里一员健将呢,难怪这许多日子没有看见你人了,原来你每天在这里逍遥?"

五小姐笑着说:"我因为觉得这里组织得非常周密,颇为称道,不时到这里玩玩,白天打打扑克,叉叉麻将,晚上高兴就轧个把男朋友,漂亮的小伙子,中意的小白脸,然夜厢我是敲得足里足,没有三百五百我是不会给他们碰身体的。你想:一个人活在世上有什么意思,不会寻快乐真是呆子。"

史小姐道:"我真佩服你有勇气,把人生看得这末透彻,及时行乐果然是人生需要,不过到这种地方来,总未免有些太那个,你以为?"史小姐说着怕羞的一笑,五小姐便拖了史小姐又往一间一间客房里走去,边说:"你看这里都是一间一间客房,里面布置多么清洁,赛过我们自己家里一样。"

史小姐问道:"这里的老板是谁呀?想来同你一定有特别交情,不然你决不会替他们这样宣传的,是不是?"

五小姐笑笑点点头,不做声,史小姐又钉紧着问:"你说呀,这里的老板是谁?"

五小姐才同她咬耳朵道:"就是刚刚同你见面的那个大胖子,她叫蹄髈阿六,上海女大亨中真是赫赫有名的。"

两人一边一间一间参观,一边七谈八讲了一阵,也就把这一个贵族门口参观完毕,又领了史小姐到里面一间去叉麻将。王三妹也来了,宋家太太也来了,马家三少奶奶也来了,这一批人都是当做这里是第二个家庭的。

马家三少奶奶对五小姐嚷道:"阿有啥人叉麻将呀?"

五小姐笑道:"有有,叉麻将的人要多少?"她又指指史小姐对三少奶奶道:"三少奶奶,我来介绍你一个小姊妹,她姓史,叫湘韵姊姊,她是我一个同学,今天也给我拖到这里来白相了,叉麻将,湘韵姊姊也来一脚吧。"

史小姐笑道:"也好,我来一脚就来一脚好了。"

三少奶奶对史湘韵从头到尾打量了一下道:"喔,原来就是史小姐,久仰久仰。似乎在舞场里见过的?"

史小姐道:"是的,我因为欢喜跳舞,所以常常跑舞场。"

这时候王三妹、宋家太太站在史小姐背后,指指点点的不知说些什么话,一会儿五小姐跳过来替史小姐一阵拉场,嘻嘻哈哈都相熟了,于是分下两桌麻将。一桌是史小姐、王三妹、宋家太太、马家三少奶奶;一桌是五小姐、蹄髈阿六、广东老郭,还有一个是五小姐的老客人,在礼和洋行机器部做事的沈先生,人家喊他小沈的,他在五小姐身上也花下不少的钱了。现在他白天来到这里白相白相,根本是不出一个钱的,就是晚上在这里过夜,借一个干铺,也不收他一个钱,他在这里已经混得很熟了。

史小姐竟然钻进这个圈套,麻将一直叉到吃夜饭时候还没有下场,暂时停了停,大家吃了夜饭再叉。

蹄髈阿六特为到馆子上喊了一桌原席头的酒席请史小姐,大菜里面还用的排翅,水果用的是四色,点心用四道,这席菜至少在五百元以上,史小姐吃得莫明其妙,暗地里问五小姐道:"丽华妹妹,今夜为什么请的原席头菜,请的是谁呀?"

五小姐道:"蹄髈阿六告诉我,说是你还是第一次到这里来,所以要请请你呢。"

"请请我,这太让她破费了,我吃了心里有点不好意思,我明天也要答还她一席。"

五小姐道:"她请你吃一席酒有理由的,因为你帮她的忙,到这里来……"说到这里,只是笑着不说下去了。

史小姐顿然面红耳赤起来,不好意思再问下去,低了头只管吃菜，可是同一席上的陪客兴高采烈的谈得起劲，她们对史小姐来到这里都认为是新同志。

夜饭吃好，麻将又上场了，这时候史小姐坐下叉了多少圈数，只得和了两副牌，所以输得很结棍，自己肚里一算，大概在一千元以外，幸而今天支票簿子带了出来，不然这个台倒坍不落的，待到八圈下来，结下账来一共输去一千两百五十四元，史小姐正要打开皮包拿出支票簿子开支票，王三妹一手按住她笑道："史小姐勿忙勿忙，我们再来八圈好了，今夜你输得太多了，真有点不好交代呢。"

史小姐道："不，我不再叉下去了，我早些回去。"

五小姐同蹄髈阿六如何肯放她回去，今天把她领到这里原是有作用的，于是五小姐打对过台子上一奔过来道："什么话来，今夜你来得去不得了，还是再叉八圈庄，况且你输了这许多，我们也不好交代呢。来吧，再重新上场，重新再打庄。"

"不，丽华妹妹，我是真的要早些回去，宁可明天再来。叉麻将输赢常事，有什么关系。"

这时候不但五小姐，蹄髈阿六，王三妹挽留她，马家三少奶奶，宋家太太也挽留她，史小姐心想：一定要走又有点说不过去，这许多人的面子都不买吗？只好又坐了下来笑道："可是我今天出来，家里的人都不知道的，又弄得老晏回去，那末再叉四圈吧。"

五小姐笑道："晏了索性就睡在这里吧，我今夜也不回去，陪你一夜好不好？"

史小姐道："你真的陪我一夜，我就在这里叉一个通宵麻将，你看好不好？"

于是重新打庄，调动位子。再上场，史小姐心里真有点说不出所以然,未始不明白她们的用意,实在被她们包围了,也没有办法可想。因此她的牌越打越没有精彩起来,又连连吃了人家几副三百和,心里不知如何的窝涩。

正在这个当口昨夜喊史小姐的那个沈衡章客人今夜果然准时而来,蹄髈阿六赶着出来招待他,到了会客室坐了片刻,蹄髈阿六笑面老虎的把他招待得十二万分周到,说:"你沈先生喊的史小姐人是已经来了,不过也要碰碰你的运道,因为史小姐的脾气很古怪,不是个个客人肯接夜厢,譬如她今天高兴就出来接个把也很平常,若在不高兴头上任你如何讲好话,她死也不出来!"

沈衡章欢喜道:"本人已经到这里了,那是好极了,请你赶快喊她出来!我们当面谈谈好了,我知道史小姐这个人非常大方的。"

蹄髈阿六道:"你叫她到这里来见面,这是万万办不到的,来,来我们这里另外一间会客室。"于是把沈衡章领到有机关的密室。"沈先生,你在这里请坐片刻,我去一趟马上就来。"

"好好,我在这里坐一会,你是不是喊史小姐出来见我?"

"是的,你坐着是了。"蹄髈阿六随手便把室门随手关上了,急急赶到里面去关照五小姐道:"昨夜那个沈客人来哉。"

"叫他等一歇好了,总要这副牌打下场呢。"

"你就先领一领史小姐见一见,究竟相识不相识呢,不相识的就替他先定下一个房间,否则让他走了,或者另外介绍一个给他。"

五小姐听了蹄髈阿六这几句话,一想倒不错的,手里一副牌打了下场,便拖了旁边一个兴业银行协理的二姨太代叉,又走到史小姐身旁对了她咬咬耳朵道:"湘韵姊姊,麻将托一个人代一代吧。"恰恰站在旁边看打牌的女将不下有五六个,其中一个是四益绸缎局孙经理的夫人，五小姐指住她笑道："孙师母，孙师母，史小姐的麻将你代她叉一叉吧，因为有一些小事呢。"

孙师母笑道："好好，我来代几副就是。"

五小姐便拖了史小姐往外跑，史小姐莫明其妙，急急问道："丽华妹妹，到底为什么事呢？"

五小姐便站定了同她咬耳朵笑道："有个男朋友介绍给你，让你见见，如果满意的，今夜我来做个媒人。"

史小姐不听见这句话犹可，一听见这句话，便立刻回转身往里就逃，面红耳赤的，羞得不知什么似的，你想五小姐哪里肯放她回进去，便用力把她拦腰一抱住道："什么，你想走吗？湘韵姊姊，老实告诉你，既然到得这里来了，一朝生二朝熟，根本就不用怕什么难为情，你但看这里面多少女人，她们都是很有身价很有地位的，到这里来莫非玩弄玩弄男子罢了……"

史小姐不待她说完抢着道："叫我这时候走出去接见一个陌生客人，简直比杀脱一个枯郎头还难受。"

"又不是叫你当面去见他。先在那个机关洞里见一见，如果对这个客人满意的，就同他交朋友，在上海这实在是很平常的事呢。"五小姐又把她拖了出来一直来到那个机关洞口，史小姐朝密室内张了张，见沈衡章的面目果然很清秀，完全一个小白脸的模样，穿着马褂袍子，又像个公子哥儿，她心里满意，可是嘴上却不愿意说满意，五小姐逼住说："真的，你究竟满意不满意，你说，快说。"

"这是无所谓的，满意又怎么样，不满意又怎么样？"

五小姐摸到史小姐心里一定是满意的，便笑着道："满意，我还要替你做媒人，替你定下房间哩。你快说，快说，有什么怕羞的？"

"……"史小姐只笑不做声。

这分明是默认了,五小姐逼紧笑道:"你不做声,就算哦开哉。"

史小姐面孔红得几乎发了紫,心想:不知如何到这里来,总有些良心上对不起自己,明明知道搭小姊妹搭坏了事,原来周丽华变了这里一个拉皮条脚色,硬把我拉了上马,终究还是怪我太没有主意了!

蹄髈阿六听见五小姐说:史小姐已经认为满意了,让他们到五号房间里去谈谈。这五号是大房间之一,里面是席梦思大床,举凡椅子,梳妆台,沙发都有克罗米的,壁上悬着法国裸体名画,另外一扇小门,开出去是一个浴间。吩咐娘姨进去把电气火炉开足了电力,使房间内温暖如春,又把床上被头褥子枕头全都换了,铺得一点皱纹也没有。一切布置舒齐了,蹄髈阿六便领了沈衡章到房间里去。

沈衡章到得这五号房间一看,心里不禁称奇不止,想不到这里竟然有这样一个摩登房间,仿佛一个新房,真可说是贵族门中了,暗暗欢喜,往床沿上一坐笑道:"史小姐呢?"

蹄髈阿六道:"马上就要来哉,她在那里叉麻将,听说今天输了一天,大致两千块钱输光了。沈先生,我已经问过史小姐,听说你沈先生愿意同她轧朋友,她也很高兴的,不过,她虽然说不要你一个钱,我们这房间钱以及下脚一切开销你沈先生要照付的。"

"多少,多少,你说,你说?"

"数目有限,两只手也够了,不过我做媒的钱,其中还有一个五小姐也是做的媒人,你应该给我们两人多少,也就随你心意。"

"多少,多少,你们这里有没有一定章程?"

"谢媒人这是各人的手面,如何会有章程的?"蹄髈阿六笑了起来。

"我头一次到这里来,完全外行,不必客气,你说多少就多少好了。"沈衡章很诚恳的说。

"沈先生,这要你说的,我们万万不能够开口。"

"你说好了,根本又没有关系,明知我到这里来逢场作戏性质,多花几个钱有什么关系呢!你就说好了。"

"你沈先生要明白,史小姐是不容易喊得到的,真是你沈先生的运道,这是你的缘分,并且史小姐答应接夜厢,老实说你沈先生额角头真真亮,不是一眼眼亮,当然我们媒人也很不容易做,十个客人之中,只不过一个两个是成功的。"

"我明白,我明白,只需你说好了,谢媒要多少钱?"

蹄髈阿六想了一想道:"随你沈先生开销好哉,你拿得出,我总归受得进,你沈先生是老白相,当然不会让我吃亏的。"

沈衡章不肯说出谢媒人多少钱,后来蹄髈阿六才道:"这样吧,你沈先生拿出四百只洋来,我也两百,五小姐也两百,这是开心铜钿,因为你们客人出来白相一次,多花几个钱,也不在乎此,这样五小姐到手两百,她也没有话讲,在名分头上呢。"

沈衡章立刻便打皮夹子里摸出一百元一张的钞票五张,说:"这四百元是谢媒人的,还有一百元是开销房间以及娘姨下脚钱。"

"谢谢沈先生吧。"蹄髈阿六见娘姨在旁边便说,"沈大少开销你们五十元,也应该谢谢呢。"

于是房间里两个娘姨,一个大姐,齐声道:"谢谢,谢谢大少爷。"

沈衡章微笑道："一点点小意思，不用谢。"

蹄髈阿六把这个媒人做成功了，个人到手了有三百五十元，她只分给五小姐一百元而已，五小姐推让着道："阿姊，阿姊，这你同我有什么客气，这些钱你拿去算了，这何必分给我？"

"这是沈客人拿出来给你的车马费，意思意思，为什么客气？"说着便卷卷紧塞在五小姐插袋里。五小姐也就假痴假呆不做声了。

待到史小姐麻将快下场时候，沈衡章已经等得无可再等了，几乎要光火了，一个娘姨奔进房间里告诉他说："史小姐麻将立刻就要下场了，还有三副牌，她讲你多的辰光已经等了，还差乎这十几分钟吗？"

隔了一会一个大姐奔进房来道："大少爷，史小姐请你洗一个浴再上床。"

隔了一会一个娘姨奔进来道："沈大少爷要不要喊点心，布丁，吐司，牛奶咖啡，这里都有的。"

隔了一会又有一个娘姨奔进来道："大少爷，史小姐麻将已经下场了，洗一个面马上进来。"其实这都是蹄髈阿六的手段，唱的空城计，实际史小姐麻将输得站不起身，她一肚皮的窝涩不乐意，这时候输到三千数目了。

五小姐同蹄髈阿六看看史小姐输了这许多，也有点抱歉样子，便说："好了，待最后两副牌下了场，结一结账，赢的也不用拿进，输的也不用拿出，索性到了明天再叉，你们赞成不赞成？"

同桌上的人都是家中很富有的，手面也很阔绰，真也不在乎这些钱，都说："赞成，赞成，明天再叉好了，我们横竖每天在这里叉麻将，不过同史小姐还是第一次呢。"

史小姐道："这不能够，今天管今天，明天管明天，今天的账应该结出来。"待到最后两副牌又是她吃了上首三百和，结下账来一共输了三千七百八十五元，史小姐因为第一次来叉的关系，面子要紧，她们说明天再叉，今天不用把钱拿出来，这分明是客气的，所以她不愿这样做，很迅速的摸出支票簿子，台子上一放，又把襟上一支自来水笔脱下，开了三千五百元的支票，分马家三少奶奶一千两百元一张，宋家太太两千元一张，王三妹三百元一张，还有两百八十五元是付的现钞，今天独输了史小姐一人，三家都是赢的。当她开支票时候，宋家太太头一个阻止了她道："为什么这急急的呀，明天再叉好了呀。"

史小姐道："不，明天管明天，今天的账管今天结算清楚，我欢喜一笔管一笔。"说着站了起来，便由五小姐陪到化妆室里去了。

五小姐一边叫娘姨倒脸水，一边道："请你开快车，开快车，沈家里在房间里等得很心焦了，湘韵姊，你要不要墨晶眼镜，我们这里备着的。"

史小姐一边抹粉，一边含羞的说："要的，要的，戴了黑眼镜去见沈家里，要好过得多了，不然露筋露骨的实在难为情。"

五小姐便吩咐娘姨把那只放眼镜的盒子捧出来，待娘姨捧了来，只见这盒子里各式各样的眼镜有念多副，史小姐便拣了一副金边墨晶的戴在脸上，照了照镜子，完全同本来面目两样了。

史小姐面红耳赤的打算走进那五号沈衡章的房间，可是心里实在有些怕，她倒不是怕别的，只怕这个客人一五一十把史家的事情说出来。五小姐在旁边怂恿着道："湘韵姊姊，你大胆放心好了，勿碍的，老实说他们男人白相我们女人，难道我们女人不能白相他们男人吗？我劝你以后要好好的改变一下人生观。"

史小姐轻轻的笑道："我未始不是这样想，可是我真一点勇气也没有了，你看我的脸热得像火烧，我的脚软得一点力也没有。"

这时候蹄髈阿六奔到化妆室里来催促道："怎么样，史小姐你还没有到房间里去？"

"我打算就要去了。"史小姐答道。

"请你快一些吧，那个沈客人等得心里焦急死了，他已经同姨娘拍台拍凳捣蛋……"

五小姐代答道："来哉，来哉，马上来哉，我现在有几句话要告诉她呢？阿姊，你去告诉沈家里说五分钟就来了。"

史小姐脸已红得发紫，不知如何是好，又不知五小姐有几句什么话告诉她，等蹄髈阿六走出去了，便执住五小姐的手问道："丽华妹妹，你快说，你有什么话告诉我？"

"你同沈家里见了面，胆子要放大，不要怕的，你千万别顾忌他会把你的家庭的事说出来。老实说他到这里来白相也是偷偷摸摸的，他也怕你会把他的事说出去，所以你们大家根本不用顾忌。你到了他的房间里像平常一样，一点也用不到拘束，他吃你的豆腐，你也吃吃他的豆腐，等一歇我也许会到你房间里来白相。"

史小姐点点头笑道："你一定要来的。"

"一定来，一定来，你赶快去吧。"

蹄髈阿六见史小姐过来了，便打前撩开门帘说："沈先生，真正对你勿起，让你等了长长远远。"接着面孔朝了门外说："史小姐，史小姐， 进来哦，不要怕的，不用难为情的，沈先生是这里的老客人了，他决不会讲出去的。"

沈衡章一听，这分明史小姐已经到了房门外，马上进房来了，心里一跳，连忙站了起来，一个头伸长着张着门口，仿佛舞台上的梅兰芳出场一样。史小姐腼腼腆腆的跨进房来，其实沈衡章的面目，史小姐早已从机关洞里看得清清楚楚，所以不用再仔细看，只略为一望便知道了，可是沈衡章不知道史小姐究竟是一个如何样的美人，抱了一颗极大的希望，哪知走过来的是个戴了一副墨黑眼镜的女人，一些也看不出她的如何美丽。只见史小姐椅子上一坐，垂了一个头，面红耳赤的一下也不做声。蹄髈阿六说了许多许多的话，最后说："我走了，早些睡吧，明天你们两人晏些起床。"走了出去便把房门关上了。史小姐恐怕有人进来，连忙把房门销上了，心想房间里只有两个人，面皮就厚起来了，垂了一个头坐到床沿上来盘问沈客人道："请问先生尊姓？"

"鄙姓沈，草字叫衡章。"

"沈先生，你在什么场化办事体呀？"

"一家洋行里做买办。"

"什么洋行呢？"

"咦，你为什么盘问我个仔细，是不是说给别人去听？"

史小姐摇摇头道："并不有这意思，我希望你是老实告诉我的，对你方才放心。你可知道我姓甚名谁？假使我告诉了你，你就该明了我今夜来见你，是抱有非常牺牲决心的，你不要以为我可以随随便便喊得到，并且我来这里还是第一次，我从来不曾到达这门口的一步，所以我今夜同你沈先生也许别有姻缘，我问你的话，只须老实告诉我，一点也不用隐瞒，隐瞒便对我不起，知道我用意吗？我们以后轧朋友日子长哩。"

沈衡章一听这几句话很中听，便说："假使我问你呢，你也老实告诉我吗？"

史小姐道："沈先生，假使你问我，我当然也老实告诉你，我的心意今夜既然答应同你在一起，就什么都可以不用隐瞒。沈先生，你想，我的身体已经许了给你了，其他还用什么隐瞒吗？所以请你老实告诉我哪一家洋行做买办？"

沈衡章一想，闲话都不错，便道，"我在洪兴洋行做买办，外国人除外，中国买办就是我一个，我做了好多年了。我十七岁就开始做买办。"

"那末你府上还有几个什么人呢？"

"人太多了，连男男女女佣人有念七八个，我一时也记不起。"

"你沈先生府上倒是个大家庭，也赛过我们舍下一样，我们舍下人更多，你可知道我爹爹做什么的，他前清时代是个大官员，民国以来他还是一个大官员，我的两个家兄也是官员，现在说起来你沈先生未必不知道，我兄弟姊妹一共有念多个，我爹爹讨过八个姨母，我是三姨母出的，派着我做四小姐，所以有的人都叫我四小姐，我的名字叫湘韵，我的大姊姊叫湘云，二姊姊叫湘莲，三姊姊叫湘芳，我下面还有八个弟弟，九个妹妹，你想想我这个家庭真是个大家庭了，可是我们大人家同人家，攀亲眷就为难，所以我到现在还不曾出嫁……"

沈衡章一笑，接上问道："史小姐，你今年多少青春了？"

"说大不大，说小不小，今年虚度念四岁。"

"那末你还是一个处女？"

史小姐面孔顿然一红，心想承认处女，等一歇要当场试验的，试验结果不是处女难为情不难为情呢？说不是处女，还不曾嫁过人，哪会不是处女道理？当场咽了一口唾涎，面孔涨得绯绯红答道："沈先生，我觉得你问我这句话，未免太侮辱我们女性了。那末我也可问你一句话：你沈先生会是童男吗？"

"哈哈哈哈……我不过顺口这样问问你，根本没有用意，我今年也有念八岁，妻子倒娶了四年了，哪还是童男道理？"

史小姐放大胆量道："你沈先生不会是童男，那我老实也不是处女了，实际上到这里来的都不会有处女，不然你们男人太占便宜了。"

沈衡章驳道："你史小姐名门闺秀，当然守身如玉，不曾出嫁便不应该不是处女，也许你史小姐说客气话，我认为旁的都可以客气，这大可不必客气，哈哈哈哈……"

史小姐总算把胆子放大了，可是一张嘴巴还是老不过沈衡章，给他这几句话一驳住，倒一时开口不出，只是面孔绯绯红，把头筋也凸了出来，期期艾艾道："你沈先生闲话果然不错，我很佩服你的口才，名门闺女，当然守身如玉，不错的，不过上海是个什么地方，五方杂处，文化风俗又都这样开通，人欲横流的时代，而你依然把老古董，封建思想的头脑加在我们女子身上，这实在不通的，也不适合潮流的，所以你沈先生虽然做了一个现代的人呀，头脑子还是十八世纪的。"

沈衡章一听这几句话肃然起敬道："对对，别说了，我们原是随便谈谈，乱说八道，大家都不要认真，我们还是上床睡觉吧。"说着便拖拖史小姐衣袖，她身上穿的是一件酱色丝绒的旗袍，雍容华丽，下面穿了一双元色缎子高跟皮鞋，长统米色丝袜，手里玩着一方湖色手帕，手指上戴着一粒黄豆那末大的钻戒闪闪发出亮光来，头发是梳的一个横爱司。这横爱司在民国十几年光景极为时髦，长远不看见，现在又出现，返古了，不但不难看并且很摩登，派头十足，她在横爱司旁边插了一朵小小的海棠花，更加显出大家闺秀模样了。沈衡章端详了好一会，评头品足的，肚里却说不出的欢喜，他说："史小姐，你为什么要戴着副黑眼镜，是不是沙眼？"

史小姐垂了头摇摇，笑道："别瞎三话四。"

"那末为什么戴这墨墨黑的眼镜，这是什么道理？"

"什么道理，不告诉你。"

沈衡章便老实不客气，伸过一手来把她眼镜扳了，史小姐一手把他拍了一记道："别动手动脚。"

"你侮辱我的手当做脚，是吗？"

"你为什么伸手来脱我眼镜呢？沈先生，我们今夜第一次见面，你应该自重一些。不要留在我脑子里一个坏印象。"

沈衡章肚里不大高兴道："明明是你不好，不是赤眼为什么要戴黑眼镜，这里又不是太阳光底下，问你什么道理，又不肯告诉我。"

史小姐不去理睬他，只看了看手表伸个懒腰道："哎呀，已经十二点钟了，睡吧睡吧。"便走到镜子门前解纽子，见镜子里沈衡章一个头伸着对她张看，马上回过头来一笑道："沈先生，你偷看什么？鬼头鬼脑的？"

"你解你的衣服，我看我的，这也要你干涉，嘿嘿。"

史小姐又不去理睬他，管她把旗袍脱了下来开出橱门挂到橱里去，脱下旗袍，里面只有一件汗衫，绝薄的一层，下面是一条单毛短裤，丝袜一直穿到大腿裤裆，又把头上一朵海棠花也除了下来放到梳妆台上去，走到床前对了沈衡章很认真的道："沈先生，我问你，今夜你淴过浴没有？"

"淴过了，老早就淴过了。"

"我还不曾淴浴哩，沈先生，真对你不起，你先睡吧。我淴了浴再来陪你。"史小姐道着便坐到床沿上把袜子脱了，露出一双雪白粉嫩的玉腿，看了真够销魂。她急急赶到浴间里去了。

"请你淴得快些，我实在等了不少时候了，真正天晓得，直到现在你还不曾上床，春宵一刻值千金，上半夜工夫完全白白牺牲了。"沈衡章几乎哭了起来。

史小姐在浴间里笑着答道："晓得哉，晓得哉，你真是我的冤家，为啥这样性急的，你们男人都是一批猴急鬼。"

于是沈衡章躺在被里老等，等等还不曾淴好，等等还不曾淴好，心中很有些诧异，也听不见水声，便把被头一撩一跳轻轻下了床，蹑手蹑脚走到浴室门口，一只眼睛张在钥匙洞眼里朝浴室张看，只见史小姐坐在浴盆里吸着香烟，看了实在有点迷人，一会香烟抛了，双手浸到水里去东擦擦西擦擦，忽然喊道："沈先生，你还没有睡着吗？"

沈衡章急急赶到床前答道："没有，没有，等着你，请你快一点淴淴算了，你们每天淴浴的身上根本不会脏，为什么要耽搁许多工夫？"

"好了，马上就好了，你再忍耐十分钟就淴好了。"

沈衡章偷来看得实在有滋味，他又张在钥匙洞里偷看着，不料史小姐这时候穿上汗马甲，穿了短裤，便忽然开了浴室门，沈衡章来不及避让，这一窘真是窘得恨不得往地板缝钻，史小姐倒蓦地吓了一跳。

史小姐跑出浴室门，立刻把面孔一沉责问道："你……你在这里干什么？"

沈衡章面孔涨得通红，又像笑又像哭的摇摇头道："我……我没有干什么，实在没有干什么。"

"你还说没有干什么，你为什么躲在这浴室门口，害我开出门来蓦地吓得一跳，正派的君子不做，偏做这偷来张张看看小人，我很明白你躲在这里决不会好套头。"史小姐说着走到镜子门前掠了掠鬓发，回转头来道："我看你表面倒像是个正派君子，哪里知道一肚皮的花样百出？"

沈衡章这时候早钻下了被，笑哈哈道："说过两句便算了，多讲有什么趣味，老实说到这种地方来白相的，不论男人或女人，表面看看都是一本正经，肚皮里哪里一个不是枪花独多，你史小姐说我，也赛过你自己说自己。"

"我总归不曾像你这样，人家汰浴，躲在门外偷来看过。"史小姐一边说着又忍不住笑道："问你，你看见我身上有些什么？还是同你夫人两样的呢，还是一样的？"

"女人当然一样的，有什么分别？"

"既然一样的，你为什么偷来张看？"

"……"沈衡章只是哈哈哈的尽笑，翻一个身面孔朝了里床去了。于是史小姐便驳住他这一句话，拼命的进攻责问他："说呀，说呀，有什么笑头，你说的，既然没有两样，那你为什么偷看？我不是已经告诉你的，这第一夜你千万别让我得了一个坏印象，一边刚说过，你未必就会忘记的。"

沈衡章知道错了，就索性不做声，管他掩了被头闷睡。史小姐一人烦烦也觉得无趣起来,坐下被来,躺了下去,顺手把床上电灯开关关了。

在黑头里沈衡章连忙翻过身来,把一双大腿压上来,史小姐把他一敲,大腿跌了下去,他重又架上来,史小姐道:"请你别把我当做狗肉架子,知道不知道?"

"我就作算狗肉,让我架一架,五分钟就放下来。"

"你们男人真是面皮厚,说狗肉就承认狗肉,无啥话头了!"

沈衡章大腿在史小姐身上架了五分钟,也就缩了回来,接上是双手那样一来哼着道:"唔……唔……唔……"

史小姐便说:"你这副样子倒像是个两岁小人,三岁还不满足的,是不是要吃奶奶?"

"是的,我要吃奶,我要吃奶,我定规要吃你的奶,我宁可做你一个两岁小人。"

史小姐忍不住笑道:"那末你要喊声我好听一些的。"

"你说,你叫我喊你什么?"

"咦,你既然要吃我的奶,喊我什么还会不知道吗?"

"我不知道,我要你说,你要我喊你什么,我便喊你什么。"沈衡章这时候更加放肆了,史小姐周身肉痒得难挨,格格格狂笑。她说:"你真是个小孩子,小孩子,你不知道,我来教你,你喊我一声,姆妈?"

沈衡章一想横竖大家烂吃一阵豆腐吧,便连连喊道:"姆妈姆妈。"

史小姐笑着答应:"哦,哦。"

沈衡章忽然跳起来道:"什么,你真的答应的?"

"为什么不能答应的？"

"天下有这道理吗，娘同儿子同一床？我万万不能喊你姆妈，只可以喊你姊姊。"

史小姐道："难道姊姊同弟弟倒可以同一床的吗？并且你这弟弟也有念八岁了。"

"哈哈哈哈……笑话，笑话。"沈衡章像调狮子似的在床上一阵打滚，把被窝里弄得一些暖意也没有，于是史小姐一声喝住道："别动别动，快把被封筒折折好。"哪里知道刚正折好，又给沈衡章抖散了，这时候双方已经到了干柴遇了烈火当儿，也不去计较那些空话，便不客气起来了。

隔了一会，一个刀来，一个枪去，真个棋逢对手，将遇良才，这也不在话下，事毕之后，史小姐拍拍沈衡章的肩胛道："我劝你身体保重一些吧，留得青山在，不怕没柴烧，知道不知道？"

沈衡章早已精疲力尽，一跤跌了下去便唏呼唏呼打起鼾声来了。史小姐开亮了电灯，一跳下床，急急赶到浴间去上马桶要紧。

第二天史小姐倒非常好睡当口，沈衡章反而醒了回来，他定睛一看，这不是在自己家里呢，待想起这是一家贵族门口里，方始恍然，心中不觉一喜，翻个身躺在他身边的原来是史小姐，一看手表这时候六点钟没有敲过，离开上写字间辰光还有三个钟头，于是见色心动，还要求史小姐答应他一趟。推推她不醒，便自己动手起来。

可是七搅八搅，史小姐给他搅醒了，知道沈衡章有野心，立刻把他的手用力敲了一记，急急面孔朝了外床，愤愤的说："你要作死，天也亮了呀，你不会替自己身体想想的。"

"天亮有什么关系？上海滩上白天多得势呀。"沈衡章嬉皮塌脸的一张嘴凑在史小姐耳朵边这样说。

"不答应,不答应。"史小姐恨极恨极。

"不答应也要答应,就是我在家里,同我自己家主婆,早晨规定也要一趟,你为什么可以不答应?"

"我不是你的夫人,你别困扁头。"

"虽然不是我女人,现在只是一对夫妻呀?"

"待我做了你的正式女人,再答应你不迟,现在不用多噜苏。"

史小姐面孔一板,把被头索性一人卷卷紧一缩一缩睡到里边去了。沈衡章性子特别的起劲,哪里肯放过她,便一个鲤鱼翻身,踪到她身上去。

史小姐见沈衡章这样野蛮,于是拼命抓住带子死也不放手说:"你逞凶,你越是逞凶,我越是不答应,试试看。"

"你既然不答应我,躺在这里也就觉得乏味,还不如起床的好。"沈衡章一边穿裤子,穿袜子,一边这样说,脸上是那样的倒挂下来。

史小姐道:"辰光还早哩,再躺一会吧,这里娘姨还不曾起来,恐怕洗脸的水还不曾有。沈先生,你睡下来吧,我再陪你躺一会。"说着便伸出一双玉臂扑过去拉住沈衡章的衣服,死命不放他下床,把他拉得紧紧的,脸上笑着,嘴里哼着道:"你要起来,我偏不放你起来,我宁可给你恨。"

这样一来沈衡章连袜子都不能穿了,他说:"我觉得再躺下去更没有滋味了。你放手不放手?"

"不放手,偏不放手!"

"不放手也没有关系,横竖上写字间还有两个钟头,我就这样坐了两个钟头,总算你们贵族小姐,名门闺秀的娇养惯的脾气领教过了!"

史小姐恐怕沈衡章坐在冷头里,身上没有披衣服,要着寒了,便又急急的硬劲拖他下被道:"一切都是我不好,请你沈先生原谅吧,下被来再睡一歇,希望你听我的话,别把身体受了寒呀!"

"我的身体向来结棍,不怕冷的,不必费心。"

"可是我真疼你呢,沈先生,沈先生,你睡下来吧,你听我的话吧,就是你的身体结棍,隔夜你行过房的人,终究受不得寒,着小冷的。"史小姐用力把沈衡章拖下被来,果然被她拖下去了。

沈衡章道:"就是你再陪我睡一歇,只有片刻工夫有什么意思,并且你又不肯答应我……"

史小姐把一张嘴凑到沈衡章的耳根头笑道:"我答应你,我一定答应你,好不好?"

这一来沈衡章当然软了下来,他躺在被里嘻皮笑脸道:"史小姐,我倒不是一定要你答应,我未始不明白早晨很不适宜的,只不过你的脾气太倔强。譬如,你不答应我,只须好好的说。"

"沈先生,清清早晨还是省了吧,因为一会儿就要起床了,风头里吹,这是很伤身体的。"

"我是试试你的心,看你答应不答应。老实说:你真是答应了我,送上门来,我又不想了。这是心理作用,你还不了解这'心理作用'四个字意义?"

"啐!"史小姐把沈衡章手一放,一推,把背脊朝了他,这分明气煞了。

"哈哈哈哈……这有什么用,不过话又说回来了,你不用这样待我,恩爱时候抱紧了我,恨起我来又把我一推,屁股朝了我。你们女人的脾气，实在捉摸不住，仿佛六月里的天气，一会太阳，一会雨，一会又大发狂风，这未始不是你们平常做小姐时候娇养惯了，脾气放肆得刁了！"

"放屁，放屁，放屁……"

沈衡章听见史小姐连接几个放屁，更忍不住笑道："有道理摆出来讲，什么骂我放屁便算了。"

"同你讲道理，霉头触到印度国！我倒是一番好意，答应你了，你又搭起臭架子来，可见你们这批男人都是贱骨头，狗肉不上台面的家伙！"史小姐面孔朝了外床这样恨恨的埋怨着他。

"喔唷，你索性当我一块狗肉？骂我一块贱骨头？史小姐，我忠告你还是谨慎一些，侮辱了我没有关系，假使换了一个别的客人肯放你过门吗？"

"放我过门怎么样，不放我过门怎么样？骂也骂了，侮辱也侮辱了，我人是躺在这里，你拿我哪能？"史小姐一步也不放松，吃斗起来。

沈衡章明知女人气量狭小，吃不得一些话，当然不来难为她，现在只不过口头上神气神气，纸上谈兵罢了，当真会同她过不去，可是听了她这句"你拿我哪能"便又接下道："不用拿你哪能，决不喊白相人打你，也不会同你打出手，我明天到一家小报馆去，把你的事一五一十告诉了编辑先生，叫他在小报上宣传你一下，嘿嘿，你就够受了，老实说：你史小姐三个字怕不扫地！"

史小姐听了这几句话，心里真有些着急的，忽然打被里一坐了起来，一脸凶相，拖了沈衡章的手道："衡章，衡章，只要你有这胆量，你敢这样做，不怕受到法律制裁？我不控告你损害我名誉，赔偿我名誉损失不是人！"

沈衡章很调皮地笑道："也许你史小姐三个字商标局注册过的，我不便宣传，否则上海姓史的人要多多少少，你可以姓史，难道别人就不能姓史？你知道我是宣传你吗？"

"勿管，勿管，只要小报上有史小姐三个字，我就提起控告，横竖我两个哥哥都是政界的，我爸爸更是政界老将，说起来哪一个不知，哪一个不晓，官司难道打你不过，我第一步就要停止这家小报馆出版，我就有这点魄力，老实告诉你。"

沈衡章道："史小姐，但是呀，闹到这个地步，社会上人士没有一个不知道你的大名了，也没有一个不知道你是个风流千金小姐了！哈哈哈哈……"

史小姐一想：沈的闲话倒不错，这样一闹，反而让大众都知道了。当下咬咬牙齿道："没有关系，我可以另外再登一条封面启事广告，说明你是恶意破坏，现在沈某某已经受到法律制裁在案，某某报馆已停止出版，当然这我还是上风，名誉收回。你沈衡章总未免做了一桩损人不利己的事，又有何益？"

两人在床上这样辩驳着，各人都有理由，可是辰光倒搭掉了不少，沈衡章一看手表，急急一跳下了床道："该死，该死，已经八点三十分，再不起来，上写字间脱辰光了。"下了床急匆匆按电铃，娘姨送了面水进来，胡乱洗了一个面，史小姐趁这当口悄悄把沈的皮鞋藏了。

沈衡章一边洗面，一边还不服气道："嘿，嘿，我真也不会受到法律制裁的，我要把你写在报上去宣传的方法很多，很多，我不会把你的人口史改了一个先施公司的施，那你有什么办法，但是聪明的读者一看内容,就知道是你的事情了!"说到这里,便"嚓嚓嚓"刷着牙齿。

史小姐道:"除非你用先施公司的施,我不来寻你事,不过有本领的人,有肩胛的人,都不肯这样缩头藏脸做的,否则不是英雄好汉了。你显然是个小人,起码货脚色!"

"没有问题,你说起码货脚色,也没有关系,总之,使得你看了这篇文章啼笑皆非,敢怒而不敢言,恶作剧就是这一点。"沈衡章匆匆把牙齿刷好,头一摇一摇,笑嘻嘻,待弯下身去床底下拿皮鞋,却找不着了。

"史小姐,我的皮鞋呢?"他一边找一边嚷着。

"谁管你的皮鞋,你又不交在我手里的。"

"我明明昨夜脱在床前,换上拖鞋去盥浴而后上床的。"

"那你到床门前找好了。"史小姐头钻在被里暗笑。

"因为这里没有啰。"沈衡章恐怕娘姨代为放了,又把娘姨喊了进来,说是没有代为放过,这末一来沈衡章跳脚道:"这不笑话奇谈,谁人把我一双皮鞋偷走了,我是在永安公司买的,四百八十六元五角,气数,气数,这里难道有贼,操伊拉!"

娘姨道:"又没有闲人进来过,哪里来的贼,就算有贼,他不会偷挂在橱里衣服,而偷你一双皮鞋吗?"

沈衡章道:"什么话来,我明明昨夜脱下放在这床铺面前的,难道出鬼了不成?"娘姨也替他东一找西一找,统个房间里都找遍了,也没有找到他这双皮鞋,就问史小姐道:"史小姐,你看见过沈先生的皮鞋吗?"

"我倒呒没留意,我想总在房间里,除了你们娘姨进来,根本又没有别人来过,当真要偷了他一双皮鞋,又不是金镶玉嵌的,觅他这个宝。"史小姐撇撇嘴,白了一下眼睛这样说着。

沈衡章咬牙切齿道:"操那操那,我上写字间辰光脱脱了,真是肚里的火拼命往外冒,天晓得,天晓得,夹忙头里会出这个话把戏。"

史小姐便说:"沈先生,我看你还是打个电话到写字间请半天假吧,看你上半天总归来不及去了,你总不能拖了拖鞋去办事的,是哇?"

这样一来把这个贵族门口里都闹翻了,蹄髈阿六也知道这件事了,她本来睡得老晏起来,今天躺在床上只听见闹皮鞋不皮鞋的事,也就急急下床,衣服一披,脸没有洗便赶到史小姐房间里问道:"到底为了什么事,大家闹做一团糟的?"

沈衡章皱皱眉毛道:"我的皮鞋,我的皮鞋!"

"不要给老虫拖走了?"

"决不会,就是老虫拖走,决不会一双一齐拖走。只拖一只的。"

蹄髈阿六四边张张望望道:"这不奇怪,到底啥人寻开心,快一点交出来,真的,沈先生有事去的。"

沈衡章手表一看,摊摊手,一阵乱叹气道:"辰先也脱了,还办只乱的事,我已经打电话去请过假了。这双皮鞋我看来没有人寻开心,一定不会物归原主,我讲个理由给你听,因为这双皮鞋邪气吃价,我买来已经花了四百八十块钱,可是到现在没有六百只洋谈也勿谈,这偷的人一定是个老门槛识货朋友。不过,阿六,我要问你,这里少了客人东西,责任归谁负的?"

"当然是我本家赔偿你啰,不要说一双皮鞋了!还要价钱大的,我照样赔偿客人，但，我务必要查究这双皮鞋，失得有些蹊跷，不明不白的，奇怪不奇怪，莫非真有赤佬！"蹄髈阿六说着又对了各人面色望了一下，看见史小姐面色一会红一会白，有些不对，便说："你们娘姨，还有沈先生，请你们暂时房门外登一登，让我细细在房间里查一查，我看东西一定还在房间里，不曾出挡！"于是这一批人都陆陆续续退了出去。

史小姐见蹄髈阿六把房门关了起来，便从被里坐了起来，拖了蹄髈阿六的手到床前轻轻笑道："阿姊，阿姊，沈先生的皮鞋是我藏起来的，你别做声，我有我的理由。"说着便打被窝里把那双皮鞋塞了出来。

"咦，史小姐，你为什么要把他的皮鞋藏起来？人家要上写字间办事的，不是脱了班吗？"

"阿姊，你没有知道这中间原因，他在这早晨还要逼住我答应他碰一次身体，我拒绝没有答应他，他就火冒了，要把我的事弄到小报上去宣传，显显我的臭，坍坍我的台。阿姊，你想我气不气的，所以我也难他一难，成心拆拆他烂污，让他上写字间脱辰光，幸而他打电话去请了半天假，没有事了。"

蹄髈阿六道："史小姐，你下次别再这样了，寻开心要寻出祸来的，他既然早晨要你答应他一次，你就答应他一次好了，这有什么相干的，叫我做客人心里也有点不乐意。"

史小姐嘴一撇道："阿姊，你说笑话了，我不愿意就不愿意，我又不是吃这碗饭的。"

"好了，好了，别多讲了。我喊沈先生进来，说是皮鞋已经找到了。"蹄髈阿六便奔了出去对了娘姨道："你们这批做娘姨的，眼睛都好像生在头顶心上,那双皮鞋明明在床底下,会剋了苍蝇的头,抖五抖六看不见,你们再去看看,是不是床底下安放着?"

沈衡章便头一个冲进了房,一看皮鞋果真在床底下,心想这倒奇怪的,却也不做声,连忙穿了起来。史小姐笑嘻嘻道:"沈先生,你不是请了半天假吗?"

"是的,我打电话去,直接打到大班手里。"

"既然有半天的假,我想你不必急急要去,尽可吃了午饭去好了,我请你上馆子吃午饭,上半天我想约你到咖啡室去坐坐。我有许多话要当面告诉你,不知道你能不能赏光?"史小姐这时候已要起床正在穿着衣服,她认为沈衡章这个人还算合得上她理想中的丈夫,她现在不得不挽留他,把他的皮鞋藏了,这内中都有用意的。她见沈衡章不做声,便又一笑道:"怎么样?是不是不肯赏光?"

沈衡章一边穿皮鞋,一边道:"不肯赏光,这不笑话了,不过,我们两人一起走在路上给旁人看见,我倒没有关系,你不是失了史小姐的尊严?咦,史小姐会同这一个蹩脚生走在一起,并且像我们这蹩脚生,起码人,同你们大公馆里小姐一起走路,也有些自惭形秽。"

史小姐听了这几句话,便一阵狂笑,走过去捉了沈衡章的手道:"你这样讽刺我,比打我还厉害,索性结结实实打我几记吧。"

沈衡章也跟着狂笑道:"叫我打你几记,还要结结实实,请问我如何下得落这辣手,你是一个名门闺秀,娇养惯的,也亏你说得出这话。"

史小姐说:"你不打我几记也罢,那末你下次,再不许自己说是蹩脚生,起码人,听见没有听见?"

沈衡章想口头上乐得吃吃豆腐，说："遵命，以后不再说是了。"他把皮鞋穿好，拍了拍身上又说："你是不是真的请我吃午饭，上半天坐咖啡室？"

史小姐一边洗脸一边道："当然，待我洗了脸马上就去好不好？"

"你真的先告诉我，有什么话要当面对我说？"

史小姐说："现在不能告诉你，到了咖啡室自会对你说。"

"现在你算是卖一点关子？"沈衡章侧了一个头，双手交叉在胸前这末说。

史小姐把脸洗好，头梳好，正坐在梳妆台前抹粉抹胭脂，涂唇膏，对了镜子道："你说是卖关子，这的确是卖关子，总之不是三言两语可以讲得完的。"

"还是对我有利的，还是对我有害的？"

史小姐噗哧笑了起来："对你有害的，真亏你说得出，想不穿，我同你有啥难过，要有害加在你身上？"

"那末这定规是对我有利的了。"沈衡章嘻开一张嘴这末说。正在这时候娘姨端进来一盘稀饭，五个小菜盆子，两只碗，两双牙筷，放在台子上，说："史小姐，沈先生，你们吃稀饭吧。"

沈衡章走过来一看五个盆子还不错，一盆熏鱼，一盆酱蛋，一盆火腿，一盆乳腐，一盆肉松。问道："娘姨，你们煮的稀饭，是不是用的大米？"

"沈先生，我们这里不要说做稀饭用大米，就是中饭夜饭也用的大米，从来不曾吃过籼米，我替你盛一碗吧。"

"大米稀饭就不客气，来两碗。"沈衡章坐了下来又对了史小姐道:"洗一个脸,梳一个头,抹一些粉,我看你做把戏做了许多辰光,就快一些吧,趁热吃稀饭。"

史小姐回过头来道:"管你吃好了,叽里咕噜做什么?"

"喊你趁热吃稀饭。"沈衡章便捧了碗呼噜噜吃起来。

史小姐道:"我早晨向来不吃点心的,稀饭更与我无缘。"

沈衡章听史小姐这末说,便老实不客气,一个人自顾吃了两碗,把那盆子熏鱼,火腿吃掉了大半盆,心里觉得有些好笑,今天会到这贵族门口吃这顿稀饭,而隔夜做的又是海上赫赫有名的史小姐,这仿佛做了一个梦。娘姨还要替他盛一碗稀饭,他连忙摇摇手道:"够了,肚子里已经饱了,既然吃得,我不会客气。"

这时候史小姐已经化妆完毕,衣服也穿好,开出橱门来披上灰背大衣时候,又到镜子门前横照竖照道:"沈先生,我这件灰背大衣总觉得嫌短上一寸,实头有些不称心,这个短命裁衣的,尺寸量错了这一点。"

沈衡章觉得自己的太太那件灰背大衣没有这件好,便问道:"史小姐,你这件统子好极,灰背颜色要一落匀,要有油水,便是上品,你这件就够上品两个字,看来你这件价钿,总在……总在……"

"沈先生,你眼光里不妨估估价钿?"

"总在……总在五千块钱以上的,对不对?"

史小姐对了他一撇嘴,鼻子里"哼"了一声道:"到底你沈先生外行,不是皮货店出身,老实告诉你,这还是我哥哥老朋友的脚路,到天发祥皮货局买来的,据说统个天发祥只有这一件最好的了,比这更好也拿不出了,横讲交情竖讲交情,要一万两千元买来。"

沈衡章舌头一伸,一阵"咥咥咥",说:"实头吓坏人,一万两千元穿一件灰背大衣，这也是有钱人不在乎此。"

史小姐道："什么有钱人不有钱人，穿得细毛大衣，总要穿一种上品，不是上品，宁可不穿，什么三五千元，七八千元的灰背大衣，还是不要上身的好，招摇过市，鸭屎臭不鸭屎臭，寒酸不寒酸，所以，我家里关于细毛的没有一件不是上品，还有一件金狮猴大衣，隔一天再冷些也要上身了，那是两万八千元买来，统上海除了西洋女人不算，中国人只有我一件，找不出第二件来。"说着正要走出房门几乎忘了那梳妆台上一朵海棠花，对了镜子插在鬓边道："沈先生，你前一步在门口车子里等我，马上就来。"

沈衡章心想：我来的时候没有坐车子的，现在叫我在哪一辆车子里等她？走也走到房门口又回了进来问道："史小姐，门口汽车不止一辆，叫我在哪里一辆等你呢？"

"喔，我倒忘记了，那一辆枣红色司蒂培克牌子车子是我的，车夫叫阿三，你管你开门坐进去好了，我马上就来，免得两个人打这里一起走出去，太不雅观了。"

于是沈衡章便走了出去，这里史小姐还要同蹄髈阿六讲几句话，问要不要娘姨面前开销几个钱。阿六道："不必，不必，沈先生隔夜已经开销过了。今天夜里最好你再约沈先生到这里来住夜，一朝生，二朝熟。"

史小姐笑道："晓得哉，我一定会约沈先生到这里来的。"

蹄髈阿六道："假使沈先生今夜不肯来，或者他昨夜一夜没有回家，今夜不能来了，也许说不出，那末你史小姐一定要来，因为我们这里上等客人非常多，以后可以多多的介绍给你。"

史小姐脸一红连忙溜走了。

出得门口,她自己的车子不在弄堂里,她记得昨夜来的时候明明是停在弄堂里的,忽然记得,是停在马路上,便连忙奔出了弄堂口,方才看见自己的车子停在对过马路上,走过去一看,果然沈衡章预先坐在里面了,车夫阿三见史小姐来了,开车门说:"车子昨夜一夜没有归家,在马路上过了一夜,你进了弄堂也不知走进哪一家的门,我打算找到你告诉你,如果不回家,则我把车子开回去,因为在这马路上过夜巡捕看见要罚的……"

史小姐不待她说完,眉头一皱道:"够了,别多烦了,此刻开到大光明咖啡馆。"

她在车厢里坐定后,沈衡章轻轻的笑道:"我同你两个人真可说是烂污大王,你一夜不回家,连车子也在马路上过了一夜,我一夜没有回去,索性连今天上半天写字间都不去了!"

史小姐掩了嘴吃吃吃的笑,又摇摇手,指指前面的车夫。沈衡章便掩了自己的嘴一个头歪到旁边去尽笑。一会工夫到了大光明咖啡馆,两人相继下了车,推开玻璃门,一直一直到了里面角落一间火车座位里。

史小姐同沈衡章面对面坐了下来,旁边侍者站着问要些什么,史小姐道:"先来一个大壶咖啡吧。"

隔了一会咖啡来了,史小姐又吩咐再来两客火鸡腿吐司,沈衡章道:"一客,一客够了,我已经吃饱了。"

"来两客好了,吐司又吃不饱的,你这样一个身胚,难道还吃不下去不成?"史小姐对了侍者挥挥手,叫他来两客。

这里史小姐又摸出一方雪白的丝手帕,把沈衡章面前的咖啡杯子抢了过来揩干净,替他酌了一满杯热咖啡,问道:"你爱不爱牛奶？"

"好好好。"

史小姐又替他加了一盅牛奶到咖啡里去，相顾一笑道："你知道我现在有什么话告诉你？你猜得出，猜不出？"

沈衡章故意仰起头来一想道："这倒猜不出，还是你说出来的好。"

史小姐笑笑不做声，喝了一口咖啡，一会吐司上来了，便拿一块吐司塞在嘴里咬了一口，笑道："我请你到这里来有两桩事情同你说，第一桩，便是我向你道歉，第二桩我是同你商量的，这商量，就是我在房间里告诉你对你有利的，你知道不知道？"

"莫明其妙，不妨你先把第一桩告诉我，你有什么事会向我道歉？"

史小姐低头含笑道："就是你早晨在床上要我再同你来一次，我没有答应你，这一点我很对你抱歉，后来你火冒的样子，下了床马上要走，我心里真像刀刺一样痛，我要同你讲话机会都没有了，所以不得不把你的一双皮鞋藏了，不让你走。"

沈衡章对史小姐扮了一个鬼脸道："难怪了，原来是你藏的，对对，你逼我打电话请半天假。那末第二桩什么事？"

史小姐一边吃着吐司一边道："慢慢，让我吃完这块吐司再告诉你。"又是一笑，沈衡章看在眼里说不出的欢喜，心想：上海滩上自有这种奇怪的艳遇，说出去也许人家不信，今天我明明身历其境呢，且听她同我商量一些什么事。史小姐把吐司吃完，又喝了一口咖啡，然后笑眯眯道："第一桩我已经告诉你了，现在是说的第二桩，沈先生，听说你家中的夫人非常的贤惠，你就不应该到外面来再烂胡调了，我现在劝你，既有很美满的家庭，还是每天从写字间下来早些归家去，陪陪你的夫人，这不是很快乐的？为什么还想不穿这些，偏生白相这种贵族门口？听说玩一夜要几百块钱，我实在替你可惜，替你犯不着，就算你有钱，不在乎此，那也不当花在这里面，你能不能接受我的忠告，从今天起重新改变宗旨，做一个人？"

沈衡章想不到史小姐会说出这番话来，大为诧异道："你是在友谊的立场劝我，当然乐于接受，不过我的女人实在不能给我以精神上的安慰，你听说她很贤惠，这话不知何从听来，我倒要问你！"

史小姐笑道："什么，她不能安慰你？难怪了，所以到外面来找寻刺激？"

"蛮对，她假使很贤惠，能够安慰我，我决不至于这样在外面烂胡调，可是我很明白，这是我的终身遗恨。"

史小姐很担忧的道："那末你这样下去不是很痛苦的吗？尊夫人究竟有什么缺点给你抓到呢？"

"她简直是个摩登太过了分的女子，爱交际男朋友，爱跳舞，爱看电影，爱打牌，爱在男朋友中胡调，总之成日不归家，偶然回来，总在深更半夜，不成体统。我劝劝她，反而挨她骂我寿头，说是爷娘生的脾气，要改也改不来了，一味胡理蛮理，所以我对她已经绝望，也只有到外面来胡调，我不去干涉她，她也不能来干涉我，以致弄到现在这个局面。"

史小姐思索了一下道："沈先生，你年纪究竟还轻哩，前途很有希望的，你这样下去终觉不是善策。"

沈衡章叹了一口气道："好了，请你别提起我的心境，还是过一天算一天吧。"

"沈先生，我倒有个主张贡献给你，看你这样下去一定不会有好结果，那末你们感情既然不能融洽，为什么不讨一位满意的姨太太呢？"史小姐的所谓第二桩事情同沈衡章商量的，这里一些一些显露起来了。

沈衡章道："我何尝不这样想呀，可是我力量不够，也没有找到这个对象，再则就是找到了，也许不肯嫁给像我这种人的。"

这时候沈衡章也有些知道史小姐问这话的用意了。他很婉转的把话去套住她。

史小姐跟上一笑道："你说客气话了，没有力量，我真也不信，不过你家庭方面能不能通过呢？"

"这倒无所谓的，不能通过，我在外面组织一个家庭好了。"

"沈先生，我倒要问你，你究竟有没有这诚意，你能不能下决心，现在有这样一个女人很愿意跟你组织一个家庭，你能不能接受？"史小姐望了他笑。

沈衡章听了史小姐这句话，故意摇摇头笑道："没有这样的事，我自己都不知道，你为什么又知道的，我倒要问你，这件事你何从知之？"

史小姐只是笑，垂了一个头道："是的，我知道，并且这个愿意跟你组织家庭的女人就在你的面前，你该明白了。"

"原来就是你史小姐？"

史小姐把手帕掩了脸垂了头尽笑。

沈衡章笑嘻嘻道："原来你打老远兜转说来，就是说你自己的事，可是我没有这福分，我更没有这力量，同时我家庭不能通过，有这几点困难，恐怕要辜负你史小姐一番盛意的……"

"沈先生，咦，我不是告诉你的，我不要你负担一个钱，我自己会开销自己，你说没有福分，这话请别提起了，你不接受，这是我的没有福分，旁的都是废话。"史小姐这样正式的说来，对沈衡章看了一眼，又说："我相信我们中间有一段孽缘，这是前世结下来的，现在我们碰头了。"

"那末，我要问你，你愿意嫁给我做一个姨太太吗？"

"不，我不愿意做你姨太太，我是上海有地位的人家，假使我做你姨太太，我爹爹无论如何不答应，我两个哥哥也决不会允许，我说的就是同你做一个密切的朋友，你别误解这朋友两个字，在上海男人同女人做朋友，暗中都有肉体上往来的，这你不是不明白，我的希望只须要同你做一个朋友，我们表面上一些也看不出是一对夫妇，实际我们比夫妇更恩爱，你明了我的意想吗？这样岂不是我们一些痕迹也没有的……"

沈衡章点了一下头笑笑道："怎么不明了你意思，这样说来我们根本不用举行什么仪式，只须租一间房子，以便我们同居的地方就够了，不举行仪式那就根本毋须通过我的家庭，我们秘密一些在外面租一间合式的房子，我们需要去住的时候，我们就约着到那边去住，平日用一个老妈子看房间，服侍服侍。"

史小姐笑道："我就是这意思，不过说到也就要做到，你赶快去找房子，房间里家具也归你看中去办，一切开办费归我一人来，你不用拿出来。"

"开办费应该由我拿出来，这如何好意思要你拿出来。"

"沈先生，你别同我客气，我这个人脾气是这样的，我知道你吃人家饭，无论如何总要双手去赚人家的钱，多少是困难一些，况且我们租了小房子，我的也赛过你的一样，又何必分彼此。"史小姐说着便打皮包里拿出一本支票簿子，签了一张五千元的支票交给沈衡章道："这里五千元，你用了再说，三天之内，千万你要把房子找到才好。"

沈衡章心想我也是在社会上办办事的一个人，玩这贵族门口，原也是一时高兴，逢场寻寻开心，听说史小姐也常到这门口里来走动，这不过人家这样说，不料真有这样的事，上海滩上真是无奇不有了。现在经过一夜风流之后，她便钟情于我，如今付我五千元支票，叫我去找房子，愿意和我同居，我假使接受了这五千元，这分明是已经接受她的爱，可是我沈衡章堂堂一个买办，而会接受女人的倒贴，这未免面子上有些说不过去，于是那张支票由史小姐签好了字，折折好放在玻璃台子上，沈衡章不去收受，他说："我收你的钱，未免有些说不过去，还是请你收回了吧，对于租房子买家具一切事情，准定由我去进行。"

史小姐便把支票折得很小的一方，打台子底下伸着一只手过来，塞到沈衡章身上道："你接了，你接了，你为什么要同我客气。我的钱不也是你的钱一样的吗？你现在用我一些，只需心里记得，也许将来我要用你的呢？"

沈衡章听了这几句话，又见她有些不高兴的样子，便接了下来塞在袋里笑道："真难为情……"

"真难为情，你这样推推让让，给旁人看见，倒不难为情的？"史小姐对了他一个巧笑道，"你可知道我老早就钟情于你的，不然昨夜我真也不会把身体许给你，我们真是一对缘分。以后你别喊史小姐，你喊我湘韵名字好了，我也不再喊你沈先生，喊你衡章，好不好？"

"假使许多人面前呢？"

"许多人面前，这要看情形了，没有关系的，也只须这样喊，有关进出的，我还是喊你沈先生，你喊我史小姐吧。总之我们的事，最好只有我们两个人知道，旁人一些痕迹也不要给他们看出来。"史小姐轻轻的说着，"还有你的身体要特别保重，这冬天你爱吃些什么补品？明天我派人送一打'散拿吐瑾'给你。"

沈衡章一忖，女人的魔力实在厉害，她爱你这个人，真是拼了命的一步紧一步的倾全力爱你，身体给我睡觉不算，还送许多钱给我，送许多补品，给我补身体，我现在就不用同她客气，否则她反而不高兴的。所以抱定宗旨，来者不拒，当下道："我不和你客气，只要你的吩咐我都接受。"

"现在我们变为自家人了，还要什么客气呀！"史小姐看了看手表道："啊呀，已经中午了，我们就在这里吃饭吧？"

史小姐同沈衡章在咖啡馆里吃了午饭，又谈了一会，互相把地址电话号头抄了下来，各人放在袋里，又约着什么日子见面。沈衡章道："史小姐，你说什么日子同我碰头好了？"

"咦，你又喊我史小姐了，不许再喊。"

沈衡章忍不住笑道："因为口头上喊惯了，下次决不再喊你史小姐就是。真的，我们什么日子再见面呀？"

"你现在赶快去找房子，至少一个前楼，或者一个厢房，如果两个都没有，你就顶一幢下来也可以，余屋分租出去好了，那末房子作算找三天，你就第四天同我见面好不好？"

"什么地点呢？"

"也在这里。时间晚上五点半到七点,你五点钟写字间下来,直接到这里,谁先到先等。"

当下也就由史小姐付了账,一同出来,车子又把沈衡章送到写字间。匆匆一天过去,可是沈衡章哪里有工夫去出空身体找寻房子,便打开新闻报分类广告看看有没有招租广告,里面倒有十多条小广告,有的招租,有的招顶,有的分租,沈衡章看其地点适宜的分租先打了电话去问问,是否已经出租去了,可是打了几个电话都要他本人前去面谈。沈衡章实在不愿去奔波,无意中想起环龙路花园别墅朋友,听说他们全家要到香港去,他马上打了电话去一问,果然有这件事,并且全房间全客堂家具一律要拍卖,既然是朋友要,当然可以便宜一些。沈衡章下了写字间赶去一看,果然十分满意,三层楼的一幢,卫生设备完全,环境很幽雅,尤其房间木器摩登式样,件件完全。双方略为一谈之后,房子连木器在内,只有五千五百元,沈衡章一想便宜极了,便一口答应下来。他不及等到三天后同史小姐碰头了,便打了一个电话给史小姐,叫她赶快来看房子,岂知人不在家,这里沈衡章就把史小姐五千元支票作为定洋付了下来,说是明天再约人来看屋。

到了第二天沈衡章一早又打电话给史小姐,那边回话说是:"史小姐三夜没有回来了,你找她有什么事?"沈衡章心里奇怪起来,打算问三夜没有回来到哪里去的,又未便开口,只道:"我等一会再打来吧,如果她回来,请告诉她我姓沈,她知道的。"

沈衡章挂了电话,心中一忖,由此可以推想史小姐一定是个浪漫脚色,三夜没有回家,前夜不曾回家,果然不错,同我有了花头,那末大前夜与昨夜两个夜里她睡到什么地方去的呢,这倒见了她的面有追问必要,她在口头上说得如何好听,前夜同我发生关系,还说是她第一个男子,从来不曾同过别个男子有往来,这样看来,完全是灌迷汤功夫了。沈衡章想到这里有些气不过,可是退后一步一想,倒又一些不气起来了,因为此番租小房子完全是她的主意,五千元支票也是她拿出来的。我沈某人同她搅七念三,根本不损失,一个单身同她去缠,总归我便宜的,如果对她加以干涉,这就不知趣了。况且她也说过这句话,各人的自由,谁也不要管谁,我始终承认你是我的极密切知心朋友是了。

到了下午两点钟,沈衡章上写字间,茶房告诉他道:"沈先生,刚刚有个姓史的女客人打过电话来。我叫她两点钟以后再打来。"

"你怎么知道她姓史?"

"我还以为是沈先生府上打来,问是不是沈太太,她说不是,是姓史的,声音非常尖的一个女人。"正说着电话真的来了,沈衡章接来一听,果真是史小姐,便笑着道:"你是湘韵,我已经打过五次电话给你,都打你不到,你这两天为什么这样的贵忙?喂,喂,房子已经找到了,定洋也付了,你五点半咖啡馆老地方等我。"

史小姐在电话里欢喜道:"房子找得这末快呀,出我意外,在什么地方?一幢还是一间?"

"这些话等一会碰了头再说吧,这里大班快要到了,再见再见。"

到了五点钟沈衡章下了写字间,便跳上车子一直赶到大光明咖啡馆,进门一看,想不到史小姐老早就守在那里,两人见了面一笑,道了一声晚安,便坐了下来,沈衡章欢喜的说:"巧极,巧极,环龙路花园别墅友人有一幢房子全部出让,他们全家回到香港去,赶去一看布置得真好,开口只讨价五千五百元,我一想上海房子这样的俏,像这样房子连木器家具,至少一万元,我一听只五千五百元,所以一个钱也不打他折扣,如数答应了他,便把你五千元支票付下定洋,现在我就陪你去看看。"

史小姐道:"我听你这样说来,房子一定很好的,我用不到去看了。不过你那朋友什么日子动身到香港去?我们什么日子进屋?"

沈衡章道:"他们已经说过,只须把款子付清了,手续清楚了,三天之后就动身,他们还要买船票,定舱位呢,当然还要配定船期。"

"你付了五千元,那末还要付五百元?"

"这五百元应该归我去付了,与你不相干。"

史小姐道:"我五千也付给你了,还差这五百元,索性归我一个人付了吧。我同你根本就不用客气,待我将来没有钱时候你再来代我付吧。"说着,拿起台子上那只老大的皮包,打开来拿出五叠钞票,交给沈衡章道:"这里五百元,那末房子同木器部分的钱已经解决,总算料理了一桩心事,可是我们进屋,还有许多东西没有办,就是床上的被头,褥子,枕头,哪一样都不可少,还要雇一个娘姨……"

沈衡章抢着道:"这些你不必费心,我统统会布置好,现在你既然这样说,我就收你这五百元,不过有一桩我要预先告诉你,我不能夜夜到那边去陪你住夜。"

"什么道理?"

"因为我家中有女人,上面还有爷娘,看见我夜夜不归家不要起疑的吗?假使给她打听到,同你租了小房子,我的枯郎头一定轧扁,吵得不得了,房间里东西一定给她敲得粉碎,岂不是对于你对于我都不利的。这一点你无论如何要原谅我。实在推班勿起。"

史小姐想了一想道："我可以原谅你，不过你总要有个规定，譬如一个星期之中几天睡在家里，几天睡在外面，你要指定了，到了这一天便是我们会面的日子。不是会面的日子我们双方都不到小房子里去，你看这办法好不好？"

"我想这个办法很好，待我们进了屋再做定一张表格贴在壁上。我们根据表格上的规定会面或不会面。"

史小姐一笑道："你不能太让我吃亏，日子也要派得公正，你家中女人一个星期有几天住夜，我也要有几天住夜，听见没有？"

沈衡章一想这倒又是个累了，如此办法将来一定要事体穿绷，女人的气量都是狭的，我倒要下一番功夫应付她们呢。便笑了笑说："我以为吃亏就是便宜，便宜就是吃亏，我决不会使你失望是了。"

史小姐又笑了笑说："哼，衡章，我倒要看你放出一些手段来，我的脾气本来难服侍的，你不能给我受了刺激，如果你给我受了刺激，我对于爷的爷来都不怕，你留意着吧。当真外面玩弄女人这样容易，上了手你就休想掼手！"

沈衡章垂了头笑笑不做声，隔了一会才道："我以为你不必拿这话来恐吓我，我们无非是做个朋友，将来可合则合，不可合也只有拆伙，希望你别牵丝攀藤，不爽快的做出来，我看你史小姐是个很漂亮的女人，是哇？哈哈……"

史小姐笑道："你用不到把这高帽子来戴到我头上，说我什么漂亮不漂亮，老实说女人心地是狭的，气量是小的。告诉你，现在租小房子的一切开办费统是我拿出钱来，换句话说是我来供养你，当然你就根本要受到我的节制，我说：你今夜不许回去，陪我住夜。

你就只好不回去,你就只好陪我住夜。嘿嘿,听见没有,耳朵张张挺!"

沈衡章把舌头一伸,扮一个鬼脸道:"这……这如何可以,你是不是故意吓吓我?"

"谁同你打朋,你摆点脑筋出来,我来吓你,你又不是小囡。"史小姐笑着对沈衡章表示:"你以后总归该死,要把你枯郎头轧扁完结。"接下去又恨恨的道:"你一旦不称我心意,我就破了脸跑到你的府上去……"

"跑到我家里去做什么?"

"吵呀!"

"何苦呢,你是个名门闺秀,千金小姐,同我来吵,未免太把自己身价降落了!"

"那末你为什么不称我心意?"

"我不是说过,以后我们列一张表格,贴在壁上,譬如:逢双住在你那边,逢单我回去住夜,我自己女人那边也要应酬应酬她的。你想既然这样列了表格,当然双方都不吃亏了,你也没有闲话可攀驳,还有什么称心不称心的?"

史小姐鼻子里哼了一声道:"这话倒难说,一个男人变起心来,谁也没有办法捉摸,你现在开场果然同我很好,很恩爱,一旦你看中了别个女人,不要我起来,我吊在你裤子带上也没有用的,那末我唯有对你破了脸一个办法……"

沈衡章又是舌头一伸,扮了一个鬼脸,相信史小姐的确是个狠脚色。史小姐噗哧一笑道:"你别贼忒嘻嘻,尽对了我伸舌头,扮鬼脸,你以后自己要好好留神一些,我预先告诉你,便是打你一个招呼呀。"

后来谈谈讲讲便在咖啡馆里吃了夜饭，饭后一起到舞场里跳舞，两人又开了几瓶啤酒，沈衡章忽然想起有一句话没有问她，待一支舞跳毕，回到椅子上来问道："湘韵，听说你有三夜没有回家，这三夜你到哪里去了？"

史小姐听了这句话，回过头来对了沈衡章怔了一下道："咦，这不奇怪，我三夜没有回家，你怎么会知道？"

"我打听来知道的，嘻嘻嘻。"沈衡章故意这样说。

"别吹牛，你老实说，你打听谁知道的？这不笑话了，我要查究这个告诉你的人！"史小姐面色很难看。

沈衡章道："你别查问我打听谁，你只须说回答究竟是不是三夜没有回家。"

"没有这件事，根本没有这样一件事，只有前夜没有回家，我不是同你住在那个贵族门口里？"

"这是我知道的，除开不谈，那末还有昨夜同大前天的一夜你并不曾回去，我打听得明明白白，其中自有人来通风报信的，嘿嘿。你还说没有这件事？"

史小姐认真道："没有就没有，我骗你倒是灰孙子王八蛋。我问你，你用不到在我面前调皮，话讲半句，究竟这话是谁告诉你的？我要追根，你说，你快说出来。"

沈衡章摇摇头，心想不可以说出，如果说出倒霉了她家里接电话的娘姨，因为这话是娘姨无意中流露出来的，所以抱定宗旨死也不肯说，可是史小姐却钉紧了问，一些也不放松，沈衡章被逼得没有办法，只说："湘韵，你现在又何必一定要我说出来，你自问有没有这件事便算了,我又根本不是约束你的自由,只不过口边头问问,问问白相而已,你若误会说我来管束你,这又岂敢,老实说:你有你的自由,你有你的交际,难道夜里不回家就一定在外面胡调,不规矩吗?你说这两夜没有在外面便没有算了!"

史小姐听了这几句话心里很窝涩,愤愤然道:"有的,有的,不错,大前夜我同一个男朋友开房间,昨夜又另外同一个男朋友开房间,我一年三百六十五天,没有一天不同男朋友开房间胡调,好了吧,你才相信了吧?"

"这是什么话?"

"免得你起疑心了,爽爽快快告诉你。"

"你别误会,我根本没有对你起疑心呀,天皇老子!"

"那末你为什么好好的跳跳舞,会突然之间问起这句话来,奇怪不奇怪,叫人恨不恨,我查问你是谁告诉你的,你又半吊子不肯说,你自问也太使我难堪了!"

沈衡章马上道:"算了,算了,别再去提起了吧,其实我并不是半吊子,不肯把这个告诉我的人说出来,实在我只不过顺口这样说说,根本又没有什么用意的。你说这两夜没有出去便没有出去算了。"

史小姐很不高兴,面孔一板,隔了一会才道:"我知道你问我这话一定是有用意的,可是我真的这两夜没有回家住夜,这也是我的自由,你根本管不了我!"

"你说这句话,这是你的自由,我根本管不了你,不错的。那末我以后也许有事脱班,不能依照表格上的规定到你那边去住夜,这也是我的自由,你也根本管不了我。"

史小姐对了衡章咬咬牙齿道:"办不到,我不允许你的自由!"

"咦,这不奇怪,什么只可以你自由,我不能自由?"

"我不是告诉你的,你要受到我的节制,我如果放任你自由,你又要到外面去烂胡调,叫我如何放心?"史小姐又眯眼一笑道:"你们男人的心变化起来顶顶快,今天看见这个爱这个,明天看见那个爱那个,不像我们女人爱一个男子始终爱到底,不会中途变卦,所以我倾全力来爱你,你如果再到外面去自由,那能对得起我史湘韵呀……"

沈衡章听得忍不住哈哈大笑,这时旁边几张桌的客人都对了他们这张台子张望,史小姐拖拖衡章衣角道:"我们下去跳舞跳舞。"于是两人又下去跳了一支舞,回到座位上来,史小姐道:"我们什么日子进屋,你预先打个电话过来,我如果不在家,你告诉丫头翠英,我出去,电话都是她接的。以后你放心点好了,我决不会到外面去轧男朋友,就是有,也不过表面上往来的应酬交际,根本没有关系的。"

沈衡章点点头笑笑不做声,心想你要是有关系,我也不知道,可是我也不过看你有血,就让你一步吧,你一定不许我自由,把我管得紧,而你的自由,又不许我来干涉,真忒不公平,目前姑且忍耐,再看以后情形,你的差头给我抓住了,我再来问你。

当夜一直玩到下半夜一点多钟才各人回去。史小姐临走又再三盼咐他明天赶快去把房间布置好。

到了第二天沈衡章派人送了五百元到环龙路花园别墅,给他出屋朋友,算是五千五百元的手续已料理清楚,只问他哪一个日子出屋赴港。他那朋友当下写了收据,回衡章一封信,说船票已买,叫衡章当面去检点一下木器家具，可是样样完全，做一个人家所缺少的只不过厨房间里东西，以及床铺上东西。衡章心里一打算，这只不过再花一千只洋就可以买全了。

当天下了写字间，便赶到花园别墅去，同他朋友一接洽，这时候他的朋友早已抄了一份清单，有关动用器具部分的，根据这张清单，当面一一检点给衡章过目，手续做得很完备，并说还有两天就要动身了，在动身这一天，希望能够进屋接管一切。衡章也就一一答应下来，心想不妨先派一个写字间里的茶房来看管一两天，如果没有找到娘姨的话。

当夜衡章又打了一个电话给史小姐，告诉她关于房子的事，哪里知道史小姐又不在家，他便很仔细的问道："你不要含糊呀，史小姐到底在家不在家，你去找找她看？"

"告诉你，她出去了，这几天她很忙。"

"昨夜她回家住夜的，还是在外面住夜的？"

"笑话了，这与你先生有什么相干，何必去查问她？"

"因为有关系，我所以才问。"衡章钉紧了要问下去，哪里知道对方把电话忽然挂断了。衡章一肚皮气，又把这号头拨了过去，恨恨的开口道："喊史小姐听电话！"

"你是啥人？"这接电话声音又换了一个女人，也许是另外一个丫头。

"我姓沈，你告诉史小姐，说沈先生打来的。"

"出去了，出去了，沈先生，你等一会儿再打来试试看，史小姐这几天非常的忙，也许等一会儿会回来的。"

沈衡章追问道："昨夜史小姐没有回家是不是？"

"是的,她本来没有一定,有时回家,有时不回家。"

"好,我知道了。你等史小姐回来,告诉她我有电话给她,叫她明天到我写字间来一趟,我有话同她说。再会,再会。"衡章挂了电话,他相信史小姐这个女人一定很神秘,便下了决心,一定探听她每夜不回家,到底跑到哪里几个场化?

三天过去了,沈衡章没有得史小姐一些消息,叫她打电话来,根本不打来,叫她本人来一趟写字间,根本也不来,衡章很气恼,索性也不去理睬她,看她想得到这里还是想不到这里。

这时候那环龙路花园别墅的房子,里面的人都已去香港了,沈衡章便派了一个写字间里的茶房晚上睡到那边看守,白天把门锁了出来。应办的东西,衡章跑了一天的中国百货公司,统统买办妥切,娘姨也雇了一个进来,把这个小房子收拾得有条不紊,清清爽爽,可是底下一层没有人住,就贴了一张招租广告,分租与人家。

直到第四天史小姐才打了一个电话来给沈衡章,问他房子的事,妥当没有妥当,沈衡章答道:"哼,你今天倒想到打这个电话来,我当做你……"

史小姐冷笑道:"当做我……当做我怎么样?老实告诉你吧,你这个人忒勒煞吊死了,我这几天故意不来理睬你的。"

"这是什么理由,我什么地方勒煞吊死?"

"问你自己,那一天你不是打来两个电话,查问我到什么地方去的,又查问我夜里回来不回来,你又不指明我,索性指明我四小姐,或者湘韵也就罢了,单史小姐,我姊妹很多,都可以说是史小姐,这个电话又接到我第二个妹妹手里,死人啦,我同你的事,屋里是瞒紧的,你统统替我闹穿绷了,你倒好不老面皮,你凭什么资格查问我行动,回来不回来,管你什么屁事,我不是几次三番告诉你的,我的自由你没有资格来管,你还不是勒煞吊死,还叫我到你写字间谈话,哼哼,哼哼哼……死人!"

"喂喂,你用不到噼噼叭叭埋怨人家,我叫你来谈话,是为了房子的事呀,我……我一番……"

史小姐光火道:"不要我……我下去了,房子的事到底怎么样?"

"一切统统舒齐,就可以进屋,今夜我陪你住在新屋里。"

"好,今夜八点钟我同你在新屋里碰头吧。你早一些到,再见。"史小姐把电话一挂,沈衡章倒受了一肚皮的气。

当夜沈衡章夜饭吃好,赶紧到了花园别墅去守在新屋里,等着史小姐光临,他到了那边推进门去,吩咐娘姨赶快预备半夜点心,茶,香烟,这几样东西,史小姐少一样就不行。沈衡章肚里一打算;今夜同她算是正式同居的第一天,那末经过了今夜之后,她就不能不承认我是她的情人,以后关于她的自由行动,多少有些不大方便,我当然是有查问的必要,第一步我就是要查究她为什么常常不回家住夜,到底是住到什么地方去的,这个闷葫芦不打破,我永远心不死。

正在这当口下面有人敲门,衡章急忙赶到阳台上朝下一看,果然是史小姐来了,便嚷着道:"娘姨,娘姨,赶快下去开门,少奶奶来了。"

一会工夫史小姐跟了娘姨来到楼上房间里,她一跨进房间站定着,四边张张望望一笑,头一点道:"不错,这里果真不错,五千五百块钱,只可算得一些屋子的顶费,这房间里木器家具可说完全奉送的。"

衡章笑道:"假使不便宜,我决不会贸贸然把五千元定洋一手付了给他。这完全是朋友的关系,他也说过为了我的事,所以如此便宜。"说着又看看手表道:"你说是八点钟到此,此刻果真是八点零五分,你坐自己车子来的吗?"

"是的,车子到了花园那边我就下车,打发他开回去了。"

这时娘姨送茶送香烟,史小姐看看这娘姨一身穿得很清洁的,便问衡章道:"她是你雇来的吗?人倒也不错。叫什么名字?"

"倒没有知道,她是我们写字间里茶房介绍来的。"

两人谈了一会,史小姐又把这几天来不理睬衡章的原因大略抱怨了几句,吩咐他以后不可以再打电话,就是要打,我不在家,只可打给翠英,别人来接,你有许多话还是不要说的好,因为我们是个大家庭,人头非常的多,只装一个电话,却有几个分机,一个电话打来,同时接到的人不止一个,譬如指明翠英,他们就不会听了。史小姐道:"归根结底免除麻烦起见,还是不要打来的好,有事我们碰头,或者我打给你。"

沈衡章肚内明白,这还不是防我时常打电话去查问她的行动吗,当时只点点头答道:"万一我有要事同你见面,而你又不来,我如何找得到你呢?"

史小姐考虑了一下道:"你要是找我,不打电话,本埠的快信当天也可以收到,以后你就写快信给我好了。"

"写信太麻烦了。"

"你嫌麻烦,就不要写信,横竖我们租了房子……真的,衡章,衡章,你把这张表格做好没有,我们一个星期碰几次面?"

沈衡章笑道："起初我的意思，逢双住在这里，逢单我回家，后来一想，这样万万不好，我家中女人一定要起疑，如果一打听我的行踪，给她钉梢钉到了，她一定要跑到这里来把房间东西统统敲碎，事体反而弄僵，别的都没有关系，只怕她得罪了你，我如何有交代。所以我现在主张是这样稳重一些，一个星期我到这里来住两夜，逢星期三，星期六两夜，我可以推托这两夜朋友约着打麻将了。这样算来，一个月我们也有八夜的恩爱了。"

史小姐鼻子里哼了一声道："原来你是个怕家主婆的人物。"

"并非怕家主婆，实在怕出事体，我们一个月有八夜恩爱，难道你还不满足？"沈衡章索性拖了一张椅子坐到史小姐面前来，往下道："这逢三逢六的两天我已经用红铅笔注在日历上，所以用不到再做表格了，这逢三是小礼拜，逢六是正当作乐的一夜，我认为特别提出这两夜，极有意思的。"

史小姐也不说赞成，也不说不赞成，一双眼睛望到别个地方，沈衡章追一句道："你如果不赞成，或者有何意见，你尽可以发表好了。"

史小姐双手抱膝，隔了一会又抽了一支香烟，冷冰冰的射了他一个白眼道："这变作我来受你的约束了。前几天你说得好好的，说逢双我们住在这里，一个月有十五夜的同房。现在依你说，只有八夜，而且这逢三逢六也许我有事不能来，岂不是弄到结果一个月只不过两三夜了。总之，我老实告诉你，衡章，这次我同你出来租这房子，洋钿我究竟花上毛六千，不是一眼眼数目，我是不是花下六千只洋而买你一个月两三夜的满足，我不是如此呆虫，你忒把我估计得低了！"

沈衡章一阵苦笑道："夫妻着重精神的，讲究肉体就不能算是真的爱情，那末你不赞成我这办法，你的如何主张，你说你说。"

史小姐正色道："依我主张，我不受你的约束，我要你来就要你来，不要你来你用不到来，这个权利要操在我手里。至于你的女人钉梢，到了这一天我自有办法。"

"到了这一天你自有办法，恐怕事体已经成为僵局了，这你无疑是同我为难，无疑不是轧朋友而是做个冤家对头！"衡章知道当前的问题重重，这基本条件没有解决，以后的纠纷一定难免，总之他觉得史小姐的手段忒凶，凶得有些不近情理，头脑子不清。两人争论到后来，算是讨论出一个折衷办法，便是每个星期同住三夜，逢三逢六逢日的三夜，其余的几天不妨同出同进玩玩，概不住夜，放衡章回去。

这一夜的恩爱，无异新婚的第一夜。起初两人在贵族门口里还有些假惺惺，史小姐还不能把胆子放大来，现在公然当做夫妇一样了，史小姐把衣服脱了下被笑道："衡章，我同你两人中间真也可说有一重孽缘，我是一个官家的女儿，因为横拣对象，竖拣对象，都不中意，一直延搁到今日之下，年纪念四五岁了，一向以处女自荣的，想不到会破坏在你沈家里的手里，这还不是前世注定的吗？"

沈衡章笑道："这是我的艳福齐天，前世也许敲穿了木鱼，无意中我们这样的一碰头就恩爱起来，所以天下自有许多意想不到的事情。"

"不过我们将来不知如何结果呢？"

"将来，到了将来再作道理了，也想不到这些上面去了。"

史小姐躺在被里，眼睛望了天花板，想想又想想道："我的胆量太大了,一个小姐身份,会做到这一层?"说着又侧了一个身,面孔朝外对了衡章道:"真的,我有一句话要告诉你,将来我们万一意见不合,两下分手,也许可能的,因为天下无不散的宴席呀,那你不许把这件事宣传出去,你如果在人家面前道:呀,史小姐真是只烂污货呀,当初我同她租小房子时候,都是她拿出来的钱,完全倒贴我的,完全是她意思要我租小房子的。把我人格看作下贱得不值分文,那我不知道不去说他,如果有人传到我的耳里,或者小报上登出我的事来,那我一定要呕血而死!你千万千万记住不许说这种话呀!"

衡章坐在床沿上脱袜子道:"不会的,不会的,你惯会这样神经过敏,我的脾气你又不是不知道,这种话叫我哪哼说得出口?"

"一个人翻起脸来真难说的,我看见得多了,独怕你这一来。"

"我沈衡章人格担保,我要同你永远恩爱下去,永不分离……"说着便下了被了。史小姐便自动伸出一只玉臂枕在他的颈下。

史小姐的玉臂枕在沈衡章的头颈下,用力把他钩过来,于是衡章的脸自然而然贴到史小姐的脸上,于是自然而然两下亲了一个嘴,史小姐一笑,轻轻拍拍他的背脊,仿佛母亲哄小孩子的哼着道:"阿囡,乖点,乖点。"现在史小姐是对他哼着的:"阿哥呀,阿哥呀,我从今以后喊你阿哥。"她说这话的神情,双目是闭着的,那只纤纤玉手却在衡章身上抚来抚去,抚上抚下,一歇也不曾停过,害得衡章肉痒难当,因此把身体一缩一缩,嘴里嗤嗤的笑。

"什么,你笑什么?阿是我喊你阿哥,不理我?"

"湘韵,你的手别这样,我顶怕肉痒的呢。"

"哼,这又是给我捉到你怕家主婆的一个铁证,大致怕肉痒的男人十个有十一个是怕自己女人的？"

"这是说说玩笑话，哪里会真有其事，我绝对不相信。"

史小姐一阵笑道："你不要绝对不相信，我要试你怕不怕家主婆，极便当，你有本领一连住在这里一个星期，不许回去一步，就算你不怕女人，否则就证明你怕女人无疑。"

沈衡章笑道："嘿，不要说一个星期不回去不放在心上，就是一个月不回去也不放在我心上，不吹牛。"

"你别嘴硬骨头酥了，你再敢在我面前嘴硬，明天便不许你回去！"

"这根本用不到嘴硬，事实做凭证。"

史小姐道："你们男人都是口是心非的，都是个个坏胚子，我就看穿你们这批坏胚子。老实同你说：我们女人没有出嫁过，满了念岁以上，才是真的自由，真的硬得起，不受人家约束，婚姻既自立，父母也没有权来管束我了，所以我抱定宗旨永远不嫁人，免得受男人束缚。"

"依你这样说来，永远不嫁人，永远同我这样热络下去？"

"是的，性情合得上便日子长些，性情合不上，便日子短些。以后我要好好的试你的心，看你待我一条心还是两条心，如果试验出你待我两条心，我立刻就同你一刀两断，各走各路，老实不客气！"

沈衡章望了天花板笑嘻嘻道："不过，我也要拿你这句话责问你，你假使待我有两条心，我也同样同你一刀两断，老实不客气！"

史小姐认真道："嘿嘿，我如果有两条心，还会捧出六千洋钿喊你租小房子吗？真是死人闲话！"

沈衡章一想：史小姐这句话不错，如果有两条心，决不会捧出六千洋钿同我租小房子。虽然话是这样说，但将来的变卦没有一定的，往往有钱人花上几千块钱不算一回事，把我们男子当一个玩物，并不是我们来玩她，一旦把我玩厌了，中途不来理睬我了，那末我就绝路一条，因为这个经济之权是操在她手掌之中的，她可以志高气傲的对待你，所以将来一旦一刀两断，各走各路，开场还是她的先变，她不变，我派派不至于会变。想到这里便面孔向了史小姐道："湘韵，我想想你今夜就不该讲这种不吉利的话，今夜也赛过我们洞房花烛之夜，正是乐而忘形的一夜，应该快快活活的，想不到你偏爱说这些使我不欢喜的话，什么一刀两断，什么各走各路。假使真有这一天，我宁可去自杀的！"

史小姐连忙把沈衡章拦腰抱得紧紧的轻轻拍着笑道："我不过这样说说呢，这分明就是给你一个教训，你以后要待我一条心，要待我诚意，不要同我反对，也不要拂逆我的心意，听见没有？这末我如何会同你分手，只有更加恩爱呀。"

待到沈衡章醒了回来，太阳已经射到纱窗上，半个房间都染得火一般的红。他把史小姐一推，伸只臂膊到被外一看手表，已经八点五十分了，这一急非同小可，把被头一揭，跳下了床，衣服一披，开出门去喊娘姨倒面水，匆匆把脸洗好，只推了推史小姐的被头道："湘韵，湘韵，我急要上写字间，晏歇会，晏歇会。"便也不管她是醒的还是睡着，立刻朝外就奔了出去。

待到史小姐醒了回来，张开眼来一看，被头里只躺了她一个人，看看衣架上挂的帽子袍子大衣也没有了，心里一阵惊讶，便张着喉咙喊道："张妈！张妈！"

娘姨打下面灶头间闻声赶了上来道："少奶奶，你醒了吗？"

"少爷呢？你知道他到哪里去的？"

"上写字间了，他走的时候，我看他还打你招呼，推推你被头，说晏歇会，晏歇会，大概你没有醒。我看他很性急的。"

史小姐便挥挥手吩咐倒面水，这里她一边起了床，穿上晨衣，把脸洗好，化妆一番，只冲了一杯牛奶咖啡，吃了几片饼干，然后换了衣服出门去了，娘姨送她到了下面门口问道："少奶奶，你午饭回来吃吗？"

"不，我不会回来，今天午饭晚饭都有应酬。如果少爷回来，你告诉他，今天晚上我回到自己家里去了。"

"是不是这里也不来了？"娘姨很奇怪的，这一对夫妻真有趣，住了一夜，怎么又回到自己家里去，难道这里不是她自己的家吗？可是史小姐不去理睬她。

到了午饭时候沈衡章在写字间里打了一个电话回来，娘姨接着一听，知道是少爷打来的，她回答他说："少奶奶回到自己家里去了。"沈衡章问她："晚上回来不回来，她说过没有？"娘姨道："说过的，晚上也不回来了。"于是沈衡章挂了电话，方才定了心，决定下了写字间今天早些回去，否则自己的太太又要吵得不亦乐乎的。

可是事体实在出乎意外，沈衡章第二天打电话给史小姐，也是找不到她这个人，问问她的丫头翠英，也说不知道，说她这一向好多日子都不回家住夜了。沈衡章心里很奇怪，相信史小姐一定浪漫了不得的，恐怕外面还不止一个小房子。到了星期六的晚上，按理史小姐要到环龙路来的，这是当初双方讲妥当的，每一个星期三夜，这是第二夜，可是沈衡章一人守在小房子里一直到夜里十二点钟，史小姐还不曾来，害他电话像雪片的打到史小姐家里去问："来没有来,来没有来?"接电话的人也火冒起来回答道:"她来了,自会得打电话给你的,为啥搅七搅八的缠勿清爽。"

沈衡章在电话里道:"你是翠英吗?你这样对了我火冒,明天我碰见了史小姐可不告诉她,倒是你养出来的,操那个娘,我倒没有光火,要你神气活现!"

可是对方把电话又挂断了,弄到结果,沈衡章实在气不过,打算亲自赶到史小姐家里去,一想人不在家里,去亦无益,只得忍耐下来,看看已经下半夜一点钟,相信史小姐决不会来了,心里说不出恨,反而让自己家里的女人守了空房,我一个人在这里住夜,实在无聊极了,明天如果史小姐回来,我不骂她一顿孙子王八蛋不是人。

这一夜沈衡章一直眼睛张直到天亮,把耳朵张直着特别留意下面敲门声音,不要史小姐上半夜陪小姊妹跳舞去了,下半夜才回来,这也作道的,岂知一下也没有听见敲门声音,眼巴巴竟然到了天亮,到了太阳照上窗纱。待张妈推门倒面水进来,看见少爷一人在房间里,心里也觉得异常奇怪,究竟这一对夫妻是什么路道,这幢房子要末两个人来住一夜,第二三天又两个人索性一个都不回来,像昨夜男的回来了,女的又不来了,看样子男的是特为来等女的,因为女的没有回来,所以男的今天面色很不好看。张妈冷眼旁观,心里未尝不明白,也装做木知木觉。把少爷服侍好了,一直到九点多钟少爷还不出门,张妈留意壁上日历,是一张大红的,才知道今天星期日,不上写字间,只见少爷在房间里转什么心事,一会打电话,一会打电话打打又打不通,狠命的把那架电话听筒"壳"一声用力一挂,那样子很焦急的。

原来沈衡章从昨夜电话打到今朝，还没有打着史小姐自己手里，直到今朝还不曾回去，可见她昨夜一定在什么地方胡调了一夜，这是毫无疑义的事，那末她今夜除非不要再回来，否则不给她颜色看这还成体统？

沈衡章索性不再打电话给史小姐，听她去，随便她来与不来。午饭之后，衡章便打电话约了一个朋友到茶室里去喝茶，借此把这个星期日消磨过去。

这个朋友姓张，名叫南来，是衡章的莫逆之交。他在一家德商洋行机器部里办事，年纪只念五岁，玩女人的本领独大，衡章有许多玩女人门槛，也是在张南来那边领教来的。可是这次衡章同史小姐租小房子却瞒了南来，不给他知道，只怕被朋友们取笑，因为在上海玩女人，门槛精的，决不会同女人租小房子。因为租了小房子便多下一个拖累，那末以后便无从摆脱，还不如临时开一个房间来得爽快，以后如有交情，不妨再连上一连，没有交情，或者袋里干瘪时候，就从此一刀两断，各走各路算了，还有什么搅头经，待到兴致好，袋里血旺，或者又新开了一个户头，不妨再来开上一个房间。上海吊女人膀子容易，女人吊男人膀子的更便利，只须要做临时夫妻来得有趣，何必租什么小房子。租小房子的都是寿头码子，都只不过逞一时情感用事，将来有好收束的，一百个当中得不到一个，无不相骂淘气，粉碎了小房子完结的。沈衡章怕张南来笑他寿头码子，所以常常同南来碰头在一起白相，而同史小姐租小房子的事，他决不提起一句，只当无其事。

这一天下午沈衡章到了茶室，不一会张南来跟踵着来了，两人打了一个招呼，相继坐下，张南来一笑道："很稀奇，你今天会打电话喊我出来喝茶,有什么事?"

沈衡章哈哈笑道:"因为下半天没有事做,想起你,还是我们出来坐坐茶室,根本就为了喝茶而来,又有什么事呢?"

张南来喝了一口茶,手在台子角上一拍,一个头一直伸过来朝沈衡章低低的笑道:"老沈,老沈,昨夜我到祥康里却喊到一个真崭货的公馆里小姐,好极了,崭极了,在上海我白相女人还是第一次遇着过,真可说一丝批评都没有。"

"阿可以介绍介绍,我长远不跑祥康里了,她叫什么名字?"

"不过是否喊得到,倒成一个问题。她姓什么,我们可不必问她,当然是假的啰。老沈,你是真的要,还是假的要?"

"因为长远不跑这条路,现在的确很需要,准定请老兄介绍介绍,我一定要。"

张南来笑道:"上海滩上自有这种事情,说出去谁也不会相信,竟然大公馆里小姐可以喊得到咸肉庄上来,而且是真的事实,千真万确的,我耳朵边听虽然常听见,但总想言之过实,没有这样的事。不图竟然我亲历其境!"说着把鼻子上油水一捋,眼睛弹了出来,很认真的。

沈衡章见他这副样子,笑道:"你一个人独溜,告诉也不告诉我,今夜我们再去好了,你介绍我见见,不落水就是。"

"不,既然介绍了,不落水变作寿头,据娘姨说:喊她出来很不容易,什么坐房间不是生意经,至少做一个局,最好是夜厢,但价钿并不贵,局只要两百块钱,夜厢三百只洋足够足够了。"

沈衡章道:"这是什么路道,大公馆里小姐,价钿如此便宜?"

张南来手在桌子角上一拍道:"哪里,哪里,她哪里目的在钞票,据说这夜厢做下来的钱,她根本一个也不要,完全开销开销娘姨大姐们,她的目的一半还是求性欲上满足,另一个脑筋大约是找一个长户头,人是漂亮极了,一丝批评没有,一落大派,完全大公馆里样子。"

沈衡章听了这番话,肚里打算,不要张南来喊来的这个就是史小姐,那真是个绝大笑话了,叫我这张脸放到哪里去。心想总不至于有这样巧合的事,便急急问道:"她究竟姓什么呢?你为什么不问问她,譬如我们去喊她,称呼她什么呢?你老兄枉为老白相,这一点不问问明白?"

张南来道:"告诉你,既然到得这种地方来,是决不会老实告诉你真实姓名,我岂有不问她,她说她姓陆,一会又说是姓沈,所以我不把她的姓放在心上,要喊的时候,只须告诉娘姨说:那个公馆里小姐。庄上的人就会知道了。"

"姓沈,哈哈,倒和我同姓呢。问你:她的脸蛋瓜子脸,还是鹅蛋脸?"

"瓜子脸,真是细皮白肉,红是红,白是白,总之我见了满意,你没有不满意道理,准定今夜同你去,不过今天星期日,是个大众吃肉日子,宜乎提早些。"

沈衡章听见说是瓜子脸,心里又是一跳,因为史小姐也是个瓜子脸的女人呢,如果真的是她,那我不活活被她气死。他又急急问道:"她是什么地方人呢,讲的上海话还是苏白?"

张南来道:"完全一口苏白,句句说得客人窝心万分,总之,我现在说她好,也许你以为我言之过甚,晚上你见了面便知道了。"

沈衡章肚里又是啊呀一声,原来史小姐也是一口苏白呀,不要真的就是她。昨夜是星期六,她也不曾回到环龙路,不要她真的就到祥康里去了?像她这样浪漫,事体极可能的。

沈衡章想到这里,肚里真有点疑信参半的促急起来,说:"老张,你请坐一歇,我打个电话马上就来。"其实衡章这个电话却是打到环龙路的,问问史小姐阿曾回来,如果回来的话,马上赶回去当面问个明白,昨夜在什么地方住夜的。哪里知道这个电话打过去,娘姨回答,说是史小姐直到现在还没有回家,沈衡章气得说不出话来,心想:这个人一定没有魂灵的了。今夜决定跟张南来到祥康里去赏光一趟再作道理,总想没有这样巧合的事,就是史小姐浪漫,决不会浪漫到如此地步,况且她已经有了我,决不至于再到外面找刺激去了。

待他打好了电话回到座位上来,张南来对他道:"准定这样,要去的话,我们就在这茶室里早些吃夜饭,夜饭一吃好,马上就去,宁可在那边多等一些时候,多白相一歇的。"

"我也是这主张。"

"如果碰运道今夜能够喊得到,那末你准定住夜,我一个人回来好了。"

"还是你连上一夜好了,你让给我,未免太说不过去,这是你开的户头呢。"沈衡章嘴上虽然这样说,肚里不胜悲伤,不知如何的,他却愁急着只怕这个公馆里的小姐不要就是史小姐,倒担下一肚皮心事。他要打开这个闷葫芦,又不得不到祥康里去跑一趟。待到夜饭吃好,张南来一根牙签塞在嘴里道:"老兄,你身边的血准备没有准备,如果不敷,我这里备着。"

"有有,有四百多块钱,作算就住夜也够了。"

张南来急急挖出自己的皮夹子，点了一百块钱塞在沈衡章手里道："到这种地方去宁可多备一些，万一吃些点心不够的。这里有一百，你用了再说。"

"这样说来，你真的拉人落水了，哈哈。"沈衡章也就模模糊糊的接了这一百元填在皮夹子里，于是两人喊了黄包车到祥康里去了。

大致欢喜跑跑贵族化咸肉庄的，没有一个人不知道祥康里的。所谓贵族化就是房间布置方面考究一些，漂亮一些，其他还不是换汤不换药，但不知如何自有一批客人对祥康里另眼相看，到这里喊来的女人自以为清高一些，只因这里的做局同夜厢，价钿要高贵，偶然也有一两个真崭实货的人家人来到这里走走，又因为人杰地灵的关系，这个祥康里一般人便目为一个神秘的去处了。原来张南来昨夜在这里做夜厢的那个公馆里小姐，不是别人，竟然就是史小姐，可是史小姐又为什么会跑到祥康里来呢？

原来祥康里的本家同蹄髈阿六是姊妹淘，平日来来往往，很是热络，也互相商借人手帮忙。譬如：你这里有新的人才出来，只要是新的，做得没有几天的，需要商借去帮忙，便冒充着公馆里人家人应征了，双方不论哪一方面，都可以互相喊来喊去。史小姐到蹄髈阿六庄上做了沈衡章一个客人，蹄髈阿六着实从中得了一笔外快进账，很是高兴，隔了一天来到祥康里白相，便把这件事作为谈资谈了出来，小姊妹听了之后，一定要蹄髈阿六把史小姐也介绍到她庄上来帮忙，当然互相商借人手，双方都有条件，蹄髈阿六便一口答应她，说是有客人喊史小姐，打电话给我，我再去约史小姐出来，不过是否喊得到还是一个问题。隔了几天张南来到了祥康里，他是一个老主顾，本家当他一个大客人亲自出马招待着，张南来坐定下来，眉头一皱，笑了一下，头一摇，不做声，本家问道："张先生，你有好几天不来了呀，你近来贵忙吧。"

张南来道："忙倒一点不忙，吃了饭只是玩。"

"那末为什么这里长远不来了？"

"有什么来头，做来做去这几个货色，赛过小菜一样，吃来吃去这几只小菜，没有别的名目做出来，自然乏味了。"

本家忍不住笑道："张先生，那末客人同小姐做熟了，只有恩爱啰，而你偏生说是乏味，真是自说自话。"

张南来头又摇摇，好像很茄门的："说到恩爱，你倒不曾说叫我讨了她们回去，同咸肉庄上咸肉讲恩爱，你简直是吃我豆腐。"

"那末你张先生是哪能意思？今朝到这里来赛过是来寻相骂，一面孔的神气。"本家笑了起来，张南来也笑了起来，于是他一本正经道："规规矩矩，我今朝来打算换换口味，你们这里有新人才没有？"

本家便想起蹄髈阿六那边的史小姐来，要末替张先生介绍了，当下便说："张先生，新人才有倒有一个，并不是乡下新出来的，也不是别人家转过来的，倒是的的刮刮公馆里小姐。"

张南来鼻子里"哼"了一声，以为本家用公馆里小姐五个字来摆噱头，于是头又一摇道："省点事吧，真也不来上你们的当，公馆里小姐，跑到庄上来有是有的，真是千载难逢的事，又还不是冒充的……"

本家不待张南来说完，抢着道："我不骗你，规规矩矩我真不骗你，的确是一个公馆里小姐，而且我说出来你还知道她在上海的一番历史，现在我告诉你，决不会相信，待喊了来才相信了。"

"你这话完全黄绿,那末就当真有其人,她姓什么叫什么?"

本家恐怕张南来到外面去东讲西讲,再三告知不可宣布出去,于是同南来咬了咬耳朵,姓什么叫什么,她是怎么样一个出身,为什么会跑到庄上来,一五一十说了一遍,这一来张南来才有些相信起来,笑着问道:"果真有这件事,真能够把她喊到,不论夜厢多少,我决定喊她一喊。至于将她真实姓名宣布到外面去,这损人不利己的事不做的,你既然同我说了,我知道就是。"

"讲到夜厢倒不贵,三百多块钱也就够了,老实告诉你,她本人不要客人一个钱,这无非是房间同下脚开销一些数目,张先生,你真要喊,我马上就打电话。"

"快快打电话,我今夜来原是抱定宗旨的,没有新货色不做,有新货色才横字打头。"张南来说着又把皮夹子里钞票点了一点,知道还有三百九十多块钱,胆子也大了。

本家一个电话打到蹄髈阿六这边,就同她商量要拆这个史小姐来帮忙的事,恰恰不巧,这一夜史小姐在蹄髈阿六庄上又接了一个新客人。这个新客人一面孔大麻皮,依照史小姐心意不愿意接他的,只是蹄髈阿六横打招呼,竖打招呼,要史小姐帮帮忙,史小姐碍于情面,又看见这个大麻皮身体很结棍,相信他战斗力还不错,只得勉勉强强答应下来。蹄髈阿六便在电话里将这番情形回复了祥康里本家,说是今夜无论如何办不到,不妨改到明夜吧。这是没有办法的事,于是这里的本家挂了电话又到张南来面前调了一个枪花,说是人在公馆里,有亲眷朋友叉麻将,今夜辰光晏了不出来了,还是约在明夜吧。张南来虽然很扫兴,倒十二分信以为真,当下便付了定洋,决定明夜再来。第二夜便是一个星期六的夜里。

隔夜付了定洋，第二夜张南来安有不来的道理，其实祥康里的本家吃过了午饭就把史小姐请了来，一来就约了几个本庄上小姐陪着她打牌，从午后打起一直打到傍晚，史小姐很高兴，还要连八圈时候，恰恰张南来到了，于是本家便拖了张客人往楼上亭子间里坐下，笑道："张先生，张先生，人是到了，你刚刚走过看见没有？"

"倒没有留意呢。"

"就是客堂间里坐在靠左手叉麻将那个女人，不是你没有见过的么？"

张南来想了想忍不住笑了起来道："原来就是她，难怪我到客堂间看看那里几个人打牌，她对我横看竖看。果然这个女人很不错，史小姐想不到是这样一个女人……"

本家急急掩住他一张嘴道："告诉你她的真姓名不要说出来，你偏生要说出来，如果给她知道，一定不会答应你的。"

张南来嘻皮塌脸的笑着："我决不告诉第二人就是，现在她还要打牌，什么时候可以打好？"

"你暂时在楼上白相一歇，我下去看看，问问她本人心意。"本家说着便要紧赶下楼去，张南来一把拖住她道："今夜我要拣一个大房间，前楼大房间你留给我不要让掉。"

"晓得哉，当然拣大房间给你，不过史小姐派头很大，你也要派头大些，我在她面前是说你是一家参行小开，人非常的好说话。"

"这些我不用你告诉我，你既然替我吹牛说是参行小开，决不会坍你的台就是。好好，你下楼去问问她，麻将还有几副下场了。"

本家下得楼来一看，只见这一桌麻将大家不像继续叉下去样子，而史小姐高兴不过，主张还要来八圈。本家把她一直拖到后面房间里道:"我有话同你说。"

史小姐不知什么事,急急问道:"你有什么话告诉我?"

本家压低了声音笑道:"我同你说:张先生已经来了,他在楼上房间里等你,麻将还是不要叉了吧。我同你说:我在他面前说你姓陆,又说是姓沈……"

史小姐忍不住笑了起来:"阿姊,你说是姓陆,又为什么说姓沈,我变作有两个姓了呀?"

"你听我说,你娘家本来姓陆的,许配给一个姓沈家的,我因为一个不留意,说了两个姓,只得这样吹一吹牛。你要记牢,他问你,你也这样说好了。这位张先生,他是的的刮刮一个参行里小开,这爿参行说起他招牌,你一定会知道,从前开在南市咸瓜街,叫做孚昌参行的,原来就是这位张先生的老太爷手里开办的,你史小姐以后要吃什么真正吉林野山人参,只须告诉张先生一声,叫他带几斤来,也是轻而易举的事。"

"阿姊,阿姊,"史小姐笑痛了肚皮,"你这人说话真要笑煞人,真正吉林人参啥行情一两,你叫他带几斤来,一爿参行也要送终他手里了,并且我年纪太轻。不能吃人参,吃了参,饭要吃不下肚的。"

本家跟上笑道:"啊哟,张先生是小开,拿几斤参有什么关系,你自己不吃,带回去孝敬老太爷不是一样的。不过,这是我同你闲谈闲谈,你爱惜这位张先生,那也不要去说他。史小姐,我还有句最要紧闲话告诉你,张先生如有什么冒犯你的地方,千定千定看我阿姊脸上,原谅他一点吧。"

史小姐点点头道:"本来我今夜星期六,无论如何要回去过夜的,老实不瞒你,我外面还有男朋友约着,因为你横打招呼,竖打招呼,帮帮忙,帮帮忙,只得把男朋友放了生,真是你的大情面呢。"

"啊哟哟,这不拆了你烂污了!"

史小姐道:"可是没有关系,我那朋友当然自家人,我会把他敷衍得服服帖帖,常常拆他烂污,自然不好交代,不过我明夜无论如何要回去,预先打你一个招呼。不要明夜又连一夜,礼拜一再来倒可以。"

本家点点头,说是知道了,当下便领了史小姐到楼上大房间里,进去一看,不见张先生,心里一阵奇怪起来,本家又连忙赶到亭子间里来,原来张南来躲在门帘后面,目睹史小姐打房门口经过,本家一冲了进来,却同张南来撞了一个满怀,两人"葛得葛得",在亭子间里笑得一团糟。

本家对着张南来指指点点捧了肚皮笑道:"侬……侬这个人真是噱天噱地,为什么我进来你不让开,害我吓了这一跳。"本家还是笑着,张南来面孔一板道:"看你今天像拾着了一张笑票了,这样的痴笑。史小姐走过这里,我看得清清楚楚的。你也用不到拼了命赶进房来。"

于是本家忍了笑,才把张南来领到前楼去,从中介绍一番,张南来对了史小姐上下望了望,笑道:"喔,原来就是陆小姐,我们虽然初次见面,可是鄙人景仰已久了。"

史小姐故意含羞的笑笑,垂了头不做声。本家又插在中间说了许多替史小姐客气的话,叫张南来原谅她一点,因为陆小姐还是第一次出来,外面很陌生,看见客人怕羞的,并且也不会讲话。其实这些话张南来听了左耳进右耳出,明知是一种噱头,他笑道:"客气,客气,若说陆小姐讲不来话,那我更讲不来话了。"

这时候本家便回了出去,吩咐娘姨送茶,把那听茄力克香烟拿了进来请客,也就放在台子上道:"我下楼去哉,你们谈谈讲讲也就早些上床吧。"于是回了出去,随手把房门带上了。

这里张南来成竹在胸,明知她是姓史,在上海颇有声望,想不到大公馆里小姐会跑到这祥康里来,也就不胜感叹。见她坐在床沿上,垂了头只是不做声,张南来便走了过去贴紧她身体坐在一起拍拍她肩胛笑道:"陆小姐,咦,你想什么心事,不做声?"

史小姐仰起头来问道:"先生,你尊姓呀?"

"鄙姓张,弓长张。请问陆小姐芳名叫什么?"

史小姐肚里一促急,当然不可以告诉他真名字的,可是一时又造不出名字来,便对了张南来笑笑道:"张先生,请你原谅,我不能告诉你苦衷,你张先生应该明白,我并不是跑这种门口的人,当然我出来是秘密的。你懂哇?"

张南来道:"其实我到这里来,情形正同你一样,我并不是一个寻花问柳,玩弄女性的人,无非也是逢场作戏,所以彼此正不必讳言,老实的说出来好了,就是你告诉我,我决不会说出去的。"

史小姐对张南来望了一眼,浅笑着问道:"那末你张先生大号先告诉我,我才告诉你,好不好?"

"我叫张南来,南北东西的南,来来往往的来,我是绍兴人,家住成都路,开了一爿小规模的参行,叫孚昌参行在法大马路大自鸣钟,我是参行里一个起码货小开呢。哈哈。"

史小姐相信张南来句句是实话,便也老实把名字说了出来道:

"我叫湘韵。"说着把绢头掩了嘴角微微的笑。

"想云,这名字很可爱,你是想着天上的云。"史小姐明知张南来弄错了,也不去纠正他,微笑道:"对呀,蛮对,蛮对,我天天想着天上的云哩。"

隔了一会史小姐又找出一句话来问南来道:"张先生,孚昌参行上海似乎不止一爿,好像有五六家,是不是你们分行?"

"我老头子手里只开此一爿,并无分出,其余全本冒牌,他们的吉林人参完全用莱菔干做的,卖卖野人头,吃下肚根本无用。过一天我带几斤真正吉林野山人参送与你陆小姐补补身体。"张南来趁机牛皮一阵烂吹,史小姐不知底细,当然句句信以为真,便先道谢:"你张先生带来送我,一定受,谢谢你吧。"

张南来在史小姐耳朵根吃豆腐道:"只要你陆小姐今夜特别卖力一些,不要说人参了,我们行里比人参更值钱的东西,都愿意一五一十搬出来送你,不过我相信你陆小姐未必是要这些东西,那末你带回去奉养老太爷,老太太,他们说你真是一个孝顺的女儿呢,哈哈。

张南来这样笑着吃了一阵豆腐,起先她一些也不光火,后来觉得其中一句让她心里老不高兴,便回过头来责问道:"张先生,你说些什么呀,只要我今夜特别卖力,我问你:卖些什么力?请你解释明白?"

张南来嘻皮塌脸的一笑,又伸手拍拍史小姐肩胛道:"没有什么,没有什么,我只不过随便这样说说,闲话出口无心的。"

"不是出口有心无心,到底卖些什么力呀?你老实的说,大胆的说,我决不同你张先生计较就是。"史小姐看见张南来有些窘迫的样子,偏生逼得起劲,她带着笑道:"说呀,说呀,只要我卖些什么力?男子汉大丈夫为什么说出话来缩头缩脑的?"

张南来肚里一想,这个史小姐真可说是个老举,我这句话明明弦外有音,只可道不可解释的,她现在偏要我解释明白,难道我老她不过不成,于是张南来忽然站起来在台子上抽了一支香烟,划根火柴吸着了,嗤的一笑,跟着扮个鬼脸道:"这句话你陆小姐不是不明白,何必要我解释,要知道一说了明白,便没有滋味了。不但没有滋味,而且你也要光火。"

"勿关,没有滋味也要你解释出来。我决不光火。"

"那末告诉你吧,今夜特别卖力一些,就是叫你床上功夫格外起劲一些,闲话已经包括在里面了。"

史小姐噗哧一笑道:"侬个断命张先生要死快哉,床上功夫叫我格外起劲一些,这话倒好像对一个堂子里的女人说的,倷张先生眼睛阿曾张张开,我是不是堂子里女人呀!"史小姐说着一个身体直扑了过去,伸出拳头来朝张南来背脊上用力捶着,张南来只是"呵哈哈哈,呵哈哈哈"的尽笑,史小姐停了手,气喘如牛的把眼泪也笑出来了,她说:"断命张先生,哪能一个背脊又邪气硬,敲上去卜卜响的?"

"蛮对,你不用说出来,我先代你说了吧,这叫做一个乌龟背脊,总算你便宜讨了。好好,我们还是上床睡了吧。"张南来把半段香烟屁股朝痰盂里掷了,连忙解衣服。

张南来把衣服一件一件脱下,只剩了一件汗衫,一条短裤,便往被里钻了进去,看见史小姐还是呆坐在那边出神,问道:"咦,你为什么还不上床?"

"你管你睡好了。我想想自己真有些不能交代。"史小姐还是眼睛注视着自己一双鞋尖出神，慢吞吞说出这句话来。

张南来弄得莫明其妙，一个头露出被外，诧异的问道："这不稀奇古怪，有什么交代不交代，不妨说些给我听听？"

史小姐仰起头来道："你想：我有交代还是没有交代？我不是一个没有家教的人家，我不是一个没有受过高深学问的人，我大学虽然没有读到，但高中是毕业过了的，我有良好的家庭，我有两个很有体面的哥哥，更有爹爹，和还有许许多多的姊妹，他们个个都争气上进，做事的做事，读书的读书，唯独我不自爱惜，这样自暴自弃的跑到这种地方来受人家玩弄，给人家当一个妓女来侮辱，嗳，我究竟为的什么呀！"

张南来连忙打被里坐了起来，把头皮一搔道："我已经承认这句话说错了，原是随便说说，出口无心的，你为什么又介介于怀，我假使当你一个堂子里女人看待，或者当你一个咸肉看待，一家门完全死光，天火烧烧光，我走出去给电车轧煞！"

"张先生，你这是什么话，我说我的，与你有什么相干，你这样罚咒，说得怕人势势的，太没有意思了！"

"我明明知道你是为了我说那句话的坏事，既然不是的，你马上下被睡觉？"张南来一手指着手臂上的表："十二点钟了，十二点钟了，我明天一早起来送一个亲眷上轮船的。"

史小姐又深深叹了一口气，好像眼泪汪汪的，一边解衣服一边道："真的，我倒并不是为了你那句话引起我的伤心，实际上我真正不能交代，万一传到我家属的耳朵里，我还有这张笃脸回去见人家的面吗？我陆家在上海真是一个大族，说起来你张先生不是不知道。"

张南来明知她姓史,可是她还口口声声推说姓陆,因此又装着问下去说:"陆家,在上海……是不是军阀时候那个陆什么祥的?除外倒没有听见过上海有陆家的?"

史小姐恐怕再说下去要露出马脚来,便道:"睡吧,睡吧,你不便来查问我的底细的。"这时候她上了床坐下了被,身体往下一缩一缩睡下去了。张南来便把电灯关了。

"灯不要关吧,今夜我睡的陌生地方,又同了你张先生头一次同床,我真有些怕,开亮来,快开亮来,宁可开亮了睡。"

于是张南来重又把电灯开亮,手缩进了被轻轻拍着她安慰道:"这句话倒是真的,陌生床铺,我也有这睡不着的习惯,至于同我头一次同床,有些害怕,这你千万放心是了,我能够保护你,也能够安慰你。你要明白我也是一个富家子弟,尤其同情你陆小姐的。"

史小姐贴着张南来,腻着声音道:"你张先生能够安慰我,那我今夜把身体许了给你也就值得了,这就有意思,不然你这个人我不对劲,就是你花上八千搭一万,要想碰到我的身体,老实说我未必是愿意答应,反过来说,只要你这个人我对劲,合意,不要你一个钱,肯把身体许给你。这话你以为轧实不轧实?"

"轧实,轧实。"

史小姐道:"这就是我们人家人的本色,一些也没有虚伪,也不是把金钱来买得动的,你张先生外面跑跑的,未必不明白,所以这种机会只可遇不可求,不信你明夜,或者下次再来喊我便喊不到了。这就是我们人家人的可贵,能够喊得到我们,有过一夜夫妻的,这人真赛过打中了一个头彩。"

张南来一边听着史小姐唠唠叨叨的在耳朵边说来，一边手在史小姐屁股上不轻不重的捏了一把，史小姐跳起来道："哪能啦，我讲的话你到底阿曾听进耳朵，一只手为什么一停也不曾停过的，有什么摸头呢？"

张南来嗤一笑："身上的肉嫩是嫩得来，恨不得咬你一口。"

"你咬呀，咬呀。"史小姐索性袒露了开来说："只要我心爱的人咬，我不喊痛，我情情愿愿让你咬。"

张南来故意一张嘴合在史小姐胸口，像咬的样子，这一来把史小姐的肉痒得难挨死了，身体一阵打滚着格格格笑道："断命张先生，断命张先生，你要死快哉，你为什么不咬，舐得人家痒哇？"

张南来也跟着哈哈哈笑道："真也亏你说得出，这样粉嫩的肉，叫我如何咬得下口，你的意思，分明是叫我舐，哪里是真的咬？"

史小姐真是不胜欢喜的，她把张南来枕上的面孔捧在手里，很疼爱的说："我有像你张先生这样一个丈夫也就心满意足了，老古话一夜夫妻百夜恩，那末我同你张先生今夜做了夫妻，会不会有百夜恩呀？可是，我知道你们这批男人都是无良心的。"

"什么，我们这批男人都是无良心的，你哪能讲得落这种话？"张南来一手搭到史小姐肩胛上去，一动不动的这样问着。

史小姐道："我问你：你张先生阿曾讨过家主婆？"

"你为什么要问我这句话？"

"你只须说好了，讨过没有讨过？"

"讨过了，还是今年结婚的。"张南来不知史小姐问这话用意。

史小姐伸出拳头朝张南来背脊上捶了一拳道："如何，你们这批男人是不是无良，明明自己有夫人，有正式花烛夫妻，还是今年新结婚的,你不会回去陪陪你的夫人,现在跑到这种地方来玩别人家女人,把你夫人抛到脑后害她一人守着空房,这你还算是有良心?老实说,我看穿了,你们男人十个倒有九个是无良的。"

张南来付之哈哈一笑道:"原来你说我们男人无良是指这个,那末我倒要反驳你一句话,你不要不高兴,譬如我们男人讨了像你陆小姐这样的女人,那末你今夜到这里来陪了我姓张的睡觉,试问你的丈夫知道了,会不会骂你没有良心?"

史小姐一跳起来道:"什么话来,我现在叫没有嫁人,也没有丈夫,假使我嫁了人还会得跑到这种地方来吗?我真也不会出来了,不用说得自然做一个贤妻良母,循规蹈矩的。张先生你驳我这句话根本就错误,我说你无良事实俱在,正因为你已经结婚了呀。"

张南来立刻辩道:"依你陆小姐这样说来,那末没有出过嫁的小姐出来轧姘头,跑祥康里,是正式的,是正大光明的,错不错?"

史小姐想不到张南来驳住她这一句话,倒一时没有话回答了,隔了一会才道:"勿关,勿关,虽然不是正大光明,那末我总不像你们男人这样无良,有了花烛夫人不去陪她,我假使有了丈夫,决不会跑出来的,我一定很体贴亲热的不肯离开丈夫身边一步。"

张南来也没有话讲了,哈哈哈一阵笑道:"算了,算了,我就承认无良,你陆小姐也未必规矩,半斤搭八两,你不要批评我,我也不要批评,你大家既然到这里来,都是一只袜统里的货色,好了,睡吧睡吧。"

史小姐听了张南来这句话,忍不住拥了张南来的腰,格格格一阵笑,笑得上气接不着下气道:"你真要死快哉,你自己这样烂糊,这样在外面胡调,也把别人拉下水,说我也是一只袜统里的货色,我可不承认的,你再敢说,我不把你敲耳光简直不是人所生的。"

张南来笑道:"因为你骂我无良。啥人叫你骂我无良的?"

"好,从此大家不许开口,谁再叽里咕噜,谁就是猪猡。"史小姐说了这句话也不做声,也不再笑,一手搭在张南来的肩膀上静默着装做睡着了。张南来也不做声,可是哪里能够入梦,隔了没有多少时候,那只手就有些不规矩起来,史小姐道:"我顶恨你们男人这一双手,放开,放开。"

张南来真也不去理睬她,管他一门头在被窝里进行,史小姐把他的手拉去,他又搭上来搅不明白,她故意的道:"张先生,不好的,这样我以为不好的,我们以后朋友要交得日子长,总要着重于精神,若做朋友注重于肉体的话,这朋友就不会长了,我问你,你还是愿意同我做长朋友,还是做日子短的朋友?"

"当然朋友越长越好啰。"

"那末你就放手,不要再转到斜路上去,听见哇?"史小姐又拍拍张南来的身体,当他一个小孩子的道:"并且今夜我们又是头一天交朋友,头一天见面,你就要我答应你这个,羞不羞的?面孔要哇?"史小姐的手段很不错,明知张南来是不会听她的话,也决不会忍耐的。假使不答应他这个,那末他今夜辛辛苦苦赶到这里来,为的何事,然而她不马上答应他,故意难他一难,正是她的功夫,这功夫便是使得张南来迫不得已时候苦苦的恳求她,在这时候才答应他,是双方的兴奋达到最高峰了。这就是史小姐异于一般妓女的地方,所以同史小姐有过关系的,对堂子里女人都不想玩,一边到底是有情感的,一边根本是没有魂灵的。

当时张南来真的给史小姐弄得昏头七冲,缠了好一会,还是不曾达到目的,这不是一桩焦急的事,于是不得不改变方针,带些恳求道:"陆小姐,谢谢你啰,你到底要逼得我到怎么样地步呢?"

史小姐一笑道:"你真是我前世的冤家,我要你哭,我看你哭出眼泪来就答应你。"

张南来不得不在眼泡皮上涂了一些唾涎,表示眼泪,装着嘀嘀嘀的哭,史小姐明知他是假哭,也就马虎一些答应他了。

当下史小姐便把张南来哄着道:"我听见了,别再哭了吧,真同你前世冤家,快快收了眼泪,把电灯关了,听见没有?"

张南来装做哭瘪瘪的,伸出手去把电灯关了,待房间里墨墨黑,张南来又忍不住笑了起来,他恐怕笑出声,急忙把自己一张嘴掩没了。这时候史小姐弓起了一条被,在下面不知做些什么,弄了好一会,又衬着垫着好一会才道:"上来呀,冤家!"

张南来因为性子太急,叫名一个小伙子,一只鸟的用场都没有,不五六分钟工夫,便战得落花流水,打高山头上一个颠抖跌了下来。

史小姐心里当然恨的,她说:"哪能一个人介没用,还没有到三分钟呢?"

张南来含糊道:"啊哟,我也不懂什么道理,别做声了吧,我要睡觉。"

"什么,你要睡觉?"

张南来一会工夫便打起鼾声来,史小姐讲的话他一句没有听见。

"介便当,你要睡觉,我偏不给你睡觉。"史小姐便把张南来的身体一阵推拿道:"看你睡得成睡不成。"

张南来愁眉苦脸道:"帮帮忙,帮帮忙……"

"喂,问你,你的身体介搭浆,为什么不自量力,还出来拈花惹草,现世不现世,我总以为你年纪轻轻小伙子,一个钟头支持不住,半个钟头总还有的,哪里知道只三分钟,这你还不是来害我?"史小姐烦躁起来,她不管张南来倦不倦,一些也不加以原谅,同他吵闹不休。因为史小姐到这里来同一般生意上女人情形两样,现在张南来这个样子,难怪不放他过门了。

张南来听了史小姐这几句话,他实在没有话可以回答她,于是又说了一遍:"帮帮忙,帮帮忙……"

史小姐一肚皮火气,在他的背脊上"咚"的一拳道:"死人,你还要说帮帮忙,我帮你一点啥的忙?"

张南来吃了这一拳头,倒有些清醒了,连忙问道:"你啥事体打我一拳头。"

史小姐道:"我问你年纪轻轻,身体为什么这样搭浆?何必还要出来现世呢?我看你真作孽!"

"什么叫作孽?"

"不到三分钟时候就没有用跌下来了!这你还不是作孽?既然自己是参行里小开,为什么不把自己店里补品,人参,阿胶,鹿茸,白木耳,再造丸,多多吃些下去补补的?算我倒霉,碰了你这个现世货!"

"喔唷,你索性骂我现世货!你要明白身体搭浆,这是爷娘拆的烂污,根本同我不相干,因为只有三分钟,所以就打过你招呼,你为什么还要口口声声骂人?"

史小姐道:"又何必出来害人?"

"更加笑话,我害你什么?你说,你说出理由来?"张南来心想:我性子短,按理她只有省力,岂有她反而来责难我的,这真是天下奇谈，可见史小姐床上的狠，真是个老举。当下史小姐回答他道："你要我说出理由来，你明天赶快回去问问你的夫人，再不然问问你的娘，自会知道了。张先生，奉劝你下次休再到这里来，像你这身体，依我看，至少还要调养三年，人参，燕窝，白木耳，鸡蛋，长期的吃，长期不断的吃，三年下来方始见效，并且这三年内不许再同夫人同床，否则依然白白的。我还要说你一句话，不要光火，你如果不听我的说法，还常常跑到这种地方来，今年年夜饭恐怕吃不成！"

张南来把史小姐身体一推道："你别在这里烂嚼舌头，你不用老三老四，我明天介绍一个狠脚色，性子长的来对付你就是。"

后来史小姐还是叽里咕噜的，可是张南来实在疲倦得说不出话来，一个不做声，便呼嘟呼嘟打起鼾声来了。

到了第二天张南来一觉醒过来，已经七点多钟，心想还可以窝一歇热被头，史小姐浑身的皮肉，精光滑塌的，一些疤斑也没有。张南来撑起手来朝史小姐面孔望了望，只见双目闭拢，才知道她这时候也疲倦死了，所以手抚上去，一些也不反抗，这倒是一个绝妙的机会，张南来正要挖空心思，转她身上坏念头，不料史小姐突然一个翻身，几乎把张南来的手臂压在她身体下面，幸而抽得快，没有被压住，史小姐张开眼来道："嘿，嘿嘿，我料到你不转好念头，你当我睡着的吗？"

"你嘴巴不用老，我如果轻轻的你真也不会醒。"

"你刚刚手伸到我身上，都知道，我故意不做声，看你怎么样，看你还转不转旁的坏念头。"史小姐扭住了张南来的一只耳朵，用力的旋转，咬着牙齿又道："你这个坏货，你下次还做这偷偷摸摸的事，人家没有醒，手便在我身上一阵七摸八摸的？"

张南来耳朵被扭痛了，像杀猪的叫了起来，连忙用力一强，总算强脱了，于是打被里一坐了起来，跳了下床，手揿住耳朵道："操伊拉，你倒好像一只雌老虎，辣手辣脚的拎我的耳朵了！"

"啥物事叫雌老虎？啥物事叫雌老虎？"

"这你还不是雌老虎行为？你可以拎客人耳朵的吗？一个十三点女人！"张南来倒有些火冒起来，连忙穿袜子，披上衣服，赶快开出门来溜脚。说也奇怪，史小姐看见张南来快要脱身，也打被里跳了下床，追出来一把将张南来拖了进房，哈哈哈一阵痴笑道："我不许你走，我不许你走出去，你要明白我不是真心要拎你耳朵，这是我爱你的表示，我还是舍不得你。"

"我看你这人有神经病？"张南来有些弄不懂起来。

"什么，我有神经病？"史小姐还是一身衬衫裤，前仰后合的痴笑着。

"你不要受了寒，冻坏了身体。"

"好，那末你再陪我睡一歇。"史小姐拖了张南来的手上床去。

"天皇老子，我上写字间钟点到了，准定我今夜再来吧。"

"你今夜再来，不一定能够喊得到我，老实告诉你。"史小姐死命拖了南来的手，一定逼他上床，这把他真弄得焦头烂额了。

结果张南来没有办法脱身，只得又陪了史小姐片刻方才起来，匆匆忙忙赶上写字间去了。原来今天是星期日，张南来没有工作，但这星期日的早晨一定要到一到写字间，看看有没有国外来的电报，到了之后，一看没有也就走了。

午后张南来正打算出门，接着沈衡章邀他喝茶的电话，便赶到茶室里来，两人一谈，很快就说到这条冶游的路上来，张南来把祥康里发现的这个新人才陆小姐的一番详情说了一遍，又极力怂恿沈衡章去尝试。沈衡章心中半信半疑，不知道这陆小姐是不是史小姐的化名，因为史湘韵星期六夜按理要到环龙路小房子的，但是没有来。沈衡章又问了张南来这个陆小姐的身材，面貌，讲话声音，认为完全同史小姐一式一样，心中更加怀疑起来了。这一番情形前文已经叙过，当下张南来便借了一百块钱给沈衡章，夜饭之后，两人赶到祥康里来了。

张南来带了沈衡章到了祥康里，上楼房间里坐下，吩咐娘姨喊本家上来。娘姨笑道："张先生，你今夜阿是又要连一连陆小姐？只须对我说好了，用不到喊本家上来的。"

"我有话对你们本家讲，你不知道的。"

娘姨朝沈衡章面孔看看问道："这位先生，阿有老相好哇？"

张南来道："你不要多噜苏，赶快去喊本家上来，他是我朋友，你多烦什么？"

沈衡章跟上笑笑，认为张南来真是这里一个老举，熟忒熟忒了。娘姨吃了一鼻子灰，反身朝外就走。不一会工夫，本家果然打扶梯上一步一步的上来，没有到房门口便先一声笑道："张先生，张先生，侬啥事体辰光介早就来，阿是赶早市？"说着一手把门帘一撩进了房间笑眯眯道："喔唷！今夜还带了一个朋友同来。"

张南来靠在沙发里道："你跑过来，有话问你，昨夜那个陆小姐，你赶快打电话去喊来，我介绍我的朋友做她。"

本家一个犹豫道："哎呀！打电话去喊得到喊不到，我没有把握，你为什么昨夜不约定她，说今夜再连一连的呢？"

张南来道："我昨夜如果同她说连一连，还用你本家打电话去喊？"又挥挥手道："快快去打电话，不要多耽搁辰光了。"

本家愁眉不展的把张南来一阵抱怨道："我不是告诉你的呀！陆小姐不一定是喊得到的，她原是逢场作戏，真正难得到这里来，你还以为她天天到这里来？就是我打电话，也是转接的，又不是直接打得到她手里……"

张南来有些不耐烦起来道："废话少讲，你去打打看，我难得带一个朋友来，你偏生这牛牵筋！"

沈衡章又好笑又好气道："张先生，一定喊她不到就算了吧。"

张南来摇摇头表示你不要做声，我非喊她来不可。

本家便下了楼，一个电话打到蹄髈阿六那边去，说是喊史小姐到这里来一趟，因为昨夜老客人，还要连她一连，无论如何要把她喊到。蹄髈阿六一口拒绝她道："没有办法，绝对没有办法，我们这里也有客人喊史小姐，夜厢增加到一只手，还是没有办法把史小姐找来。"祥康里本家便道："那末史小姐究竟住在什么地方，我亲自去找她好了。"蹄髈阿六道："她的家住在西摩路多少门牌号头，我没有问过她。但，问史公馆一定可以问得到，不过我知道她每一个礼拜里面有三夜没有工夫，便是礼拜三，礼拜六，同礼拜日，她无论如何不出来的，今天又是礼拜，她决不会出来，你找到她公馆里根本又不同你会面。"本家诧异道："这话一定靠不住的，那末昨天礼拜六，她为什么又要出来？"蹄髈阿六道："啊呀，你还同我搅不明白，昨夜是我礼拜五再三同她商量的，她叫情面难却，所以破例答应一夜，哪能可以常常破例，这不是明明叫我做难人？"结果是依然没有办法喊到史小姐，本家回到楼上来将蹄髈阿六这一番话一五一十告诉了张南来，沈衡章心里别别的跳了起来，暗忖这还不是史小姐呀，每一个礼拜有三夜住在我那边，这不是我同她约法三章的，昨夜礼拜六不曾回到环龙路，这就是本家口中的破例一夜，当下放在肚里不做声，预备要捉她一捉，显一显她的丑，既然一方面同我租小房子，她一方面依然跑咸肉庄，这还成何体统，烂糊三鲜汤到如此地步。当时沈衡章便急要回到环龙路去，看看究竟回来没有，张南来一时大为扫兴，哈哈一笑道："衡章兄，真叫吃素碰了月大，眼眼不巧，我们明夜再喊她好不好？"

"这原是逢场作戏，无所谓的，既然喊不到就算了。"

"这变作我虚邀你了！这样好了，我们另外再喊一个精彩的本庄小姐，补缺补缺。"张南来奔到房门口喊道："娘姨，你去喊雪珍上来吧。"

沈衡章连忙赶出去一把拖了张南来道："南来兄，何必，何必要喊别人，明天又不是不天亮了，明夜再来喊陆小姐好了，别人我不要。"

"叫一个来白相白相，喊她坐一个房间好了，既来之不喊不好。"张南来结果喊了一个叫小莲花的上来，坐了一个房间，也就两人回了出去，约定明夜这时候再到祥康里来。当下走出门口，沈衡章便把南来借给他的一百块钱，摸出来璧还了南来，两人分别了。

当夜沈衡章急急忙忙赶到环龙路小房子里，心想：今夜史小姐无论如何要回来的。推进大门，娘姨告诉他说："少爷，少奶奶回来有一歇了，她问我少爷昨夜回来没有回来，我说怎么没有回来，她又问少爷有什么闲话没有，我对她摇摇头，说没有闲话。"

沈衡章不做声，匆匆赶到楼上，跨进房，只见史小姐坐在梳妆台前垂了头修着指甲。她听见脚步声音回过头来对了沈衡章一笑道："衡章，你今夜回来倒不能算晏的，到哪里去的？"她见沈衡章的脸上毕板了的，一肚皮不高兴，因此问道："咦，这倒碰得着的，一跑进来就对了我板面孔，赛过一只讨债面孔。"

沈衡章把手腕里大衣往床上一掼了过去，面孔始终板板六十四的，身体往沙发里一倒，呼起一支香烟道："你昨夜到哪里去的，老实说出来，我倒不曾问你，你还要说我讨债面孔，说这些屁话。"

史小姐把手上小剪刀桌上一放，跳起身奔过来，鼻子里哼了一声，一手搭在衡章肩上道："哪能的，衡章，难道我这一点自由都没有了，难得一夜不回来，当然我有我的事情，你就这样不放心我！难道你以为我同人家轧姘头了不成？"

沈衡章愤愤然道："你不用说这种闲话，什么自由不自由，什么轧姘头不轧姘头，谁又知道，一个礼拜到这里来住三夜，这是你亲口说的，不是我说的，你头一个礼拜就这样拆我烂污，放人家生，算什么名堂？"

史小姐赔笑道："衡章，给你望了一个空，这固然很抱歉的，不过我也有我的苦衷，你为什么不能原谅我呢？"

"你有什么苦衷？说呀？说呀？"

"因为我的第二个哥哥这两三天内就要出国了，大致到比国去当公使，我们姊妹兄弟一班人替他饯行，昨夜便在家里大家痛快的畅叙一下，我饮了勿少勿少的酒，所以醉倒了。我不是不明白，失了你的约，可是我吩咐翠英小丫头打电话给你的。"

衡章听了这一番话，立刻跳起来道："这你是骗三尺童子，我昨夜可接连打了十多次电话到府上问讯，都说你出外去了，说你这几天很忙,根本没有提起你馋行喝醉的话,这你还不是明明在我面前说谎话!"

史小姐想不到衡章打电话到家里去的,肚里啊呀一声,立刻驳道:"这真叫天晓得的事了,我要是说半句谎话,天雷打煞,你枉我也天雷打煞,我回去倒要问问翠英这小娘皮,我明明吩咐她打电话给你,她不但不打,还说是我这两天在外面很忙的废话,好好好,我回去不打得她七死八活我不是人。"说着装做很气恼的,走得远远的坐到窗下长沙发上道:"随便你,随便你,是相信我的话,还是相信一个丫头的话。你说一句好了。"

衡章一时吃不准史小姐是真的在家里替哥哥馋行,还是在外面胡调,不妨用闲话来噱她一噱,看她面色变不变,于是站起身跑到史小姐面前指指点点道:"你还不是欺骗我,明明昨夜我看你一人到白克路祥康里去的,我在你后面,没有留意我,是不是?是不是?"

史小姐心里别的一跳,心想:我到祥康里,他如何会知道的,消息灵通极了,这到底是谁通风报信的,现在只有否认一个办法,如果承认下来这一定吵得不得了。立刻答道:"嘿,嘿,嘿,衡章,我告诉你的话,既然不信,硬咬我一口说我到祥康里去的,真叫天晓得呀,冤枉我也没有这样的了,那末你说是跟在我后面,亲眼目睹我进去,当时你为什么不喊住我,不一把抓住我呢?"

沈衡章说:"这真笑话了,马路上走路的人匆匆少少,你是有身价的小姐,我抓住你不是坍了你的台,不明白的还误会我是拆白党,我是强盗。"

"那末为何不喊我一声,难道喊我一声,我不会理睬你吗?"

"我喊过你的,你不理睬我。"沈衡章笑嘻嘻的索性装上一个榫头。

"放你的屁,你何曾喊过我,你看见的我,除非我的魂灵,男子汉大丈夫,有一句说一句,何苦要爱撒谎,看我走进祥康里,夜里几点钟?几点钟?"

沈衡章想了想回答道:"大约,大约九点钟光景。"这句话露出马脚来了,原来史小姐昨天上祥康里时候是下午两点多钟,一到就坐下叉麻将的。于是史小姐肚里一喜,知道这是衡章的一记反挖儿,并不是真的看见,马上一阵哈哈痴笑道:"要死快哉,九点多钟我酒已经喝得烂醉,躺在床上睡觉了,你看见我走进祥康里,这还不是你看见我的魂灵吗?也许你眼花了,你这个人快老调了!"

"要末不是你,我看错了人。可是我接连打十多次电话,她们却不说你喝醉的话,这是什么道理?"

史小姐趁机调了一个枪花道:"是的,我因为酒醉了,不能接电话,她们都替我回头了,你假使说:我是沈公馆,翠英无论如何要喊我接的,对了,对了,所以她们要推托我这两天很忙,人出去了,如果人在家里,电话不接,这不怠慢客人吗?"

沈衡章一想:史小姐这几句话也许是实在的,便也不去怀疑她,因为现在捉不到她的凭证,昨夜究竟到个祥康里没有,吃她不准,多一事不如少一事,免得多找麻烦了,便道:"好了,好了,废话大家都不要再说,以后你如果有事不能到这里来,应当提早打个电话过来,免得我牵记煞,疑做你在路上出了毛病,上海滩上哪能说得定呢。"说着便走了开去,仿佛把这件事揭开不谈,以后希望不要再这样了。

史小姐正言厉色道:"这个烂污完全拆在翠英这个小娘皮身上,

我回去非要结结实实排她一顿不可,这种闲气都是她弄出来的,幸而我史小姐不曾同人家开过房间,上过庄,就是有,也只有同你沈先生这一次,真所谓立得正站得住,真金不怕火来烧。所以你疑神疑鬼的,我一点不怕,只要我良心上对得起你就算了。"

"蛮对,蛮对,只要你说良心上对得起我这句话便算了。"沈衡章又道:"你讲话声音轻些,轻些,不要给隔壁邻舍听见了,我面子上有关的。"

"我不这样说,肚里真气闷,我一定要这样烦了几声就好过了。"史小姐重又坐到梳妆台前俯了头修指甲,修了一会,吩咐娘姨倒水洗浴,把浴室里电气火炉开旺来。隔了一会史小姐把浴洗好,看见衡章已上床睡了,也就钻了下被窝,把衡章推醒道:"咦,你这样的疲倦,我忿一歇浴辰光,你已经睡着了?"

"别说了,我昨夜守你一夜未睡,今夜格外疲倦,让我静静的睡一会吧。"

史小姐哪里肯答应,一定不给他睡,把他鼻子捏得紧紧的,又把他嘴巴掩没,不给他呼吸空气,这一来衡章不能安宁,急忙的强脱了道:"你到底什么意思,不给我睡?明天我要上写字间,没有你开心,吃了饭白相。"

史小姐撒娇的咬耳朵笑道:"你想想,我同你还是礼拜三夜里同过床,中间又是搭着三夜了,我不许你睡,偏不许你睡。"说着煞死把衡章身上一阵揉一阵捏的,偏不许他睡。

史小姐这样把沈衡章揉着推着,一个只闭了眼睛笑眯眯的装做睡着,始终不去理睬她,一个以为你越是不理睬我,我越是弄得你不能安逸。她把他面孔扳了过来一看,只见他闭了眼睛微笑,于是辣手辣脚的就对准他脸上捆了一记问道:"嘿嘿,原来你是装着假睡的,你好,你这坏货,有意不理我。"

沈衡章张开眼来抚着脸责问道:"什么,你打我耳光?"

"你为啥不理我?"史小姐虎起一只脸。

"我不是告诉你,我昨夜一夜没有睡觉,今夜打算早些睡呢。"

"办不到,我不许你睡。你凭良心说一句,一个礼拜只有三夜工夫,我昨夜没有来,已经少了一夜,那末你今夜格外要努力,借以补昨夜不足,哪里料到你这样死睡,是不是又要叫我替你空守一夜,挂这夫妻空名义?"史小姐说话像抢白的,理由十足,一些不肯放过他。"老实告诉你,你不要到自己夫人那边辛苦过了分,到我这里来休息,调养身体,偏生办不到,办不到。"于是又把他无理蛮理的一阵乱撞,连床架子格格格一阵响起来。沈衡章知道史小姐吵的原因是迫切需要,可是自己身体实在疲倦得说不出话来,哪能可以再答应她,便对她打招呼道:"史小姐,我的大令,帮帮忙,帮帮忙,实在不瞒你说,我不是不答应你,因为我今夜精神缺缺,让我休息一夜,明夜无论如何答应你。"

"办不到,偏办不到。"

"我鼓不起兴致来如何办呢,这是无可奈何的事呀!"

"你不要到我面前假痴假呆,你们男子个个都是丧尽天良的,我早知道你虎头蛇尾,大不该同你租这小房子,到底我洋钿花上几千,你想想,一共住得几夜,就这副死人腔调对付我,叫我心寒不要心寒?"

沈衡章笑道:"天晓得,我昨夜明明守你一夜,你自己放我的生不来,还说我没有天良。史小姐,夫妻日子长哩,你也要为我身体着想着想。"

这时候沈衡章打算闭上眼睛养一下神,史小姐闷着不做声,冷不防又把他一推,沈衡章又大吃一惊,张大了眼睛问道:"你今夜到底要我哪能?"

"要你哪能,问你好了!"史小姐板起面孔,看样子决不肯同他罢休。

这一来沈衡章势必不能平静的养神安眠,只得张着眼睛索性不理,无奈一个人精神不济时候,任你如何张大了眼睛,摆足了精神,不一会工夫又要眼睛闭上,瞌睡虫来了,所以他支撑了一会自然而然的又把眼睛闭上了。史小姐看见他这副样子,仿佛一个有烟瘾的人,心上的火一直往外冒,又用足力气把他身体一推。沈衡章赛过一个筋斗打高山头上一直滚下来,也跟着直跳起来,张开眼来叹口气道:"何苦呢,何苦呢?我闲话同你说尽说绝了,你还是心不死!"

"我要问你,你昨夜同自己夫人碰过几趟身体?老实招出来!"

"天地良心四个字,我昨夜明明睡在这里守你,又不曾回过家,你不信问娘姨好了。"沈衡章几乎要哭了出来,"你也没有这样硬吃瘪我的,也没有这样来冤枉我的,一个人总还有理性。"

"那末昨夜掼开不谈,算你没有回家。前夜呢,礼拜五夜里?"

"礼拜五夜里,我根本没有同自己女人同过床。"衡章急忙分辩。

"呸!你当我面说的鬼话,岂有新婚的夫妻会不同床道理,你还不是明明在我面前说的鬼话!"史小姐吃这断命醋,真可说也是自寻烦恼,何必还去干涉人家的家庭里的事情,自然沈衡章很不高兴起来,他一味消极的说:"鬼话鬼话,就是鬼话,我说是不曾同床，你说不信，就不信好了。总之，你说我怎么样，我就怎么样，你说我同床，说我一夜碰过十趟念趟，我也就承认碰过十趟念趟好了，现在还有什么叫法律，都还不是你们女人世界，总而言之，统而言之，都是你有理，都是你有理。不过……不过一个人总不要过了分寸。"

史小姐忍不住又好笑又好气道："蛮对，不知谁过了分寸，既然要我来陪你，又叫我空着身体，早知道你把我抛在一边管你睡觉，我来也是多的，一个礼拜里面三夜，是你说的，不是我说的，既然你不履行夫妻的义务，下个礼拜三夜孙子王八蛋再到这里来！"说着便把身体朝外床一翻，屁股对了沈衡章道分明是斗气了。

沈衡章也索性不去理睬她，一直睡到天亮，管他起床，洗了面上写字间去了。史小姐一觉醒来见衡章已经走了，心里更加说不出的恨，连忙问娘姨道："少爷什么时候走出去的，他有什么话吩咐你没有？"

娘姨答道："八点钟还不曾到就出去了，看他很不高兴样子，待我炖好牛奶端给他吃，也来不及的赶着走了。"

"一句话也没有吩咐你？他在你面前也没有说过我什么坏话？"

娘姨笑了起来说："少奶奶，你真想得出，少爷会在我们做娘姨的面前说少奶奶坏话？当然不会的。"

史小姐躺在被里，鼻子哼了一声道："可是我知道他一定恨我，从来早晨起床，总归告诉我的，说：湘韵，我先起床了，你多睡一歇吧。有时我叫他再睡上五分钟十分钟，他也就听我的话。但今天早晨不然，他起来我根本没有知道，洗了脸朝外就走，招呼也不打一个，不打招呼也算了，为什么在你张妈面前也不告诉一声，说少奶奶起来,同她讲一句,少爷已经上写字间去了,这也是他一个心意。现在听你说:不但不打招呼,还面孔板了起来出去的。这还不是他恨我?老实说:我就看不顺眼,我做小姐到如今,没有受过旁人一口气,现在倒来受他的气,想想又要恨起来……"史小姐嘭嘭嘭拍着床沿。

娘姨赔笑道:"夫妻淘里有什么闹出来,这真是小事哩。"

"张妈,你是不会知道的,他昨夜就同我难过了。我同他夫妻日子不多,就这副行为对付我,叫我心寒不要心寒,以后日子如何过下去呀?我不要受尽他的磨难,精神上也不要受足他的痛苦?现在他还是靠了我哩,不曾摸出一个乱毛钱来贴补我,已经摆颜色给我看了,困扁的枯郎头!两个肩胛扛一个头,倒像一个人了!"史小姐更其生起火来,打被里坐了起来,把头发往后一掠,跳下床,衣服一披,愤愤然道:"我偏不相信,倒要打个电话去问问他,到底是什么心理?"

史小姐披了衣服就赶到电话边头拨了一个电话到沈衡章洋行里,这时候已经十点多钟,洋行里正忙得不可开交辰光。这个电话在大班台子上,史小姐一个电话拨过去,大班拎起来一听是个女人声音,史小姐火气喷天的喊道:"你喊沈衡章听电话。"她还当做一个茶房接的,不以为是大班。可是大班心里倒有点不甘,问道:"你是啥人?"

"死人,你管我啥人,你喊沈衡章听电话好了。多烦什么的?"

大班听见骂他死人,立刻把电话一挂,不去理睬她。史小姐一听声音,对方已经挂了,更火上加油,马上又拨过去,又接在大班手里,史小姐头一句就烂骂山门说:"杀千刀,阿是你把电话挂掉,不喊沈衡章！"

大班马上把电话搁在一边，把沈衡章喊过来问道："有个女人打电话来，喊你听，我同她客客气气，她破口骂我杀千刀，这女人似乎不是你的夫人，决不会这样没有礼貌，你来听。"沈衡章还想不到史小姐打来的，接来一听，方才听出是史小姐，一方面听出是沈衡章声音，拼命的加以攻击道："没有关系的，你说好了，你同我难过，永远难过到底，你要走，尽管走，我决不来拖住你一只脚，你们男人都是黄狼心，无情无义……"

"听见了，有话我回来再谈吧，现在事情很忙。"沈衡章挂了电话，笑嘻嘻告诉大班道："对的，我女人的妹妹，小阿姨，因为我昨夜同自己女人有些意见，她算是打抱不平，其实我阿姨本来有神经病的，对不起对不起。"

这一天沈衡章下了写字间，急急赶到环龙路去，打算对史小姐再三商量，以后再不要打断命电话来，岂知史小姐上半天就走了，到现在没有回来，衡章马上又电话打到史公馆，史小姐也没有回来，心想今夜星期一，按理是不会来，就是要来也要到星期三夜里。回到自己家里刚夜饭吃好，他的朋友张南来倒赶了来，拖了沈衡章朝外就走，说是听书去，其实他两个人又是到祥康里去了。

走到路上才告诉他道："衡兄，真正对不起，昨夜我虚邀了你，没有把这位陆小姐喊到，今夜无论如何一定偿你心愿，你放心，今天午后我就打电话去约好了。"张南来又道："我告诉你，据说陆小姐新近姘了一个胡老麻子，逢星期三，星期六，星期日，一个星期里面有三夜到胡老麻子那边去住，除了这三夜以外，喊得到日子多，不是昨夜那个本家也说过的，可是我今天方才打听仔细。"

沈衡章心里怦的一跳，不知如何双脚忽然一阵软，走路也没有先前那样有力有劲了，他说："南兄，我想不去了！"

"为什么？为什么？"

"并不是为什么，我因为今夜没有兴致，精神推班，隔一夜好不好？"

"我一肚皮高兴，特为赶到府上邀你，原是昨夜没有喊到她，良心上很对你不起，像这样的精彩人家人，你实头少见的。去去去，待你看了包又舍不得起来。"便又拖住衡章往前走，打算喊两部黄包车，衡章连忙止住道："车子就不用喊，我们一路走去好了，我还有话问你，这位陆小姐，依你说好像漂亮得天仙一样，她还姘了一个胡老麻子，究竟住在什么地方，这胡老麻子姓什么叫什么？"

"这倒不仔细，因为陆小姐本人决不会说，这是人家这样传来传去听见的，这些我们不用去管，她既然到庄上来，我们当她一块咸肉的斩好了，这有什么客气，只要我们少爷有血，喊她得到，喊不到没有话说。"

两人边谈边行，沈衡章不知如何，耳朵一阵阵的热，眼睛一连的跳，心知有异，这是从来没有过，也许今夜闯出祸来，看情形这个陆小姐大半就是史小姐，可是我见了她如何办法呢，是同她闹，还是装做不响？如果闹，我沈衡章面子有关，而且上一夜张南来已经同她发生过关系了，该死真该死。如果不闹，叫我如何隐忍得落，天下的男子决没有这样宽宏大量的，如此淫妇，还是赶快同她脱离关系的好。早知道史小姐如此的烂糊三鲜汤，这样的下贱，我真不应该同她同居，虽然我沈衡章不曾难为过一个钱，白睡觉，但，我沈衡章的名誉扫地了，今夜叫我如何措手呢！

这时候两人已经到了白克路,马上就要进祥康里了,沈衡章也就有些心潮起伏不定,不知究竟这位陆小姐是不是史小姐化名,觉得这个闷葫芦立刻就要打破了!张南来是识途老马,进了祥康里东一弯西一转的,真可说熟门熟路,这条里内人家又多,支弄又邪邪气气,不是常常来跑跑的,一时还要弄不明白,摸错人家的大门。沈衡章跟在他后面心里暗暗佩服。

"开门,开门。"张南来在这家贵族后门口手指弹了两记。

娘姨先把腰门开了出来一看是熟客,马上把外面的门开了出来放他们两人进去,张南来双手插在大衣袋里,神气活现道:"娘姨,喊你们本家出来。"说着朝楼上就跑,娘姨连忙止住他说:"张先生,张先生,楼上房间只只没有空,还是下面小房间里坐一歇吧。楼上一歇歇就好。"

"吃素碰着月大,你们生意太好了!"张南来面孔一板,重打半楼梯回了下来,"本家阿姊呢。你快去喊来。"

两人折进客堂后面小房间,里面布置得还不错,地方虽然小,倒也很精致,沈衡章在床沿上一坐,笑道:"这里是不是本家困的?我倒很满意,居然还装壁灯,只见光不见灯泡,小有小的趣味。"

"嘿嘿,真也不是本家困的,这里是小姐们休息的地方,一般客人并不放他们进来,只有老客人才开进来,假使楼上房间没有空,这里也可以住夜,或者你要做局的话,也可以让你的。"

"我看比昨夜楼上房间有趣得多。我要是住夜一定拣中这里。"沈衡章见那边一只衣橱,不知里面放些什么,好奇的走过去打开橱门一看,里面密密层层的挂满了女人的旗袍,至少七八十件,把橱门关上笑道:"乖乖隆地咚,这许多旗袍可以开一爿衣庄。"

张南来道:"这还不能算多,只是一部分,据说她们每一个有这许多件,有时一天换三四次行头哩。"

正在这时候娘姨送茶进房来,本家也跟进来了。

张南来见本家朝她一笑,老三老四道:"我看你马上就要造洋房,回到乡下去买田买地哉。"

本家格格两声一笑,道:"张先生我不明白,你说的是啥人?"她打的一口苏白。

"我说的是你,你们这里生意太好了。我夜饭吃好,掼了碗筷马上就来,哪里知道比我赶早市的还有,把楼上房间只只占住了。这还不是你的生意兴隆,大可以回去造洋房,买田,买地。

"别说钝头闲话了,房间马上就有空,前楼大房间一个人做的小玲珑,并不住夜,只做一个局马上就要走了,亭子间里客人是坐房间的,当然也就要走,你张先生同这位沈先生又不早一步来,对不起,对不起,老客人,勿在乎此。"

张南来道:"陆小姐那边你有电话给她吗?"

"老早就打电话去定了的,今夜包你放心,照我牌头就是。不过她要看脱一场九点钟的电影方才到这里,在电话里她告诉我的。"

"还要搭断命架子!"沈衡章插出这句话来。

"本来陆小姐并不是一喊就到的小姐,她真是上海赫赫有名的大公馆里的千金,她到这里完全秘密的,家庭方面要是知道了这还得了,所以你们客人喊她,并不是一定就到,很慎重的,只怕遇了熟人,就是到了,她也不肯多同你搭讪,看看户头对劲的就答应你做局或夜厢,不对劲的马上走了,他只怕你们客人把这事宣扬出去,她顶恨的是客人盘问她的底细。"本家边笑边说着。沈衡章又接上一句道:"这样说来,那末今夜她对我们两个户头对劲不对劲,还是不知道?万一不对劲,这岂不是台型给她扎了去,我们两人的台也坍光了。"

张南来一个中指一伸,唾涎溅了沈衡章一面孔道:"一只乱要吃哇?到得这里来,要是我做客人,她不对劲,拍拍屁股就走的话,我马上掴她两记耳光,阿姊,你太把她吹得凶了,我以为既然千金小姐就不应该到这种地方来,来的我一律当她咸肉看待,只须付钞票,怕她不横倒!"

沈衡章拍手说:"蛮对,蛮对,痛快痛快,哈哈哈哈。"

本家道:"一个人总不要过了分,我以为陆小姐这个人并不是烂糊三鲜汤的人,她一定也有什么刺激,叫说不出苦衷,所以你们客人在道德上讲,也应当体谅她一些,陆家在上海确实很体面的……我不能把她历史告诉你们哩。"

沈衡章俯垂了一个头不做声,他想:史小姐在上海也煞实有体面的呀。

张南来肚里明白,明知这位陆小姐就是史小姐的化名,在上海果然赫赫有名的,因为道德关系,所以在沈衡章面前依然说她是姓陆,没有把真姓名说出来。当下他听了本家这几句话,接上正色道:"老沈,老沈,这倒是实在的,陆小姐在上海确实有名,我不是已经同你说过了,我知道这种大公馆里的千金小姐,坏起来简直不可收拾,在报上我们不是常常看见,姘汽车夫啰,姘男佣人啰,就是听得人家说,跑到咸肉庄上来的,也是一件极平常的事了。"

沈衡章点点头道:"这倒是实在的,我很相信。"他想自己同史小姐姘上,同居在环龙路,又还不是在咸肉庄上同她搭上的。

"哎呀，九点钟一场电影，到这里不要十一点多钟了？"张南来道。

"我电话里没有听清楚，不知是看九点钟一场电影，还是九点钟到这里。你们两位既然来得，就在这里多白相一歇好了。"

这时候是八点多钟，沈衡章心想索性等她吧，便往床上一靠。本家道："我到楼上去看看，房间空了，你们两位就到楼上去宽坐吧。"说着管她出去了。

沈衡章同张南来两人一商量，一个道："你今夜介绍陆小姐给我做，那你不是落空了，我主张你也做一个，另外喊一个陪陪。"

张南来道："我知道了，早就预备好了，等本家下来，看房间有没有空，有空，我们两人各自为政，你做你的，我做我的。"

"蛮对，蛮对。"

隔了一会只听见急促的脚步声，房门一推而进，原来娘姨赶来告诉他们两个人，说楼上房间空了，请到楼上去吧。沈衡章心里一跳，以为陆小姐已到，岂知不是这件事，为之一宽。于是两人上了楼，娘姨便打合张南来自己另外喊一个陪陪，张南来想：既然有两只房间空了，喊一个就喊一个，来得不白相，世上没有这样好人了。便说："喊小莲花来吧，看来看去还是小莲花，你们本庄上有几个，不是十三点，便是吆五喝六，还是小莲花天真一些。"说着又告诉沈衡章道："你一人在这大房间等陆小姐吧，她马上也就要来了，我在亭子间里做小莲花，我们两个人今夜索性不要回去，在这里住夜。难得拆拆烂污，没有关系。"说着门帘一撩，管他到亭子间里去了。

正在这当口史小姐赶到了，进门看见本家，就一阵痴笑道："阿姊，阿姊，真正对勿起，我来得辰光晏了，今夜到底哪一个客人喊我？"

本家没有同她多讲什么，便拖住她的手往楼梯上奔，一边笑道："就是前夜做你的老客人，参行里小开。"

史小姐听见参行里小开，一肚皮不高兴，心想早知道是他，我真不愿意来，便说："阿姊，在电话里你为什么说是另外一个客人呢？"

"不错的，参行里小开他另外把你介绍一个客人，是他的朋友。"楼梯上来，便是亭子间，张南来听见一片楼梯脚步声，又听见史小姐的讲话声音，料到一定是的，急急打亭子间里奔了出来便把她们拦在房门口笑道："你……你这家伙真拆烂污，一直到现在才来，今夜我替你做个媒人，介绍我一个朋友给你，好哇？里面来坐一歇，我还有话告诉你。"这时候本家便下楼去了。史小姐索性到了张南来的房间里来笑道："谢谢你张先生一片好意，替我做媒人，介绍你的朋友给我。"

"这是用不到言谢的，不过我这朋友，有些脾气，你要好生应付他，他是我一个多年老朋友，就是他有什么得罪你的地方，你要看我面子，格外的原谅他。"

"不会的，我决不得罪他，同他无冤无仇，为什么要得罪他，张先生你放心好了。"史小姐很诚恳，又问道："他姓什么呀？"

张南来打算把沈衡章真姓名告诉她，一想大致到这里来都是说的假姓，未便把真名字说出来，随口杜造了一个道："王，王，他姓王，他是一家银行里做主任的。"

史小姐道："喔，银行里做主任的，王先生，这就对了，你应该告诉我一个底细，我放心得下。真不瞒你说，我出来一次觉得很不方便,只怕撞着相熟的人,你说是银行里的,我为什么放心,因为我没有银行里做主任的朋友。可是这位王先生的本人呢?"

张南来道:"来来,你跟我来,他在前楼,我还要介绍一番。"说着便领了史小姐一直来到前楼,门帘还没有撩开,张南来便先打了一个招呼,让沈衡章知道,他嚷着说:"老王,老王,陆小姐进来哉。"张南来把门帘一撩开,史小姐哪里知道房间里的是沈衡章,也就跟着一脚跨着进去了。沈衡章定睛一看,不料这进来的竟然是史小姐……

这时候沈衡章忍无可忍了,也不管这是坍台不坍台的事,开口就指住史小姐骂道:"你好,你这只不要脸的东西!想不到就是你!做的好事!做的好事!气死我了!"只是咚咚咚的跳脚。

史小姐从来没有受到人家侮辱,从来没有受到人家骂她不要脸,心想:你沈衡章来拉碎我的面孔,我未尝不可也拉碎你的面孔。她竟然不逃走,便双方对骂起来,一时泼辣得像个白相人嫂嫂,指住沈衡章骂道:"你有资格骂我不要面孔,你是什么东西,你才不要脸,你跑到这里来白相,我就不能到这里来白相?好,你骂我不要脸,我索性不要脸做出来!"便一个身体往沈衡章这一边直扑过来,看她样子像要打沈衡章耳光,一边嘴里嚷道:"我不给你两记搭搭,勿晓得我姓史的厉害。"

这一来张南来弄得莫明其妙起来,连忙从中一把拖住史小姐,愁眉苦脸求道:"到底啥事体,到底为了啥事体?不是说不明白的,你们这样忽然吵了起来,却难为了我中间人。"可是史小姐力气来得个猛,张南来再也拖不住,史小姐已经扑了过去,一把抓住了沈衡章的领带,擦擦就是两记耳光,双方扭住动起武来了,沈衡章当然不肯示弱,也就一拳头一拳头打过去。张南来知道一人无论如何拖不住,便奔了下楼喊人,他拔直喉咙一边楼梯上像滚下去的嚷道:"哎呀呀,不好了!不好了!前楼客人同小姐打起来了!你们大家快快上楼来啊!"

楼下娘姨们早已听见前楼地板咚咚咚跳脚声音,还以为双方寻开心,打打朋,忽然听见张先生奔下楼来这样喊着,才知道楼上出了事,于是楼下所有的人,一齐飞奔上楼,一直赶到前楼,见史小姐正同沈衡章打得起劲的辰光,几个人窜上去把他们两人硬劲分开,可是沈衡章脸上已被史小姐拉碎,一条一条的都是指爪印子,衣服也扯碎,史小姐旗袍也扯碎,头发也乱得不成样子,嘴巴里吐出许多牙齿血来,庄上的人就把她连扶带拖的劝到亭子间里去了。

最焦急的是张南来了,不知沈衡章同史小姐中间有过一段什么纠纷,以致两人见了面就破口大骂,骂了不算,就大打出手,张南来搔头抓耳的,一会奔到前楼劝着沈衡章,一会又奔到亭子间里劝着史小姐,只见史小姐仰天躺在床上落眼泪道:"嗳,不要脸的人,世上少有不要脸的人!杀伊千刀,我没有骂他,预备遮遮他的面子,打算退出来,只当没有这一桩事,不料他就破口大骂,你不留我面子,我为什么要留你面子,好,打我,我预备同你拼一条命,让你打死!天呀,我眼乌珠戳瞎了!戳瞎了!"于是拍着床沿又是一阵哭。

庄上本家同了张南来才轧出苗头,知道他们中间原有关系。于是极力劝的劝,安慰的安慰,本家只是把张南来抱怨得不知什么似的,说:"你张先生既然是他的朋友,为什么史小姐同他有没有关系会不知道?现在事体吵得如此样子,你有何交代,你有何面目见朋友？这你明明是给他们两人圈套，你在旁边看出把戏，你对得人吗？"

张南来愁苦的跳脚道："天晓得，天晓得，我要是知道他们两人有关系，有意给他们圈套，我走到马路上立刻给电车轧煞。"

史小姐手在床沿上一阵拍，火气喷天道："你张先生还不是成心来害我们两人，我一上楼就问你，你的朋友姓啥叫啥，你告诉我说姓王，在银行里做主任，你还不是只猪猡，还不是有意瞒我，来害我们？"

"该死，该死，还要说走出去电车轧煞的话，这你肚里全本明白的呀？"本家同旁边娘姨小姐都一致攻击张南来，她们又说："幸而拖开得快，否则打出人命案子来，你张先生责任恐怕负不起吧。"

这时候一个娘姨坐在床沿替史小姐周身抚着，又解开衣服，看伤没有伤，看看还好，没有伤，牙齿血也止了，人是疲倦得不成样，张南来知道亭子间里站不住，许多人都对了他指摘，使他百口莫辩，只得又奔到前楼向沈衡章道歉。

"老兄，老兄，实在对你不起，这件事我实在冤枉得有口难辩，她们都说我故意给你们两人寻开心，在旁边看出把戏，真正天晓得。"

沈衡章道："事体不与你相干，不过你也不能卸其责，前天昨天我就钉牢你问，这个陆小姐到底是如何一个人物，可是你直到今天把我瞒得紧紧的，还说她姓陆，其实她姓史，又叫四小姐，这你既然做过她夜厢的，难道会不知道？你老实同我说了，决不会有今夜的事发生，你想，叫我气愤不气愤？"

张南来急急跳脚哭丧着脸道："天晓得，姓陆，这是她口中说的，叫我如何知道？到这种地方来，不论男女，谁不讳说姓名？退一步说，我就是知道她姓史，哪里料到你们中间有这一层关系？我这冤枉苦头吃得真是无处申冤呀。"

"你可知道她是我什么人？"沈衡章双手撑在腰眼里责问他。

"我实实在在不仔细，苦的就这一点，完全一肚皮墨黑！"张南来还是哭丧着脸的样子，摊摊手叫冤枉。

"你既然不知道，我就老实告诉你，她是我的情妇，跟我日子还不多，我们小房子租在环龙路，原幢头小洋房。你想：她会到这种地方来陪客人过夜，我没有知道，没有看见，也不去说它，如今我亲眼目睹，又是喊到我手里，要是你张南来处了我的地位，难堪不难堪，如何受得下去！我不要骂她，不要打她，难道放她过门……"沈衡章边说，边握紧拳头在台面上咚呀咚的一拳一拳击着，愤懑极了，他又走到镜子面前指指自己一只面孔道："你看，你看，她把我抓到如何地步，叫我如何面目回去？"

张南来这时候说不出的惭愧来，良心上太对衡章不起，因为上一夜他做的史小姐，尤其恶劣的还在衡章面前述说史小姐如何如何，描摹得活龙活现，这无疑是坍衡章的台，太当人家瘟生了。张南来听了衡章这一番话，只是愁眉苦脸的无以自容，一阵苦笑道："该死，该死，天下竟然有这样的事，我只怪老兄既然有这一位女人，为什么事前一些风声也不给我知道，以致闹成这一个绝大笑话。我倒请问你，如何同她认得的？"

沈衡章起初不肯说，张南来道："这根本没有关系，我同你是自家人，现在我预备打听仔细，知道此中曲折之后，替你们调解，双方拉拉拢，事就算了。"

沈衡章道："不要提起，说来话长，我也是听朋友说有一个姓史的小姐常常跑到贵族门口里去应酬客人，如何如何的崭，有一夜我就到派克公寓蹄髈阿六开的那个门口里，竟然把她喊到，起初是架子十足，不把我放在眼里，自以为是大公馆里小姐，哪里知道同她圆过好梦之后，却是服服帖帖听我吩咐，竟然中意于我，下贱得无可再有。自从这一次之后，她就同我租小房子，我当时一口拒绝她，以为这种地方的女人根本水性杨花，乏味得很，岂知她就一手塞给我五千元，叫我寻房子，说是一切开销以及开办费统统归她来，叫我分文不要拿出一个，我缠是给她缠得够苦，弄得一个人昏头昏脑，写字间里每天把事办错，结果便同她租居在环龙路，当时我就同她约法三章，从今以后不许再跑到庄上去，她也一口答应，岂知她完全敷衍我，有过一夜未归，我就对她起疑，不料今夜才把事情穿绷，老兄，以后……以后我倒难以措手了，你有什么办法？"

"老哥，我怪你为何要瞒了我？"张南来反而责问他。

"我并不是要瞒了你，却是不好意思告诉你，我想过了这一两天再邀你到我那边去吃夜饭，史小姐也在那边时候再当面介绍一下，不是事情很美满，哪里料到她仍旧是隔两天跑到这种地方接客人，并不曾改过，我不要骂她，不要打她……"

张南来很直爽的说："你要依我主张，同她一刀两断，从今以后各走各路，现在好得你没有在她身上难为一个钱，这是你大便宜处。免得以后滋扰，还是赶早断。"

"可是她要寻到我写字间里去吵闹如何办法？"

"包你不会，究竟她也要面子的，史家在上海很有地位，吵闹出去这个台她也坍不落。现在问题倒在你身上。"

"为什么问题在我身上?"

"究竟你同她一刀两断,心里舍得舍不得?这样一个美人儿,又有钱财,放弃了可惜不可惜?你现在不要一时火头上感情用事,要仔细考虑考虑,放出一些理智来?"

沈衡章听了张南来这几句爽辣的话,一时倒难以答复,的确是个问题,如果一刀两断,同史小姐离开,这是她一定能够答应,那末我变作人财两空,如果不离,以后除非把她吊在裤子带上,方才放心得下,否则她难免又要跑跑这种场化,朋友一个一个传出去,我面子实在有关,当然还是希望她能够弃邪归正,那是再好没有。他说:"老兄,你的话果然不错,叫我同她一刀两断,我只怕下了这记辣手,她反要来寻着我,又如何办法?"

"绝对不会,她要来寻你,我张字颠倒写。现在我要问你,你究竟舍得她舍不得?这是个先决条件。"

"这事让我考虑之后答复你,我现在心乱如麻,要我一时回复,无论如何办不到。"沈衡章心里还是舍不得史小姐,只是嘴上不好意思开口,因为张南来一定要批评他是个愚人。两人正谈到这里,本家打亭子间里到前楼来,面色很难看的道:"阿是你们两人就把这件事糊里糊涂过去算数了,我这里是开门口吃饭的,不是给你们寻事打相打来的,史小姐是我这一方面的人,你把她打得这副样子置之不问了是吗?不摆句闲话来,道理讲到天边去也讲不通!"本家来势汹汹的,还有娘姨小姐跟在后面,仿佛做她后盾。

张南来以老客人资格,笑面老虎打圆场道:"好了,好了,看我面子,对勿起,对勿起,我来认个错,马马虎虎,总算看我面子。"

"闲话勿是认错看面子就算的,打坏了人认个错就算了,那末打坏人的事还要多得邪邪气气,你不叫你的朋友拿出一句话来,我自有我的办法,老实告诉你!"

沈衡章一听,心里气不过,手一伸,窜出来道:"你有办法,你有办法,我打的是我女人,管你们屁事!你到捕房里去告好了!"

本家立刻神气活现,走上两步,指手画脚吃斗道:"你打你的女人,根本不同我们搭界,我此地不是给你们打相打地方,你还要老三老四!放你的屁!"

沈衡章听见本家开口骂客人,火不知哪里来的,"嘭"一声脚在地板上一跳,指着她骂道:"放你的屁!你是本家,你可以得罪客人?你可以骂客人?逢着这种事也叫情不自禁,呒没办法吵闹出来,啥人吃了饭介有工夫到这里来相骂淘气?笑话不笑话?"

沈衡章又拖了张南来一只手,唾涎四溅的道:"你听听,这笑话不笑话?她不但不相劝,还来骂我放屁不放屁,我叫看你面子,否则两记耳光老早就掴上去!"

"好了,好了,何必如此,看我面子,看我面子!"张南来从中拖着劝着,又是把他枯郎头轧扁。当然本家开得门口,都有靠傍,真也不来怕你一个客人,于是决不肯罢休,身背后的娘姨小姐也就插在中间你一句我一句地攻击,沈衡章自然寡不敌众,被她们粗的细的都骂了起来。这时候张南来中间拖劝无效,一看今夜本家苗头不对,只见她已经返身奔了下楼,张南来便夹屁股追了下去,一边急急问道:"你啥事体?啥事体?是不是我面子一点不买,这未免太难为情了?"本家已站在电话机旁拿起话筒就拨号码,被张南来抢了下来道:"电话你打到哪里去?"

"不用你来管我!"本家同张南来夺着话筒,可是夺了一会也夺不到手，便说：“我不是打到捕房里去的，你放心好了。”

"不讲你打到哪里去，我不答应你打，总之，今夜这桩事是我不好，是我一人闯出来的，你应当看我面子，帮帮我的忙。"

本家道："你张先生枉为是这里老客人，不但不照顾照顾我们，反而领了朋友来我们这里闹事，他把史小姐这样拳打脚踢遍体受伤，这是第一个大错特错，我们这里小姐交关多，听说来了要受到客人毒打的，以后还能够喊得到她们吗？"

张南来连忙对本家打拱下拜道："是的是的，我很明白，总要请你格外原谅，我实在不知道他们中间的关系，真叫吃了一个隔挡的苦。我现在向你道歉。"说着又一阵打拱下拜。

本家便道："你用不到对我这样的，既然事体是你闯出来，你就去收篷，史小姐面前你快去说妥，我买你面子，不追究就是。"

张南来总算把一边劝好，"登登登"又赶到楼上史小姐房间里来，势必又要讨一番情。

先到前楼弯了一弯，给沈衡章一个通报，吩咐他赶快溜脚，今夜决没有趣味再留下去了。沈衡章拖了张南来一只手道："那末你呢？"

"你不用管我，这是我的事。"

沈衡章连忙披上大衣，把衬衫被拉碎的地方，包没在大衣里面，无意中看见镜子里自己一只面孔，抓得横一条竖一条，走回去在自己女人面前实在不好意思开口，说些什么推托的话呢？一想决意今夜开一家旅馆，便告诉张南来道："你……你到我旅馆里来，南京三楼，你问炳夫茶房，便知道我房间。"

张南来点点头，表示知道，一方面催他快快溜脚。沈衡章便垂了一个头打楼梯上飞奔下去，走后门溜掉了。

这里张南来重又回到史小姐房间里去，见她躺在被里，面色灰白，一些神色也没有，张南来仔细一瞧，她的眼睛张开着，便说："现在觉得好些了吧？今夜我实在对你们两个人抱歉，不过闲话说明白，不能完全怪我一人，我要是知道你们两人中间的事而故意拉拢来让你们打相打，我看世上决不会有一个幸灾乐祸的人，这一层要请你史小姐格外明白，我吃你几声排头没有关系，事体我始终不肯承认错的。"

史小姐叹了一口气道："算了，算了，从今以后我看穿了你们这一批男人的心了，都是无情无义的，我待衡章……你可以当面问他本人，真是至矣尽矣，明知同他同居，哪里一样哪里一件不是我姓史的拿出来，直到如今他没有拿出一个刮痧铜钿贴过我，如此待他，无非希望他摆出一些良心来待我，哼，你张先生总看见，今夜他这副手段对我。好，蛮好，看他以后有好日子过，看他还碰得着我姓史的这样一个慷慨的人，算了，算了。什么都算了，我只怪自己眼睛戳瞎的，拣中这一个丧心病狂的赤佬码子！"

张南来劝和道："算了，烦过就算数了，你们终究还是自家人，况且双方火头上当然免不了的。刚刚衡章兄已经在我面前说过忏悔的话，他说实在不应该骂你，打你，也许鬼摸了一个头，不由自主起来。他叫我到你面前赔不是，认错，求你原谅，从今以后保证决不会再有这种事发生。可见他早已有觉悟之心，你史小姐又何必说上这些话……"

史小姐道："张先生，你真是个好好先生，衡章如果会真心讲这几句忏悔的话，我史字颠倒写，他只不过在你面前才这样说说罢了，无非叫你传给我听听,叫我同他言归于好,可是我姓史的没有这样下贱!"

"哎呀,你的心意不再同衡章言归于好?"

史小姐摇摇头道:"可怕,实在可怕,如果再同他同居下去,也许我的性命害在他手里,我是个女人,没有他力气大,打他不过,不要死得不明不白,爷娘以及两个哥哥面前不好交代。所以我现在越想越可怕,决意同他一刀两断。"

张南来急道:"这是什么话?这样说来你们的断,变作我中间一个祸首了!在衡章兄面前我如何有交代?"

"同你勿搭界,骂是他骂的,动手也是他先动手的,我永远不会忘记他如此手段对付我,枉为一个吃墨水的人,比一个野蛮人还不如!"

张南来道:"总之你万万不能同他断离,为什么呢,我不在内,你们打破头,离十次念次不同我搭界,现在为来为去我插在中间坏事,总归你们不能离的。你史小姐如果一定要同老沈离的话,宁可下次攀了他别的错处好了,我求求你,史小姐。"

"这倒奇怪了,你为什么这样焦急?"

"为之我不能交代呀,你是我介绍给他的,他也是我硬劲拉来的,这件事全本是我闯出来的祸,你现在同他脱离,明明是同我难过,史小姐,你能不能买我这一点面子,帮我一下忙,我无非吃了热心的苦,真是有冤无处申呀……"

史小姐听了不做声,似乎有些回心转意起来道:"那末你张先生既然这样说,我就买你面子,暂时不同他离,不过我问你:他究竟说过那样忏悔的话没有?"

"说过的,难道我编造出来不成?"张南来只得一口承认下去。

史小姐又问道:"你听他亲口说的?"

"他亲口对我说,房间里还有娘姨,又不是我一个人听见。"张南来继续吹牛皮。

史小姐正色道:"他既然这样说,我相信他还有一线天良,那末你去喊他来,到我面前正正式式向我道一声歉,保证以后不再有同类事体发生,那末我买你张先生的面子。"

张南来想不到史小姐还扎这一个台型,一时跳了起来,搔头抓耳道:"这……这……这太使他难堪了……"

史小姐道:"有什么难堪呀,既然说过,叫他到我面前认一个错,也是表明他的心迹啰。"

"可是他现在已经走了。"张南来愁苦的说。

史小姐道:"他已经走了,你张先生总该知道他到哪儿去的,你去找他回来,总之,我不能凭你片面之词,信以为真。"

"这些话好像都是同我难过,人也走了,他又没有告诉我到哪里去,叫我到哪里去找。你史小姐忒不原谅我了,这一点面子不买,我在你面前讨了这一番情,还是白白一场空?"张南来索性掼起纱帽来,说:"总而言之,今夜的事虽然是我闯出来,但一个人总要凭凭良心,我并没有故意使得你们两人相骂相打,良心上很对得起,我以为大家都站在朋友立场上,所以才挺身出来打圆场,你史小姐不买交情,还有什么话说?如果一定要断,也不关我屁事!"

张南来以为这种女子不识抬举,贱骨头,给她面子不要,敬酒不吃吃罚酒,索性不去理睬她,管他袖子一拂下楼去了。下楼找到本家又说了许多抱歉的话,宁可把夜厢的钱付了,分文不短少,说是去找沈衡章为由，来与不来还没有一定，便这样糊里糊涂离了祥康里，到了马路上，行路的人很是稀少，看见华安大楼那只大钟，已经十二点快敲了，便唤了一辆黄包车急急赶到南京饭店找沈衡章。

张南来到了南京饭店三楼问了茶房，方才知道沈衡章开的三百念五号房间，推进门去看见沈衡章横在床上，正同左面一个，右面一个，两个向导女在作乐，见张南来进来，连忙跳起身哈哈笑道："为什么到此刻才来？我等得好不心焦。"

张南来有些气愤的道："嘿，为什么到此刻才来，还不是为了你的事，你那宝贝的女人，完全十三点脾气，不然我老早就来了。"气煞快的往椅子上一坐，看着两个向导女，瞟了衡章一眼道："宝货，宝货，看你还白相得落！"

沈衡章走了过来，倒了一杯茶给他笑道："因为等等你还不来，愁闷不过，便喊了两个，这一个我给你喊的。"说着便把那个长一些的介绍了过来，坐到张南来身边。

"可知道你的女人如何说法，我不是劝过你同她断吗？"张南来手在椅靠背上一拍，"后来我想想叫你同她断也是一桩难事，为什么呢，我料到你心里一定不会愿意，我劝你断，决不妥，还不如将来让你们两人自然而然断的好，所以我在你女的面前横劝竖劝，劝明天言归于好，你可知道她如何说法？"

沈衡章笑道："你说下去，说下去。"

张南来道："要你当面向她道歉，认错，赔不是，还保证以后不再发生这类同的事，你能够接受得下吗？"

沈衡章听了这几句话，心里还是舍不得史小姐，以为道一个歉也没有关系，夫妻淘里又无伤大雅，只是在张南来面前又不是不争一口气道:"嘿,要我道歉,认错,赔不是,滚她妈的蛋,困扁她的头,我沈衡章没有倒霉到如此地步!"

"原是啰,我知道你脾气的,别样你都可以答应,只是在一个姘妇面前低头认错,决办不到,所以当时一口替你拒绝,我看衡章兄决不会接受,这不但是坍了你的台,间接也等于还坍我的台。"

"你这几句话说了出去,她如何说法?"沈衡章急要知道下文。

张南来道:"她说如果沈衡章不答应她这条件,那就各走各路。她又说她有的是钱,把钱去贴给人家,还怕找不到第二个沈衡章吗?闲话是不错,她居然承认倒贴男子汉,天下自有这样十三点的女人,滑稽不滑稽?哈哈哈,爽快倒爽快的。"张南来慨乎说来,沈衡章恨不得立刻赶到史小姐面前磕几个响头认错,因此担下一肚皮心事,决意明天一早去找史小姐。

张南来接上正色道:"不过我倒要奉劝你老兄,在这种地方你要摆出一些自己的主意来,不要一时贪了她的钱,将来受到旁的影响,依我心意,还是劝你离的好,为什么呢,免得将来的麻烦,免得将来受到种种痛苦……"

沈衡章听出张南来其中另有用意,当下便付钱,打发了两个向导女走路,然后坐到张南来身面前来,详细的问道:"你说,你再说下去,什么叫免得将来受到旁的影响,这话是如何意思?"

"这话是如何意思,其中大有意想,因为史小姐这个女人,性情实在太荒唐,世界上也没有这样一个淫荡的女子,我同她做过一个夜厢就知道,我可以大胆说一句,她外面的相好定不止你一个沈衡章,至少半打以上。她今天要到这个门口里住夜,就到这个门口里住夜,明天庄上一个电话来了,她又要找她新户头去了。因为她有钱,每个男子都实行倒贴,这就可以禁止你们发言权。你想:你得了她的钱,碰了她的身体,她的自由行动,你还可以干涉吗?你如果知道她的行为失检,你只能缄默,你不能对她说一句反抗的话,依此情形看来,我们男人岂不是太不值钱,做一个女人的奴隶,戴个绿头巾,试问有何趣味。这是一个消极的说法,假使一旦看见自己的相好被人占领了,你醋劲是一定要闹的,那末两个男子碰在一起,说不定就要尖刀相会了,岂不是受到种种痛苦了……"

沈衡章笑道:"当然,当然,你说的倒是句句中听,我何尝不知道史小姐外面男人不止我一个,也许不止半打以上,可是我没有亲眼目睹,也只当没有这桩事,就是我同她有往来,你老兄要明白,这根本是她来诱我的,并不是我去诱她,你还不仔细,我给缠得够苦,一味的向我闷攻,钞票只当草纸一样,几百几百打插袋塞进来,你想:就是你张南来心肠也要软了……花花绿绿纸头谁人不爱,又有女人,我可以说一句,除非这个人是傻子,或者是个不解男女风情的。"

张南来手一拍道:"坏就坏在她的钞票尽管不当钱的向男人乱塞,这是她的狠,是她收服男人的手段,所以我的主张,彼此并不是尴尬,也不是一种专门挨女人血的人,我们都很可以过去,很体面,为什么要去挨女人这种不义之财……"

沈衡章不待他说完,抢着道:"不对,不对,这不能称为不义之财。一个男人用欺骗手段去骗取她的钱,才称为不义。"

"哈,为什么不能称为不义之财?你但想:既然与她有了进一步交情,还用了她的钱,这难道称为有义,依因果讲,这就是不义,一个不过是欺骗诈取她的,一个是接受她的,形式不同而理路一条,于是这也应该称为不义。所以我主张,彼此并不是弄不落,三万搭五万现血不是捧不出,又何必受一个荡妇的倒贴,这分明自己估计得低了,万一将来闹出去,给人家知道,说起来多么难听。你是义和洋行里一个副买办,会受史小姐倒贴,第一小报上就要把你的事情揭发起来,那才有趣哩。"张南来说到这里打了一个呵欠,站起身道,"还是睡了吧,今夜也算是倒霉到印度国,钱花了,收场结果还是一个人睡一条被头,说出去人家笑歪嘴。"说着脱脱衣服上了床。

沈衡章笑道:"我出来了,你不应该出来,为什么不同小莲花做个夜厢?我以为你今夜一定睡在那边了。"

"我是陪你去的,反而你走了,我留在那边,有啥趣道,想想还是付了夜厢身体跑了出来,这就叫够朋友,哈哈。"张南来说着下了被,沈衡章也就下了被,各人睡一头,一夜无话。

次日张南来同沈衡章一觉醒来,已经八点多钟,匆忙的起来,洗了脸各人回去了。可是沈衡章心不死,还是依依舍不得史小姐,打算翻电话簿,打电话到祥康里,一想这电话决不会翻得到,便写字间不到,自己出了门赶到祥康里来问讯,他的目的想碰见了史小姐,当面对她赔不是,道歉一番,两人言归于好,事情便过去了。哪里知道祥康里地方很大,支弄有好几条,虽然来过两次,他都是跟着张南来走,又在夜里,没有留意第几弄,多少门牌号头,现在一个人到这里来找,毫无头绪,他只是东张西望,兜来兜去,终不得其门而入,打算问那看弄堂的巡捕,但自己根本不知道门牌号头,又不便说出这家是开咸肉庄的。真是死路一条,他依稀记得是那煞末一条支弄,可是到了煞末一条支弄,看看又不像了起来,心想:这不是一桩大笑话,明明昨夜是走这里转弯,这里进去,今天看看完全变了，别样东西会变，这房子决不会变。沈衡章打算敲敲门，不是的便不进去好了。于是鼓足勇气，瞎子撞钟似的，把那扇后门手指弹了几弹，果然有个老妈子来开门，问道："你找谁？"这是北边人口气。

沈衡章一听声音先呆了，可是不得不站在石阶上问道："请问，请问……史小姐昨夜在不在这里，她回去没有回去？"

老妈子眉头一皱道："你找哪一个，你到底找哪一个？"

"我找史小姐，她昨夜住在你们楼上亭子间的。"

"什么……你要租亭子间？"老妈子带着聋的问。

沈衡章心里恨得来，马上道："你把本家喊出来吧，废话少讲，我当面问你的本家好了。"

正住这当口里面一个黑面孔男人窜了出来，沈衡章煞死还当他是庄上的包车夫。

他对沈衡章打起山东白道："你来找哪一个？干什么？干什么？"说着两条浓眉毛往上一挺。

沈衡章心里有些明白，也许摸错了人家，如果这山东赤佬是这家咸肉庄上的包车夫，决不致吃相如此难看，派派咸肉庄上又不出堂差，根本用不到包车夫的，不得不和气的问道："我来问个讯，用不到大惊小怪，干什么，干什么，昨夜住楼上亭子间里史小姐回去没有回去？如果没有回去，我有话同她讲，回去了也就算了。"

山东人又是嘴里不知衔个什么东西似的，半天弄不懂，心想楼上亭子间是两个小少爷困的，哪里来过一个小姐不小姐，便眉毛一蹙道："你先生找多少门牌号头？"

"我因为忘记了呀，如果记得还用得来问？"

山东人便把手挥挥道:"去去去,门牌号头都弄不清楚,这里没有,没有。"打算把门关了,沈衡章受一个山东赤佬打落,有所不甘,便身体挡住后门,不给他关上道:"那末你喊你本家出来好了,我同你本家认得的。"

山东人便用力把沈衡章一推,眼珠一突,破口大骂:"妈的,我们东家还没有起床,由你喊喊出来,滚滚滚,清早晨起来问讯,不是好东西!"把后门"嘭"一声关上了,还听见下了铁闩的声音,沈衡章触了一鼻头灰,方始知道无论如何不是这一家,找错了,若要再去找第二家,决没有这勇气了,于是连忙回出祥康里,赶到写字间,立刻一个电话打到张南来那边,恰恰张南来不在,他又一个电话打到史小姐公馆里,接电话的是个女人声音,再三盘问沈衡章,姓什么叫什么,什么地方打来,沈衡章道:"你告诉她,我姓沈,三点水沈,四小姐知道的。"

"因为四小姐吩咐的,无论何人一律要问明白,实在一天的电话太多了,不胜其烦,只得拣有要紧事体才亲自接接,你明白哇?"

"我有要紧事体,你告诉她,说一个姓沈的有要紧事情,请她自己来接,你告诉也没有告诉,叫她如何知道呢?"沈衡章正要听回音,不料对方"搁"一声把电话挂断了。沈衡章这一气非同小可,立刻又拨了一个电话过去。

只听见接电话的还是这个女人声音,他第一句就狠巴巴的道:"喂,喂,为啥不喊四小姐来听,我有要紧事体,我有要紧事体!"

"你既然有要紧事体,我问你姓啥,叫啥,啥地方打来,一句也不肯说,我假使在四小姐面前回报不出,排头是吃我的。"

沈衡章急道:"好好,我告诉你,我姓沈,名字叫衡章。"

"啥？你叫懋昶，阿是懋昶眼镜店小开？"

沈衡章也就不去同她多分辩，含糊道："是的，是的，是的。"

"你等一歇吧。"电话搁在旁边，大致去喊史小姐了，沈衡章心想，那末史小姐昨夜是回来的，没有在祥康里过夜。隔了一会起先接电话的女人，拾起话筒回答道："小开，四小姐叫我告诉你下半天在东亚旅馆五楼老地方碰面，叫你早一些去，听见没有？"

沈衡章心里一个奇怪，随机应变道："五楼老地方常常去有什么意思，还是约她仙乐斯跳茶舞吧。"可是衡章知道自己脸上被史小姐的指爪印一条一条依然未退，跳舞万一看见熟人，这还不是隔夜夫妻打相打的标记？于是立刻又换了一句话："可是五楼老地方，那末她几点钟到呢？请你能不能喊她本人来听电话？"

"咦，告诉你下半天，早些两三点钟，晏些四五点钟，你先到先等着好了。四小姐因为昨夜回来夜深了，现在没有起床呢。"说着把电话挂了。

沈衡章方才想这个小开一定也是史小姐爱人之一，心里倒一些不气，早就料到她外面相好不止我一人，张南来说她至少半打以上，决不是一句向壁虚构的话。可是我沈衡章同她的纠纷，总要中间告一个段落，来一个结束才好。环龙路的小房子也要回头了，不再承租下去，虽然不要我出一个钱，但事情不解决，难免以后的拖累，我何必去顶这个名义。看情形史小姐既然说得那样的话，叫我赔个不是，认个错算了，我一心一意要这样做，可是现在想想，还是免了的好，以她外面如此滥交，见一个爱一个，就是我同她同居，根本也没有什么趣味可言，将来吃尖刀的份儿都有，还不如现在赶快引退，听张南来的话是不会错的。

于是沈衡章一早的赶东赶西，要找史小姐见一面，兴高采烈，一往情深的，哪里知道听了这个电话之后，一桶冷水打背脊心浇了下去，热度突然降低了。

　　这一天下午沈衡章决意去侦察史小姐的行动，看看这个眼镜店小开到底是怎么样一个家伙，没有见识过，心里也就不甘，可是如何去侦察她，会不会有危险，这些沈衡章一些不去计较，只一味的热血喷头，实在火冒。下午一点多钟，他便一个人匆匆忙忙赶到东亚五楼电梯口，避在一边守着那里，心想史小姐一定要打这里经过，那末就钉紧她的后面，看她走进那一个什么叫老地方的房间里，我就夹屁股闯进去，如果里面有人，只得马上溜出来，没有人就正式同她谈一个解决，结束我们两人的纠纷算了。

　　可是沈衡章把呢帽掩住眉毛尖，不使人家注意，双手插在裤袋里在电梯口徘徊不去，只见每一辆电梯上来，放出许多人，女人也有，就是看不见史小姐影子，这时候已经三点多钟了。沈衡章心想：索性等到她五点半钟，五点半不到也许不会来了，这种女人本来是个糊里糊涂的家伙，魂灵不放在身上的，守时间三个字不必谈。决意等她到五点半钟再作道理。正在这当口，一辆电梯里放出四五个女人，其中一个竟然是史小姐，沈衡章立刻身体斜到一边去，不要给她留意到，只见她很泰然的，高跟皮鞋"阁阁阁"走在地板上一直往东而去，一个便垂了头钉紧后面，只见史小姐走进十五号房间，随即把门关上了，沈衡章却是鼓不出勇气来，实在没有这个胆量把门推进去，假使史小姐一人在里面，没有问题，万一还有那个眼镜店小开也在里面，我一定稳吃瘪，这眼前亏倒实在不愿意吃，正犹豫不决当口，大致房里按电铃，一个茶房跑了进去，旋即又跑了出来,沈衡章连忙奔上去问道:"喂,喂,对不起,问个讯,这十五号房间里面一个女人,还是一男一女?"

"你为什么要问这个?"茶房对沈衡章很起疑。

"不是的,一个女人我便进去,她姓史,是我的内人,没有关系的。假使一男一女,我不便进去,立刻报告捕房捉奸。你看,你看我面孔被她抓到如此样子。"沈衡章为了到房间去,不得不装这个榫头。

茶房答道:"是不是刚刚进去的那个女人,是你的太太?"

"正是,正是,我不说半句诳话。"

"我对你说:这个房间,她开了有四五个月,有时来派用场,有时便不来,还有一个男人只念二三岁,大马路一家眼镜店的小开,他们常常出出进进,非常的阔绰,这小开是你什么人?"

沈衡章急道:"闲话少说,请问你现在房间里是一人还是两人?"

"一人,就只你太太一人。"

沈衡章于是不问三七念一,就把十五号房门推了进去,四边一看,只见史小姐一人斜靠在长沙发上假睡,仿佛等候什么人似的,听见有人进来,张开眼一看,这真是出于意料之外的,站起身来惊问道:"衡……章……你如何会到这里来的?"

沈衡章双手依然插在裤袋里,头脑子很镇静的,脸色铁青道:"嘿,嘿,我怎么会到这里来,你的一切秘密,我统打听明明白白。"他伸出一手遥指住她,声音突然提高来:"你简直是个淫妇!你简直是个人尽可夫的淫妇!昨夜你坍了我的脸,想不到今天……今天你避开了我,又到这里来……可是依然会被我打听到,也是你的晦气!"沈衡章进来一看,只有史小姐一人,胆量便大了起来,索性同她吵个明白,预备攀了这个错处同她一刀两断,所以他骂她是个淫妇,这是有意的刺激她,使她伤心而后才会同沈衡章断离。

史小姐看见沈衡章这副可怕的面相,完全变了,变得没有一些理性了,当下不去同他对骂,自知一个女人抵抗他不过,事体闹出去反而面子有关,便平心静气的责问道:"衡章,我看你发疯了,疯到如此地步,骂我是淫妇,你为什么会找到这里来寻我的事呀,同我这样的难过,好像有多么大的仇恨?你说,你快说,你听了谁的挑拨?"

"我听了谁的挑拨,我一点也不听了谁的挑拨。"接下去道:"你做的事,自己肚内明白,你不用再到我面前花言巧语,爽爽快快的告诉你,与其将来我的名誉,地位,性命伤害在你手里,还不如从今天起我们就此一刀两断,以后永不见面!"

史小姐立刻道:"你不听了谁的挑拨,我决不会相信,否则你决不会找到我这里来,这个地方也只有两个人知道。"

沈衡章狠巴巴道:"对呀,两个人知道,我可以回报你还有一个人的名字,他是不是一爿眼镜店的小开?你既然同他有下关系,又何必要上我?我可受不了一个女人的玩弄,同你中间的交涉,索性今天办一个结束,从此各归各,没有一丝瓜葛。你答应也好,不答应也好!"

史小姐是舍不得沈衡章的,然而沈衡章又何尝舍得下史小姐?这是双方都扎足面子,弄成了僵局的坏事,一方面张南来从中拼命的破坏,劝沈衡章决意脱离为得,这明明是给你一个绿头巾戴呢,所以衡章只得咬咬牙齿,又加上今天一个刺激,于是一决同她拆散。

史小姐知道同沈衡章的缘分已尽,这明明是他受了人家搬弄是非,可是这中间一个什么人,却想不明白,尤其是今天会找到这里来,这实在出于她的意料之外。当下听了沈衡章这几句话,马上答道:"蛮好,蛮好,只要你良心上对得我起便算了。幸而这几个月来,我没有受过你一个钱津贴,也不曾白费你多少精神,你骂我是一个淫妇,是个人尽可夫的淫妇,老实告诉你,上海滩上女人轧轧男朋友的,也不计其数,根本不是坍台的事,你若要这责任完全推到我们女人头上来,谈也不必谈,你们男子难道是好人,女人就受尽了你们男子的玩弄,还骂我是淫妇,放你的臭屁!"

沈衡章火一冒跳起来道:"是你先看中我的,还是我看中你的?自己烂污到这种地步,还开得落口,说女人受尽男人的玩弄,放你的臭屁!"

"好啦,好啦,你放心,我史小姐决不是狗皮倒灶的人,邪气漂亮,你同我离了之后,决不会来寻着你,决不会破坏你名誉,也决不会来控你遗弃,这轧朋友,意气相投,多轧些日子,不相投就少些日子,各人走开算了,还有什么多话?"

"那末环龙路的房子呢,是你的钱租的,你应得去料理,把房子退掉。"

史小姐正言厉色道:"笑话了,既然是我的钱租的,根本与你不相干,不必多费心,我自会去料理!"

"二房东那边是我名义出面的,什么叫不相干?你不去料理,他要寻到我写字间去的,知道不知道?"沈衡章逼住史小姐今天就去料理。

史小姐吃斗道:"可以,可以,走走,马上就走。"说着披上大衣,两人马下就离开了东亚。双方办事都非常煞辣,说做就做,一些没有犹豫不决。

当下两人出了房间,史小姐心里实在恨沈衡章,恨他会如此寿头码子,一定逼住去更换那张租约上名义,难道我史小姐就借了这个名义去捣你沈衡章的蛋。她走到电梯口,心里又想起房间里的人为什么到现在还不来,是他打电话来约我的,自己反而到现在还不来,现在断命的又要陪寿头码子到环龙路去,终是有些放心不下,见电梯还不曾升上来当口,拍拍沈衡章背脊道:"你这里站一会,我同茶房讲一句话,马上就来。"说着也就不去听他回话,便一直奔到堂口那边,拖住那个茶房道:"我现在有事到环龙路去一去,马上就回来,假使他来叫他等我,千万不要走开,我同那个脸上有一条一条指爪印的赤佬码子走出去,别告诉他,听见没有?"

茶房道:"听见,听见。史小姐,还有什么吩咐?"

史小姐便很迅速的打开手皮包,拿出念元钞票,私底下往茶房手里一塞,手一扬一个笑脸道:"别的没有吩咐了,再见。"

史小姐同沈衡章到了环龙路小房子里,走了进去只见娘姨把房间收拾得异常的清洁雅致,明窗净几,纤尘不染,环境好极了真可说一个幸福家庭。沈衡章竟心里一阵难过起来,想不到此刻是来办理分离手续的,两人的脸上没有一丝笑容,板板六十四,娘姨看在眼里也弄不懂起来,从来少爷同少奶奶没有这样有过,这还不是在外面相骂淘气过的,也就吓得不敢做声。史小姐坐定了后,吩咐娘姨道:"你到隔壁去喊二房东老太爷上楼来,叫他把那张租约带来,他如果问你为了什么事,你说:没有什么事,只不过在租约上改几个字罢了。"

娘姨下楼去当口，沈衡章恨不得把她拖回来，不要去喊了吧，可是又没有这只面孔说出口。他心里想不到史小姐会始终吃硬到底，一些没有挽回余地，他还以为史小姐到了这个地步一定会软化下去。

史小姐见娘姨下楼去了，看了看手表，站起身来在房间里踱了几个圈子方步，仿佛胸有成竹似的，忽然道："衡章，我关照你，等到二房东上楼来时候，你不许开一句口。你如果不知趣开一句口，我就没有好面子给你看。现在预先告诉你，不要寿头寿脑，噜噜苏苏。"

沈衡章不服气道："这你是什么话，难道我发言权你倒要来干涉我了，真正笑话奇谈！"

"你用不到奇谈不奇谈，老实告诉你，我们当初结合时候，客客气气，现在分离时候也应该客客气气，彼此都是场面中人，不要弄得牵丝攀藤，狗皮倒灶，把我的出身一齐都告诉人家，你可听清楚？"史小姐对沈衡章白了一眼，看见他脸上一条一条抓开的指痕，心里又有一些歉然，觉得自己实在也是个坏人。

沈衡章道："你对我客客气气，当然我也客客气气，你不客气，我也不客气。你不要一味责人，不知责己，你的行为太荒唐了，有了我又还弄别人，弄了别人，又还到庄上去寻野食，如果我不亲身遇到你，永远被你蒙在鼓里，气不气人！"

"嘿嘿，气不气人，你沈衡章未必是个好人，是个循规蹈矩的好人，彼此还不是半斤搭八两？你根本用不到来干涉我，横竖我是个淫妇，这是你口里骂出来的，当然是荒唐了，淫妇还会不荒唐的吗……"史小姐说到这里，忽然把声音压低来，接上又提高来道："可是，爷娘生挺我这脾气，你打算来替我改过是哇？"接上"哼哼"一声冷笑。

正在这当口二房东老太爷上楼来了,史小姐连忙迎出去笑道:"老太爷,真对不起得很,又要劳你的大驾,又要麻烦你……"于是史小姐将改租约上的名义原因说了一番,推托是起初这幢房子沈衡章出钱出面承租,现在无意继续,由我姓史的承租下去。二房东便问沈衡章是不是这样,沈衡章只好点点头称是,于是当场就在租约上更改了名字,各无异言。史小姐送了二房东下楼回上来对沈衡章道:"手续已经完毕,你还有什么说?"

"墙上合拍的照片,各人一半撕下来。"于是沈衡章自己动手,站在凳子上脱照片,史小姐道:"还有你袋里大门,后门,房门,橱门,一串钥匙也要交出来,你所有的东西统自己搬出去。"史小姐开出橱门,把衡章的衣服,裤子,袜子,鞋子,一样一样拿起来往外乱抛。

沈衡章对史小姐如此举动,实在不满意,于是把脱下来的两人合拍的半身照片,狠狠的一撕两半,故意把史小姐半只面孔撕到他自己这半张上来,另半张也往地上一抛,他自己半张折折小塞在袋里。

史小姐一看关于衡章的东西统统拿光了,便说:"娘姨,快快替他打个包裹送下去。我还有别的事情哩。"说着旁边一坐。

沈衡章有意慢慢的七弄八弄,心想你要紧我偏慢点,娘姨替他料理,他反把娘姨一推说:"滚!"

"明知我有事出去,有意这样慢吞吞,磨折我。好,没有关系,我就看你收拾到什么时候出送。"史小姐无意中看见地上她自己半张照片连半只面孔都没有了,火往上一冒,脚在地板上一蹬就骂道:

"促寿短命,黑良心,把我半只面孔也撕去了,看你良心这样坏,将来有没有好结果,能不能再轧到像我这样倒贴的女朋友,嘿嘿,一个男子受到女人的倒贴,是要有福分的,没有福分,哪能享得到这权利……"

沈衡章不做声,只垂了一个头管他收拾自己东西,打了两个包裹,又把袋里一串钥匙掷在床上,头也不回下楼去了……就此他们拆散了。

于是史小姐便吩咐了娘姨一番话,说是这房子继续租下去,你娘姨也照常雇下去,一切依旧,这一两天内我自会来住了。门户当心是了。史小姐当下又赶到东亚旅馆里来,已经晚上八点多钟,跑进房间一看,眼镜店小开还没有来,立刻按了电铃把茶房喊了进来问道:"有人来过吗?"

"来过,来过,我告诉他等一会,史小姐马上要回来的,他等了有一个多钟头,现在大致吃晚饭去了。"

"好,那我也要下去吃饭,他吃好上来,叫他无论如何等我。可是我昨夜一夜失眠,今天又忙了一天,现在身子很累,今夜要早些睡哩。"史小姐打沙发里站了起来,愁眉不展的又坐了下去道:"茶房,你索性替我喊一客公司菜上来,我懒得走下去了……"

史小姐刚正把夜饭吃好,眼镜店小开匆匆而来,对了史小姐突然把身体立正,微微鞠了一躬笑道:"对不起,实在对不起,让你久等,可是我今天并不曾约你,待我打了一个电话到你府上,才知道你到这里来,而且你的小丫头还埋怨我,说是我约你的,史小姐老早到你的地方去了。"

原来这位戆毱眼镜店小开,姓林名叫兰生,是个小白脸,今年才只念二岁,人品生得漂亮极了,他不爱穿西装,常年穿的是中装,而行头之多,式样之挺括,据说不下有四五百件,考究是无可再考究了,出门一次便要换一次行头,有时出门两次便要换上两次,上午出门有上午的颜色,傍晚出门又有傍晚的颜色,他的衣服从来不许有一条折断的皱裥,一有马上就要换下交代娘姨整理,所以他出门一次对于坐的位子决不胡乱的坐下去,有时宁可站着而勿坐,生怕把他的衣服坐成皱裥。又因为自己开的眼镜店,他戴在面孔上那副眼镜,价值五百元以上,依近来市面至少一千元以上了。他还有一个怪脾气,反对穿皮鞋,他常年穿的没有一双不是缎面软底夹鞋,因此他的文绉绉打扮,完全文明戏里的少爷,公子哥儿一类人物,女人见了哪有不欢喜道理。

可是林兰生活了念二岁,还不曾结婚。他如何会同史小姐搭上朋友的,说来并不话长,很简单。在半年以前,林兰生每天在东方书场听书,书场里茶房知这林小开是个考究朋友,所以他的座位替他固定的留下的,丝绒的椅垫,丝绒的靠背。这样方才不致把他考究衣服坐坏。有一天林兰生到得迟些,可是书场里好位子已经客满,只剩下他这只位子不曾卖掉。史小姐一人也来听书,一看好位子都满了,而那旁边一只位子却没有卖掉,她不知这位子是不卖的,就朝这位子上一坐,茶房马上走过来打她招呼,将不卖的原因告诉她,不妨另外再排一只位子,自然史小姐没有办法,只得让位。

史小姐自以为有财有势,交际场中哪一个不知我史四小姐的,从来没有失过台型,到公共地方坍过台,真是难得出来听一回书,便逢到这个不大不小的耻辱,当下把这事放在肚里,不知道这位林小开究竟是怎么一个人物,倒要预备见识见识。当时便由茶房排了一张椅子在林兰生座位旁边，隔了不一会，林兰生风头很健的来听书了，茶房是马屁一五一十拍上去，史小姐瞟过眼去一看，心里果然一跳，觉得这林小开自有一番苗头，漂亮得来，赛过西厢记里的张生，虽然张生本来面目没有见过，但是戏里她是屡次看见的，大都是漂亮小伙子扮演这个脚色。当时她就想同他攀谈几句，却没有机会，也不知开场说几句什么话。说也奇怪，林兰生目光里看史小姐也仿佛是个绝色美人一样，蛮想要同她谈谈讲讲，也是苦无机会。林兰生忽然得了一个计策，便摸出一盒香烟来，抽了一支，因为史小姐这时候正吸着香烟，他便向她讨一根火柴为由，岂不是就有机会了。

"小姐，对不起，向你讨一根自来火。"林兰生笑眯眯，百般和顺的向了她。可是史小姐并不将火柴给他，只对他笑了一笑，立刻把嘴唇上吸着的香烟拿了下来，把燃着的一头凑上他，笑道："林先生，你吸吧，我凑着你。"

林兰生出于意料之外，史小姐会称呼他林先生，把烟吸着之后，立刻问道："咦，你怎么会知道我姓林？"

"这是茶房告诉我的，起初你林先生还没有到，我坐了你的位子上，茶房盼咐我让位，我问他什么原因，他才一五一十告诉我如此如此，我才知道你先生姓林，南京路上一家眼镜店小开，是不是？"史小姐轻轻的带笑着说来，恐怕给旁边座位上人听见，她又前后两边望了望。

林兰生有些歉意的笑道："实在对不起，对不起，请问小姐尊姓？"

"鄙姓史，林先生你没有知道我吧，我叫史四小姐，交际场中人大都都认得我的,我同林先生初次见面,也许有些陌生。"

林兰生听了史小姐这三个字,肃然起敬道:"喔,原来就是史家四小姐,久慕久慕,我有几个朋友都同小姐相熟的⋯⋯"

史小姐立刻笑嘻嘻问道:"林先生,你哪里几个朋友同我相熟的?说给我听听?"

林兰生道:"一个是跑狗场里夏先生,一个是回力球场邵先生,据说,他们都同你很热络,因为你史小姐待朋友很和气,很够交情,你的名誉非常的好。"

史小姐装着思索样子,愕然道:"唔,对了,跑狗场夏秋霞先生是吗?回力球场邵华先生是吗?不错的,都是我朋友,都是普通朋友,一些也没有关系。因为我常常跑狗做输赢,又跑回力球场做输赢,同他们天天见面相熟了。"其实史小姐同夏秋霞,邵华都有肉体关系,都是老相好,她在林兰生面前不得不说得漂亮一些,只不过是个普通朋友,一些关系也没有。可是关于他们中间的关系,林兰生都是一肚皮,详详细细都知道,当然不便说出来的。当下林兰生便笑了起来,很俏皮道:"史小姐,这又用不到什么瞒人的,我同史小姐虽然初次见面,但同夏先生同邵先生都是好朋友,我也知你们中间的朋友并不是普通⋯⋯可是史小姐,你别误会,我不过随便谈谈。哈哈。"

史小姐脸色一红,含糊道:"想不到林先生也会说笑话,好吧,过一天我约林先生吃饭,两个人对面畅谈一下,这里是书场,不宜多说话,林先生,你几时有工夫?"

"我天天有工夫,你约我吃饭不敢当,还是我约你吃饭。"

"第一次应该归我请客,第二次你再答还我好了。"史小姐想了想，便决定道："准定明天老晋隆吃夜饭，六点钟，我在三楼定下位子等你。"

林兰生眉飞眼笑道："还有别人吗？"

史小姐道："当然我还邀一个小姊妹做陪客，只我们两个人算什么？给熟人看见又要歹说歹话，上海人的嘴怪尖。"其实这是她的噱头，明天一顿夜饭决不会邀小姊妹的，她是打算把林兰生追求上手，觉得林兰生这个人可爱。

林兰生道："这话对的，三个人就赴约，两个人就谢谢。我对你讲老实话，我上面还有爸爸，母亲，下面还有同胞姊妹，并且我还没有结婚，虽然我们没有关系，光明磊落的，但，不得不避避嫌疑，是哇？"

当下两人书场散了出来，史小姐钉牢林兰生后面，走出门口，史小姐穿到他前面一边走一边道："林先生，我们吃些点心去吧？"

"不客气，我这怪脾气，夜里不吃任何东西。一吃东西就睡不着。"

史小姐倒扑了一鼻子灰，马上又改变道："林先生，那末我们喝咖啡去，你喝一杯牛奶咖啡去，我吃吐司好了，听了书出来不吃一些，半夜里嫌饿的。"

林兰生抢着道："更加完结，喝了咖啡人更加兴奋睡不着了，史小姐，还是你请吧，少陪，少陪，大家用不到客气，准定明天晚上在晋隆碰头。"

史小姐又扑着第二次一鼻子灰，也就很扫兴道："林先生，好好，那末明天晚上再见，请早一些到吧。"

第二天傍晚，五点三刻光景，史小姐一人赶到晋隆西菜馆，直上三楼,这是她三不两时来吃饭的地方,所以几个西崽都认得她,其中一个宁波人叫徐性善的同史小姐最有感情,史小姐每次来吃饭总是坐在他管理的几只台子上,她觉得他招待得格外周到,格外的舒服,并且吃的菜点,不用关照,徐性善会替她配得非常满意,对胃口,只只爱吃,其实是史小姐常常来吃的关系,哪里几样要吃,哪里几样不要吃,徐性善早已摸熟了。徐性善招待之余,同她谈谈讲讲,双方很投机,因此史小姐小账也格外多付一些,徐性善常常对她说:"史小姐,你常常来吃,用不到多付,太多啰,况且分派的又不是我一人。"屡次叫史小姐不必付现,只须签上一个字,月底再算,史小姐始终不愿,依然每次付出,这是双方客气的关系。

这一夜史小姐到得三楼。几个仆欧一齐对她打招呼道:"史小姐,你来了。"

"来了,我的客人到没有到呀?"史小姐朝四边座位上东一张西一望的。

这时候徐性善打横里窜了出来笑道:"史小姐,是不是林先生呀?"

"咦,你怎么会知道?"

徐性善道:"刚刚他打过电话来问你到没有到。我告诉他座位定了,人还没有来,他请你到了打一个电话过去。"

史小姐立刻把春季大衣一宽,徐性善一手接了去,她马上去打电话。

史小姐打算打电话,一时想不起林兰生的眼镜店电话号头,便对了徐性善招招手道:"小徐,小徐,来来。"

"史小姐有什么吩咐?"

"南京路懋昶眼镜店多少电话号头,你替我查一查看,你替我打过去,叫林小开听,我因为女人声音,有些不便。"

徐性善把电话簿翻着了,打过去恰恰打在林小开手里,说是马上就来。这里史小姐坐下座位,菜单一看,徐性善走过来很和气的道:"史小姐,菜已经替你配了。"

"这几天明虾该上市了,你替我配一道炸明虾。"

"史小姐,明虾还不曾上市,就是有的都是冷气货。你不嫌冷气货,准定配一道就是。"

正说着林兰生又换了一身行头来了,面孔大致涂了一层雪花膏,雪白,头发梳得煞亮像元色缎子,走路式样活像舞台上小生,风流潇洒之至,史小姐早站了起来,对他打招呼道:"林先生,来得真快,电话才挂掉不满五分钟呢。"

林兰生对了史小姐一望,又朝台面上一望,并没有第三个人,立刻问道:"只……只我们两个人?你不是说邀一个小姊妹的吗?"

史小姐急忙笑道:"是的,她明明答应我,临时忽然有了要紧事情,不能来了。"两人坐了下来,史小姐接上道:"两个人就两个人,有什么关系,交际场中只有一男一女,没有两个女人陪一个男人的。"

林兰生不做声,史小姐便对徐性善道:"小徐,小徐,菜来吧,再来两杯白兰地,要三星斧头老牌。"

史小姐的用意就要把林兰生灌醉来,今夜就把他带到旅馆里去同他谈判,愿意把终身委他,如果林兰生有了对象,或者订了婚,那末我史小姐也愿意跟他做一个小。她早打定主意,再不然的话,就不出面跟他轧一个朋友,做一个爱人。心想这已是至矣尽矣,决不会不答应道理。当下来了两盅白兰地,林兰生勉强呷了几小口就不再呷,对史小姐笑道:"也许你不知道我是个不会喝酒的人,一盅酒下肚,不但面孔绯红像个关老爷,而且头晕得一动都不能动,现在我已经呷着小半盅,实在不能再呷了。"

史小姐劝酒道:"不能喝也要喝,我无论如何不信,一小盅白兰地会喝不完,喝吧,喝吧,我这一点面子你也应该要买的。"史小姐手举着酒杯,一直不放下去,逼林兰生也举起杯来喝,这一来旁人非常的注意,史小姐打算吩咐小徐把他们两人的位子移到小房间里去,可是小房间客满。这时候林兰生为了史小姐面子关系,只得把半盅酒一口而干,史小姐打算再添一盅,林兰生一口拒绝,无论如何不再喝。可是这时候他已经醉了,一个头埋在台子上。

夜饭完毕,史小姐付了账,在小账之外又塞给徐性善十块钱"克姆桑",一个再三谢谢,史小姐轻轻告诉徐性善道:"小徐,我的房间开在沧州饭店,你去喊一部汽车,再扶了林先生下楼,他已经喝醉了。"

林兰生被两个仆欧扶下楼,上汽车当口,神志一些也不知道,待到了沧州饭店,在房间里睡下,还是不省人事,史小姐买了好几块钱水果,给他醒酒,一片一片剥橘子塞在他嘴里,林兰生才张开嘴来慢慢嚼着往下咽,史小姐轻轻拍拍他唤道:"林先生,林先生……嗳,早知道你这样不会喝酒,就不劝你了。"

林兰生微微张开眼来道:"我……我……我要吃……冰……冰淇淋……"

"林先生,阿是你要吃冰淇淋?我马上吩咐茶房去买吧。"史小姐立刻按电铃,打发茶房买冰淇淋,幸而沧州大菜间有冰淇淋出售,便送了一客上来。

于是史小姐又一瓢一瓢把冰淇淋盛在林兰生嘴里给他吃,一杯冰淇淋光了,隔了一会林兰生也清醒了过来,张开眼来见史小姐坐在他床前,服侍着他,诧异的问道:"这是什么地方……"

史小姐笑道:"这是沧州饭店里面,这是我开的一个房间。林先生,你怎么一醉就醉到这个地步,再也不醒,我心里焦急是焦急得来。"一边说着一边拍拍自己胸脯道:"好了,好好,现在总算清醒了,冰淇淋要不要再来一杯?"

林兰生道:"你怎么把我抬到这里来,我一些不知道?"

"哎呀,你林先生醉到这个地步,我不把你抬到这里来,设法替你解醒,我如何交代?林先生,今夜时候横竖晏了,外面已经戒严,你回去也不可能了,不如这里睡一夜……"

林兰生哪里答应,立刻打床上一坐了起来,急急忙忙下了床道:"无论如何要回去,杀脱一个头也要回去,从来外面不曾住过夜。"说着把衣架上袍子脱下一穿,史小姐就奔过去双手抱住他的两条腿笃的一声跪在他面前地板上道:"林先生,今夜看你走得成走不成,要是放你回去,我史字颠倒写……"

林兰生想不到史小姐会有这一副手腕,倒有些吃她不消,立刻双手把她扶起道:"有话好说,有话好说,何必这样做出来的,难看不难看?"

"不,你林先生不答应我不回去,我偏不站起来,一直跪到天亮。"

"哎呀,叫我不回去为的什么?又不说,只放在你一人肚里。"林兰生弄得走投无路,"起来,你起来了再说,无有讲不明白之事。"

"我要你今夜陪我一夜。"史小姐说了这句有些不好意思起来,垂了一个头只是含羞的笑。

"好好,我答应你就是。你站起来,站起来。"

于是史小姐才站了起来,不好意思的溜到浴室里去,上了一个马桶,才走出来,对了林兰生含羞的道:"你恨不恨我?我待你真是一往情深,你总应该明白的,坐下来,我同你细细的谈谈。"便拖了林兰生坐在床沿上。

林兰生知道史小姐是个著名十三点,而且是个烂糊三鲜汤,人人都要七搭八搭,可是有一桩事林兰生很佩服她,从不牵丝攀藤,从不吃醋,两个朋友之中,譬如她都同他们发生了肉体关系,而在两个朋面前绝不提起,这个朋友有了女朋友带在身边被她撞见了,她依然打招呼,客客气气,也不搬弄是非,这就是她的外面人头太多的关系,视为男女间这是一桩很平常的事情。所以同了史小姐有下关系,包太平无事,绝不用忧虑,春风一度之后,把她半途抛了,她决不会来找你,控告你遗弃,这究竟是个什么原因,虽然她是个十三点女人,但是她一张面孔还是要的,她还要替史家争一个场面。

林兰生早就知道史小姐性情,也知道她一番历史,认为同她搅搅,吃吃豆腐,无伤大雅,就是同她有下关系,包也不会出什么乱子。一时转到这个念头,也就准备接受史小姐要求。

当下两人坐下,史小姐便一只手搭到林兰生肩胛上笑道:"林先生,我还是要问你,你究竟恨我不恨我?凭良心说一句?"

"一点也不恨你,你根本没有让我可恨的地方。"林兰生开始吃起豆腐来,他嘻皮塌脸伸只手到史小姐臂膊上捋上捋下道:"好呀!这两只臂膊好像嫩塘藕一样的嫩,恨不得咬上一口。你看,又白又糯，又光滑，又细腻，天生艳质……"

史小姐媚起眼来一笑道："阿是你说我这两只臂膊嫩，你要咬一口就请你咬一口，咬呀，咬呀……"这时候十三点脾气又发作了，举起两只臂膊拼命的贴到林兰生嘴巴上去叫他咬，林兰生便吻了一下说："真的叫我咬，又咬不落，吻了一下已足够了，哈哈哈……"

"林先生，你……你这个人真是可爱极了，昨夜同你书场分别之后，我一夜失眠，闭了眼睛也看见你影子，张开眼睛也看见你影子，快到天亮时候迷迷糊糊有些睡着了，又在梦里'林先生'喊了你一声喊醒。可知道我们中间一定有下一些姻缘，所以我刚刚问你，恨不恨我，你说不恨我，这我们两人一定有缘，一定有缘……"

林兰生笑道："史小姐。你说我们两人中间有缘，就有缘，我以为你的话是不会错的。可是有了缘又怎么办法呢？"

史小姐便张开臂膊对林兰生做了做势子，格格格一阵痴笑道："有了缘分我们就可以做一对夫妻，林先生，我嫁给你要不要？"说着，又是格格的笑。林兰生只觉得一阵脂粉香味，有些混淘淘起来，不由自主的在她背上拍拍又拍拍笑道："可惜真可惜，我们相见得晚了一些，我已经同孙家三小姐订了婚，这是我爸爸做的主，我不能反对，解除婚约是绝对办不到的事情。所以，你嫁给我，岂有不要道理，因为有了这原因，实在无法接受你史小姐的美意。"

史小姐把手放了急道："林先生，没有关系，我也知道你这点年纪就是不曾结婚，也早订了婚，我说嫁给你是说说玩的。"

"什么，你说说玩的，不是真心嫁给我？可是我有力量，外面再讨一个姨太太，不给家中知道，你愿不愿跟我？"林兰生一本正经的索性同她大吃豆腐。

史小姐头一摇道:"不愿意,我是一个有地位人家的小姐,你林先生不是不知道,假使我做了你林兰生一个小,如何对得起我爸爸,如何对得起我两个哥哥,这是我万万不答应的。"

"咦,你不是说我们两人中间有缘分吗?"

"不是一定要嫁给你做小,才称为有缘分,作算我同你轧个朋友,不妨先行同居起来也算是有缘分,你要知道,没有缘分连朋友也轧不拢,性格也就不会相投的。"

林兰生明知这是史小姐的老门槛,欢喜私底下搭姘头,零碎的做交易,所谓有缘分者,她便是很属意于你。只要属意于你,她样样就肯牺牲,倒贴男子,因此没有一个不上她钩的,林兰生当然也是其中一个。

这一夜两人缠到后来。林兰生不觉心动了,便伸手到史小姐身上去,史小姐也就听任他,一些不反抗。只是和衣横在床上装着假睡,故意给林兰生一种机会,她相信除非你林先生不到我史小姐身上来,我不能够捉了你的手,可是你一经碰到了我,老实说就不怕你不上钩,她摸到每个男子的心里,只要你有了意,就不怕你不搭转来求我史小姐。果真林兰生觉得穿了衣服不畅快,捉了捉她笑道:"史小姐,你起来呢,不是这样横倒就睡着的,会受寒的。"

史小姐忽然打床上坐了起来道:"上床睡了好吗?你答应不答应,今夜不回去?"

"一定答应,一定答应。"

"我们两人睡在一个枕头上?睡在一条被头里?"

"当然睡在一条被里,一个枕头上。"林兰生连忙下床脱短夹袄裤,脱鞋,脱袜,脱到结果只一件贴肉汗衫,一条短裤,往被里钻了下去,一个头伸出被外偷看史小姐脱衣。

史小姐怕难为情对他笑道:"林先生,你的面孔朝里床,不许望了我,听见没有听见?"

"我看看有什么关系。女人脱衣上床,当然不会脱得滑塌精光的。"

"勿管,我不许你看偏不许你看。"史小姐脱了一半便不脱下去,可是不中用,林兰生虽然把头侧了过去,但,一会儿又朝了外床,史小姐便奔过去把房间里电灯关熄,变作墨黑的一片,才笑道:"你再看,只好看个屁,男子汉偷看女人脱衣服,贼腔不贼腔?"其实这是史小姐吊林兰生的胃口,这样一来,成分更加神秘了。

林兰生在被里哈哈大笑道:"你这样子做出来,好像今夜并不是和我同床而合被,看都不能一看,还谈得到同居两个字上头去吗?"

史小姐在黑头里把衣服脱了,上床下被,林兰生抚了抚笑道:"那末你根本还是穿了衣服上床的,并不是剥得滑塌精光才不好意思见人面啰,神气活现,一定把电灯关熄了不给我看。"

史小姐一阵嗲劲的笑道:"是的,你不对我那样钉紧了看,也许让你尽看个饱,女人自有女人的脾气。不要说脱衣服了,就是梳妆,就是洗脚,上马桶,随便啥人钉在旁边看,都不愿意,林先生,你还不曾结婚,自然不知道这女人的事,那也难怪你。"说到这里将鼻子嗅了嗅笑道:"香来,香来。"

"什么,我脸上根本没有抹粉,何香之有?"

"男人自有男人一种香韵,我说你的香,并不是指胭脂花粉的香,是指你们男子皮肉上一种天然的香。就拿我们女人来说,在你们鼻子里闻来,也有一种香味的,不信你闻闻我的脸上有没有?我的手臂上,我的胸口,你都可以闻得出。"

林兰生听了这番话,觉得实在吃史小姐不消,真是肉麻当有趣。这时候看见林兰生并不来闻她的肉香,她就思出另外方法来诱惑他,林兰生经不起她这样一阵蠢动,早就拆下了一个洋烂污,心想横竖这样了,落在口边头的肉如果不吃真是个大洋盘。

事后林兰生才盘问她道:"史小姐,我同你的事已经做过,准定同你轧个朋友,不过据我知道,你过去的男朋友有好几个,同他们究竟有没有关系?"

"一个也没有关系,林先生,你放一百念四个心好了。"

"一个夏秋霞先生,一个邵华先生,这两个是我的朋友,据他们说,都同你有下关系,现在我占了朋友的爱人,万一给他们知道,试问在朋友面前有何交代,他们不要把我恨死!"林兰生认真的这样说。

史小姐责问道:"啥人告诉你的,我同他们两人有下关系,快说快说。啥人告诉你的?"

林兰生道:"夏先生同邵先生亲口对我说的。"

"放他狗臭屁!慢着,我明朝不赶到他们那边去责问个明白,我不是人养出来的,我史小姐的名誉,可以随便给他们破坏,我也没有下贱到如此地步!"史小姐居然很火冒,一口否认有这件事,林兰生很调皮的笑道:"何必如此光火,就是真的有这件事,我决不会见气,在上海像这样的事情太多了,太平常了,我真也不把它放在心上,也不相信朋友的话。"

史小姐于是搭转来便钉牢了林兰生道:"总之,你林先生从今以后听我姓史的讲话,我说不会错是不会错的,我说错就错,旁人的飞短流长，你切切不可听，他们都是吃了闲饭搬弄是非。承蒙你林先生看得起我，今夜在这里住夜，我已经说不尽的感激，我如果再来害你们朋友之中不和，我这人血性也没有了。"

林兰生道："不过我同你的事情，最好外面一个也不要给人家知道，做得特别秘密一点。我现在才老实话告诉你：我不是不愿娶你，只是我已经订了婚，要到后年春天方才可以结婚，因为孙家三小姐明年冬天方才高中毕业，她不毕业决不结婚，我只好等她。那末我同你的关系今夜已经钟情了，我承认你是我一个最密切的朋友，不算小，也不算姘头，以后我们特别谨慎，最好开一个长房间，史小姐，你心意如何？"

这几句话实获史小姐心意，句句说到她的心坎，史小姐不胜欢喜道："真是两人一条心，我也是这主张呢，你看房间开一个什么地方才好？"

林兰生道："最好越近越便利，要相近我的眼镜店，那末我每天到店里打个转回出来就到你地方来会面，路远了时间不经济，又难为一笔车费。"

史小姐睡在枕头上横想竖想，忽然想出一个东亚旅馆在四楼或者五楼开一个长房间，一个月也不过花上五六百元够了，这不是离开他的眼镜店相去只一些些路，过十多家门面就到了。这个提议果然林兰生非常的赞成。可是林兰生虽然有钱，还要向老头子那边去领取，一个月也只限他两百元零用，财政权还不在他手里，当然史小姐体谅他，关于房租她一力承担，不要林兰生拿出一个钱来，只不过在房间里零星开销，双方随意摸些出来，也是有限的，林兰生因此又更加赞美史小姐的为人实在豪爽慷慨极了。

史小姐把林兰生搭上，两人在沧州饭店里过了夜。她一切都卫护林兰生，当他一个小弟弟看待，亲爱得什么似的，而林兰生年轻，入世未深，一旦经过女人的色情，喜极要狂，也就说不尽的热恋着史小姐。隔了两天史小姐便开了一个长房间在东亚大旅馆里，牌上名字化做一个林达生，预先付下半个月房租，这时候林兰生还没有知道史小姐已经把房间开下，老是坐在自己眼镜店里等消息，史小姐打算叫东亚里茶房打电话给林兰生，一想事情就要给茶房穿绷，苦的自己又不便出面，深防给眼镜店里旁人听出女人声音，多么麻烦，脑筋一动，决意到晋隆西菜馆托徐家里打个电话给他，邀他到晋隆吃一顿夜饭。史小姐当下便来到晋隆，直上三楼，看见客人交关多，座位都满了，徐性善正托了三个大盆子的菜，一手托了两客布丁，打下面飞奔上楼，无意中看见史小姐在那里东张西望，便打了一声招呼笑道："史小姐，史小姐，你有几位客人啦？为什么不预先打个电话过来？"

史小姐眉头一皱道："小徐，你们生意太好了，你们老板要发财哉，简直一个位子也没有，我一共只两个人。"

徐性善匆匆忙忙把手里三盆子菜放下，对她招招手道："有有，史小姐，你要紧不要紧，请你再稍为等三五分钟，那靠门口一只台子上客人马上付账就走，因为这六七点钟时候正在上市辰光，真正对侬不起。"

"那末叫我站在这里等吃？勿管，小徐，你跑过来。"史小姐有些发飙劲样子，架子老辣，把身上大衣一宽挽在手里，许多食客对她望望又望望，她也对食客望望又望望，心想：倒碰得着，我面孔上又不开花，又还不是眼睛鼻头，对我看什么。

徐性善安排了菜，急忙赶过来抱歉似的道："史小姐，马上就好，客人账已付，只等找头送过去，你为什么不早打个电话过来的？"

史小姐不同他多讲什么，便拖了拖他袖子，一直来到电话机旁边，对他咬咬耳朵道："小徐，你替我打个电话，给……给林先生，叫他马上就来，说我在这里等他，听见哇？"

徐性善也就轻轻凑在史小姐耳朵边道："阿是懋昶眼镜店里的林小开，前天这里来过的？"

"蛮对，就是他，你打过去叫他马上就来。"

于是徐性善一个电话拨了过去，来接的不是林兰生而是一个伙计，徐性善记性非常的好，一听声音不像，便说："请你们小开接电话。"

"我们小开出去了，刚刚走出。"

徐性善立刻把话筒手掌心一合，告诉史小姐道："哎呀，不巧真不巧，还是刚刚走出去……那末同他如何说法？"

史小姐心里不胜气恼，便说："你问问他到什么地方去的，会不会就回来？"徐性善将这几句话又传达了过去，那边回话道："这倒不仔细，也许会回来，也许不会回来。这样好了，假使回来我就告诉他，叫他打电话给你好了。或者你再隔一刻钟打个电话过来问一声。"

"好好，准定隔一刻钟再打电话吧。"徐性善把电话挂了后，连忙替史小姐安排位子，笑嘻嘻道："你就这里等他一歇，不妨慢慢的一人先吃起来。"

史小姐叫不到林兰生，一肚皮不高兴，只得坐了下来，香烟一吸,茶一杯,拿张今天菜单一看,一人自念自道:"顶恨就是邀人邀不到,断命的早不走开,晏不走开,我打电话去,眼眼头走开,今夜还会不会回到店里来,叫我等他到什么时候?"

这时候徐性善便一样一样服侍着史小姐,见她不高兴样子,便说:"史小姐,你先慢慢吃起来,隔十分钟我再替你打个电话过去,来最好,不来明天你再请他好了,横竖你此地常常来吃饭的,难道就邀不到他不成?"

"小徐,你没有知道我们有我们要紧事体呢,原是约着今夜在这里碰头的,死人,他就等不到我电话,先走开。今夜他来,我没有话说,如果不来,我就一辈子不要见他。我恨是恨得来。"史小姐发了一阵牢骚,又忍不住一笑道:"小徐,你看来我心里阿恨不恨,上趟吃夜饭也是我打电话请他,现在又是我打电话请他,约好了等我电话,人又走开,他的架子好不辣,我史小姐没有倒霉到介地步,请不到人吃,一定要请他吃……"说得旁边几个仆欧哈哈大笑。史小姐这里常来,也伴熟了,所以她随便的说说,一切她都不顾忌。徐性善听了窜出来吃她豆腐笑道:"不要,不要这样,包你林小开来了,你又眉花眼笑了,哈哈哈哈……"说着也就打横里一溜。

史小姐忍不住一笑说:"小徐,你倒辣手得落,豆腐吃到我头上来哉,是哇?嘿嘿,嘿嘿。"

徐性善便回了一句"七六八五九四"。原来这是十三点的别名,但史小姐听不懂,当下悻悻然不做声,待吃了一个汤,才拖拖旁边一个西崽道:"我问你一句话,什么叫七六八五九四?"

西崽解释给她听道:"这就是十三点,七加六不是十三吗?八加五不也是十三吗?九加四又还不是十三吗?"

"喔，小徐他骂我十三点，我不报复不姓史。"史小姐明明自己是个十三点，却不肯承认是十三点，人家骂她十三点，比骂她别的还要觉得火冒。哪里知道这个西崽暗地下去通知徐性善，告诉他史小姐要报复，小徐计上心来，立刻到二楼又打了一个电话给林兰生，心想把林找到了，史小姐也就把这件事掼开了。说也真巧，一个电话打去，林兰生正从外面回进眼镜店，便接到这个电话，便一口气赶到晋隆里来。

徐性善打罢电话，立刻赶到三楼对史小姐轻轻的道："林先生马上就来了，这是我的功劳，你应该不能忘记我。"

史小姐咧开嘴来大笑道："真的？你怎么会知道？"刚正这句话说完，林兰生上气接不着下气赶了来，对史小姐一阵乱拱手笑道："抱歉，实在抱歉，我不是不等你电话，因为我守了你两天没有电话打来，便知道你一切事体还不曾安排舒齐，等到今天六点钟还没有接到你电话，想必不会得打来了，便去报摊上补一份吉报，刚刚回到店里，你的电话恰恰打来。"

史小姐高兴得不得了，笑道："你应该谢谢这里的小徐，电话是他打的，可是真不要说起，我已经等了有半个多钟头了。"

史小姐于是立刻关照开一客菜上来，林兰生便轻轻问史小姐道："房间开好了没有……"

"为之开好了，前两天我有事情，分身不开，才在今天开好，我先付了半个月房金，东亚五楼，房间蛮好，有淴浴间，你走过去只不过几十步路，为了你的便利，就麻烦了我，我到这里来却很远呢。"史小姐压低了喉咙，轻轻的轻轻的，她生恐旁边一只台子上的人偷听了去，可是越是讲话轻轻，旁人越是疑心，越是要偷听，不知这一男一女鬼鬼祟祟，商议一些什么呢。史小姐恨极，立刻对徐性善招招手，叫他过来，说："小徐，里面小房间客人阿要走了？"

"马上就走，他们已经吃好了。"

"你待他们走，把我们调进去。听见没有？"

隔了一会小房间客人真的走了，徐性善立刻把史小姐同林兰生请到里面去，史小姐坐了下来面孔一板道："外面那桌断命客人，我们讲话，偏生偷听壁脚，还把一个头伸过来听，从来没有看见过这种猪头三！屈死！"

林兰生道："别生气，你说下去。怎么房金要你付，应该归我来付，你一共付了多少，我来归还你就是。"

史小姐忍不住一笑道："林先生，你真会客气，其实我同你的事根本就用不到这样。你每个月爸爸只给你两百元做零用，你就把这两百元全数付了房金，还是不济于事，短了一大段，你现在经济权不操在你的手里，我不怪你，也不怨你，一切开支统统归我来支付是了，无需你问讯，只要你林先生摆点良心出来待我，听见没有？"

林兰生怕羞的笑道："太难为情了，你待我这样的好。"

史小姐便说："我真不在乎此，每个月我总要花上五六千块钱出去，真不把它放在心上，可是我会花钱，但也会赚钱，这个月我在联和银号同吴南人合股做标金，赚进八万，我的心还不算狠呢，前个月我做双马厂纱，赚进十二万，我净到手十万，两万元给联和里一批小伙计分派，他们个个眉飞眼笑的欢喜得不得了。所以一个人总要会赚，方能够会用，不然只出无进，我史小姐在外面这样阔绰，不早要牌面坍掉了，早要绝死弯喇叭了……还站得直到现在？"

林兰生听了史小姐这一番话，只是感到惭愧，自己枉为是个男子汉大丈夫，反不及一个女人会有这末的魄力，一赚十万八万不算一回事，难怪她这样的阔绰，花钱不放在心上，因此林兰生更加对史小姐发生了一种敬爱的心理，觉得能够同她做一个朋友，非常的光荣，非常有面子。

夜饭吃毕，林兰生便抢着付账，史小姐不同她客气，以为这三四十块钱，吃顿夜饭的小数目，就让他去付了吧。一根牙签塞在嘴里，对林兰生一笑道："你付就你付，我不同你抢，免得给小徐看见了，以为你一个小开牌头，常常要我一个女人请你吃饭，好像说不过去样子。"

林兰生接上笑道："本来这一些小数目，以后无论何处白相，吃饭，吃点心，统归我来付出去，一男一女在一起，要一个女人出来会钞，终觉男子没有面子，这是上海人的习惯。"

史小姐喝了一口咖啡道："最贼腔的是女的已经摸出钞票来会账了，男子煞死还要出来抢会账，这一抢一夺之间，在旁人眼里看来，以为这一对男女决不是夫妻，不是好路道……"

"对呀，既然是夫妻又何必要抢付账？"

"所以我刚刚看见你抢前付账，我一下也不做声。你付我就不付，其实你付我付又还不是一样的。"史小姐打皮包里摸出一支香烟，林兰生眼快手快，立刻"擦"一根火柴划了上去，史小姐丝毫不客气，凑上香烟来吸了一口问道："你……你付小徐几块钱小小账？"

"五块钱。"

"嗳，付得太少了，你看今夜的菜这样的丰满，都是他到厨房间里吩咐的，你看别桌上有这样满而多么？至少，至少你要付他十块钱小小账，这是他们外快。"史小姐刚正说毕，林兰生连忙又补了一张十块头钞票放在水果盆子里，然后两人起身下楼而去。

史小姐就带了林兰生来到东亚大旅馆五楼房间里来，林兰生到了房间里四边张张望望，觉得这房间很宽畅，后面还有澡浴间，待坐了下来问道："史小姐，这房间每天多少钱？"

"叫名只念二块钱一天房间正行情，但加下小账、捐钿等等名目，至少要三十多块钱，一个月便要近千把开销了。"

林兰生暗暗吃惊，心想幸而史小姐有钱，不然叫我付，死也付不出，叫名我是个小开，不要活活吃瘪，便笑了一笑道："现在房间也开不起，这里我们如果长期租下去，不胜负担之苦，我说句最忠实的话，现在的钱虽然是你史小姐拿出来的，可是你拿出来我拿出来还不是一样，我们应该有个预算，有一个计划，不要太浪费了，或者把房间改一个小些的，开支就节省了。"

史小姐当下不同他多说什么，要紧脱衣，脱袜子，洗浴要紧，她对林兰生嘻皮笑脸道："我洗了一个浴再来奉陪你吧。"

"好好，你去洗浴，洗了再说。"林兰生便埋在沙发里等她，隔了好半天，足有一个多钟头光景，才听见浴室门"刮"一声门锁声音，门开了出来，史小姐披一件浴衣，赤脚穿了一双拖鞋，面孔热得绯绯红，笑道："林先生，快快，你也去洗一个，水已经替你放了。"

"我的替换短衫裤没有带来呢。"

"这有什么关系，今夜将就穿一夜，明天回去再换好了。"史小姐便拖着林兰生到浴室里去，说是缸里的水快溢出来了。

隔了一会林兰生浴也洗好，两人面对面，靠在沙发里，面前放一凳,架起了大腿扳扳脚,呼呼香烟,喝喝茶,两人一直谈得夜深,史小姐告诉他:这里只是暂时开一些日子住住再说,就是开销也不妨,我们将来终究另外寻房子,这一切你林先生不用操心,我史小姐自会安排好的。

林兰生道:"你史小姐待我如此之好,我终究不会忘记你的。"说到这里又感叹了一番道:"可惜,可惜,我们相见得太晚了一步,要是早上一年,我没有订婚,那末我一定……"

史小姐笑道:"那末一定是要娶我,是不是?林先生,可是我倒有句话问你:你对孙家三小姐,就是你的未婚妻的面貌看见过没有?"

"没有看见过。"

"那末她的性情脾气你更不会知道了。"

"面孔没有见过,性情当然不会知道,虽然我同她订婚时候照片上是见过一面,到底同她本人总有些走样的,岂不是等于没有看见。"

史小姐哎呀一声说:"现在订婚,岂有男女不见面的?"

林兰生道:"因为孙家是守旧派,据说三小姐终年不出大门口一步,订婚那一天她根本没有到,我因为父母的主张,心里也老是不高兴,所以也没有到场,都是他们作的主意。"

史小姐很惋惜道:"该死,该死,你林先生如此一表人才,不要娶了个思想陈旧的女子,那就一辈子幸福断送了,现在还有终年不出大门口的女子吗?时代变了,潮流不同了,就是好,想来也大高而不妙,你林先生真是个好好先生,别的可以随随便便,马马虎虎,这婚姻大事也可以随随便便的去听任父母做主?"

"可是现在婚也订过了。"林兰生摊摊手道,"还有什么办法,只好听凭各人命运算了。"

史小姐鼻子里哼了一声,冷笑了一下,又呼了一口香烟,半天不做声。林兰生连忙笑上一笑问道:"史小姐,究竟你对于我这桩婚姻有什么表示,不妨发表一点意见?"

史小姐摇上一摇头,又冷笑一声道:"意见倒并没有意见,不过你把这桩终身大事看做太轻微一些了,不由自己做主,已经铸成大错,订婚之前连面也没见过,你简直莫明其妙,我不是批评你糊涂,你这个人处世实在还不够。"

林兰生道:"那末我现在有个什么办法,史小姐你替我想个主意,假使对象我不能满意,决意解除婚约,幸而现在还没有结婚,有办法解除。"

"你不用性急,我告诉你,一步一步,慢慢的,你先从探听着手,总要设法谋一度见面,两人细细的谈谈,一次不够,再约她第二次,第二次谈不够,再约她第三次,几次谈过之后,你对她的印象已深,是否合你心意,当然也就知道了。这时候你就决定要她还是不要她,这不是随便解决的事,你要从长考虑。我这样说,无非为了你林先生将来幸福。"

"假使我对她不满意,当然是解除婚约,可是我家庭反对,不允许我同她解除婚约,那又怎么办?"林兰生匆匆奔到浴间撒了一场尿,一边束裤子,一边赶出来听史小姐回话。

"这就讨厌,要看你的手段,意志坚决的,当然闹成家庭革命,最后成功不用说的,一定属于你的,否则反对不了你就吃瘪,吃瘪就是你断送了终身幸福的开始。"史小姐说到这里,站起伸了一个懒腰,打了一个呵欠道:"还是睡了吧,林先生,嗳,我们真是相见得太迟了,还不知是我福薄是你福薄……真是一对冤家呀。"

史小姐无端的对林兰生婚姻的事说上这一大堆话,其实根本没有一些用意,她煞末一句,感叹一下,也绝无用意,但在林兰生听来好像都含有莫大的挑拨意味,不用说的,当然是:你为什么要家长替你订婚,这婚姻不是自己看中,包不会有美满结果。引申起来,就是我史小姐才是你真正的对象,我史小姐未尝不可嫁给你林兰生,你自己同我正式来谈判好了,我史小姐嫁给旁人也许不愿,嫁给你林兰生是愿意的。林兰生误会到这夹层里去,于是他一心一意想要娶史小姐,对自己的未婚妻孙家三小姐,简直一些印象也没有了。

史小姐得了林兰生,似乎庄上也难得去走动了,有许多客人喊了两次喊不到史小姐,她的名字也就一些一些为人淡忘了下去。这样过了不少日子,有一天林兰生才正式向史小姐求婚,他以为开了一个旅馆,鬼鬼祟祟在一起,不能公开,终究不是事体,还不如正式同史小姐订了婚。他打算得了史小姐的同意,便毅然决然同孙家解除婚约。这一天林兰生突如其来的向史小姐提出了这个要求,史小姐一时有些莫明其妙,执住他一只手问道:"这个是你林先生本意,还是别人指点你的?"

林兰生道:"是我本人意想,我觉得你史小姐待我太好了,几个月来,你没有一些给我批评的地方,我越看你越觉得可爱,于是确定你是我一个理想中的伴侣,史小姐,你答应了我吧。"说着便双膝跪了她的面前。

史小姐急忙双手把林兰生扶起道:"你说出理由来,你老老实实告诉我,这到底是如何一回事?"

可是林兰生不肯站起,他双手抱住了史小姐两条腿,也不问身上袍子跪皱绉了不跪皱了,便一味恳求道:"我要你史小姐答应,无论如何要你史小姐答应,这次的要求我是抱定一百念四分决心,我非要你答应我不可。"说着一个头便埋在史小姐腿上,林兰生那副样子真有些像花痴。这一来史小姐更其弄得走投无路,一边拖着他,一边忍不住笑道:"林先生,我知道你心意了,你站起来呀,站起来呀,有话好说。"

"不,你答应了,我才站起来。"

"答应你什么呢?我同你真是冤家。"

"答应嫁给我,我们达到结婚目的。"

史小姐又是忍不住笑了起来道:"这你分明是向我求婚,可是你已经同孙家三小姐订婚了,何得又向我来求婚,还不是变作重婚,你应该有罪名的……"

林兰生还是一个头埋在史小姐两腿上,缠绕着她道:"我反对家长做主的婚姻,我否认孙家三小姐是我的未婚妻,只要你史小姐答应嫁我,立刻就进行那解除婚约的手续……"

"好好,那末你站起来,我们从长计议,我早就明白你这意思。"

"你答应一声,我才站起来,不答应,我就永远跪在这里。"

"我口头上答应与不答应有什么相干,林先生,你真是傻子。好好,我答应你。"史小姐说了这句话,林兰生果真站了起来拍拍膝盖上灰尘,笑嘻嘻的贴紧了史小姐坐到她的椅子靠手上来道:"我要向你求婚,这主意发动在我们相识之初,预备待你答应了我,再去解除决那桩婚约,所以在你没有答应我之前,还是没有着落,便不敢贸然进行,几个月来,我的精神上痛苦极了。"

史小姐笑道:"你精神上痛苦极了,我根本一些也没有知道,为什么过去你一句也不同我提起?"说着把林兰生身体推了推道:"你好好的坐下来说,别贴紧了我,天气已经热起来了。"

林兰生只得拖了只凳子,面对面坐在史小姐跟前,说:"我这几个月来实头痛苦,只怕向你求婚,又遭到你的拒绝,因此不敢开口,如果一天一天下去,再不开口,错过了这个良机,也许我一定会走向自杀一条路上去,我失了你还有什么做人的兴趣?现在承蒙你答应……"

"我不明白你爱上我一些什么,不妨说给我听听。"史小姐一手支颐,一手搁在靠背上,一双水汪汪眼睛对准了林兰生脸上,似笑非笑的,那副样子表示出无限的悠闲。

"是不是你问我爱上你什么地方?这一句话你可以不要问的,要是我不爱你,决不会向你求婚……"

"我总有什么地方才给你爱上。你一定要说出来,有理由,你爱得有意义,我就嫁给你。"

林兰生却呆了起来,一时支吾不出,笑嘻嘻道:"总之你史小姐一切都可爱,没有一点儿批评,我爱你不但是爱你的才貌,人格,我更爱你的性情温柔,是温柔极了。"

"说得不对呀,我的脾气一点儿也不温柔,时常发火,只要一件不称心愿就掼纱帽,有何温,更谈不到柔!"

"哈哈,脾气哪个人会没有?发过就算了,这不能称为病。现在废话少说,我的口才也不行,如何婉转也说得不像,总之你史小姐我没有一个地方不爱,恨不得把我的心肝挖出来给你看,你才相信我是真的爱你了,然而我的心肝如何挖法呢……"

史小姐笑笑道:"什么挖出心肝来给我看,这种话不用去说,根本是办不到的事。我知道你爱上我并不是指的这几样,什么面貌姣好,我自问面孔并不漂亮,比我漂亮的上海滩上要多少。讲到你爱我人格,这话更不通,老实说,我们现在长房间开在这里,同你两人糊在一起,在旁人看来这一对一定是露水夫妻,决不会是正式夫妇,人格两个字就有问题了。讲到爱我脾气温柔,我就可说完全没有一点儿温柔,我发起脾气来也许你没有看见,十个林兰生来我也会把你们打出去。可见你要是说爱上我这几样,包你将来失望……"

"我决不失望,这是你谦逊的话。"其实林兰生爱史小姐最重要的一点没有说出口,也不好意思说出口,就是爱她有钱,爱她有势,因为史小姐两个哥哥都做着官,将来他们结了婚后,林兰生要到政界去谋一个官职做做,史小姐闲话一句,不怕两个哥哥不答应。但是史小姐比林兰生更思想透彻,早就知道他的心意,向我求婚,无非爱上我有钱罢了,爱上我有地位罢了,她极调皮,知道林兰生不肯把两句话说出来,因此搭搭架子笑道:"林先生,你这个人还是言不由衷,你务必要说出究竟是爱上我什么地方,我认为对,是真心的话,然后我便正正式式答应嫁给你,否则我们还是这样做个朋友算了,我最怕的是嫁人,我的心是关不住的,嫁了人无异套了一个枷锁。"

林兰生一时搔头抓耳说不出苦来,觉得史小姐这个人手段很狡猾,反反复复,吃她不准,他抱定宗旨,究竟爱什么地方死也不说,史小姐便道:"好好,不说就不说吧,你同孙家的婚约能够解除的,最好,我一定嫁给你,如果无法解除,那末再谈好了。"史小姐说这几句话,早有成竹在胸,料到林兰生一定遭遇到失败的,所以乐得这样答应他。

　　果然隔了一天林兰生便一心一意向家长提起反对那桩婚约了,而史小姐对林兰生却有点腻了起来,她觉得林兰生这个人也很平常,没有什么了不得,有些寿头寿脑,有些痴情,彼此轧一个密切朋友就算了,何必要向我求婚,求就求了,还两个膝盖跪在我面前,喊也喊他不起,务必要我答应了才站起来,这恶形不恶形?现在他反对父母做主的婚姻,这简直是一味胡闹,让他去闹好了。

　　这时候东亚旅馆开的房间,依然是连下去,也不回头,一方面史小姐静极思动,悄悄又到贵族门口去走动,叉叉麻将,看见中意的客人喊她,也就做做小货,这时候她就同沈衡章搭上了,瞒着林兰生,小房子租在环龙路,然而好景不长,这一情一节前文已经叙过,可是史小姐始终还没有把林兰生忘怀,而今沈衡章走了,她又恋念林兰生起来。这一天林兰生并没有打电话给史小姐,却是接电话的听错了,以为是他打来,双方又在东亚里会面了。

　　史小姐问林兰生道:"你的事情进行得如何呀,有不少日子了,为什么一点动静也没有?"

　　林兰生坐了下来,垂头丧气道:"失败了,我的父亲大为震怒,不准我同孙家解除婚约,我现在想想唯有一死,我不想再做人了,所以好多日子没有同你见面,实在惭愧极了。"

　　"什么,你要自杀?"史小姐走过去捧了他一个头。

　　"婚姻不自由,就根本没有做人的乐趣,虽生犹死……"林兰生几乎哭了起来。

　　史小姐捧着他的头,安慰一番道:"这又何必呢,父亲不准你同孙家脱离,这是他爱护你,为什么一点也不体谅他苦心,他当然要光火了,究竟你长这末大了,还是小囡脾气。你要明白,我就早料到这事会失败的,如今果然不出我的所料。兰生,兰生,你心里别难过了吧,我史小姐决不会因为你不娶我回去而不理睬你,断绝关系,我依然是爱你的,永远爱你的……"简直把林兰生当做小孩子的哄骗着。

林兰生不听这番话,心里还好过些,一听了这番话,更加难过起来,心想史小姐越待我好,越舍不得她,因此心里一酸,眼圈一红,两笃眼泪亮晶晶的往下就一滚,史小姐连忙摸出一块绢头替他拭着眼泪道:"咦,叫你别难过,你还难过什么呢?好了,好了,男子汉大丈夫最没有用是哭,不要给茶房撞进来看见了,羞不羞的。劝你别出眼泪了吧,我史小姐离了你,不理睬你,去爱上别个男子,那末你心里才难过,才出眼泪,现在我根本又没有同你断,又没有同你分散,有什么哭头呢?我看你真是痴的,林兰生是一个痴子。"

"我想想……以后日子总……总归难过下去,处在这个顽固的家庭之下,做人的趣味一些也没有了!史小姐,你待我好,待我的恩情,我永远不会忘记,纵然我们活着不能在一起,做一对夫妇,我死而有知,也永远保佑你,跟随你左右……"林兰生一边拭眼泪,一边悲悲切切的这样说。

史小姐立刻把林兰生身体离开了一些,对了他的脸上逼视着正色道:"你这说的什么话,什么叫死不死?你难道真要自杀?"

林兰生垂了一个头,望着地板,眼泡皮绯绯红的,不做声,仿佛对自杀是默认的。他更表示出满腔悲愤,深深叹了一口长气。

"你不用不做声呀,你是不是打算真要自杀?我替你想想实在犯不着,这样一个漂亮的小伙子,为了一个女人而自杀,愚不可及,并且我史小姐根本没有待亏你,也没有因了你讨孙小姐而和你感情决绝,一切依然同从前一样。如果我同你吵,同你闹,或者我们的交情因此断了,那末你想想心里难过,或许走到自杀一条路上去,现在我们依然很亲热,看你进来一团高兴的,想不到我问了你几句关于同孙家婚约的事,你就开口同我讲这末多消极的话,眼泪流了这末多。好吧,好吧,心里别再难过了,我肚里有数是了。"史小姐心里想想又好笑又好气,以为这末一个长大的人会在女人面前落眼泪,这眼泪如此的不值钱,林兰生这个人虽然无用,但情感倒相当丰富,当下又安慰了他一番,林兰生也就收了泪水道:"这几个月来让你史小姐花了不少的钱,我心里实在过意不去,单这里房间开了这末久,我一个钱没有摸出来过,都是你史小姐一人承担,叫我如何交代?你越是待我好,我越是离你不了。"

史小姐噗哧一笑道:"咦,你又提起钱不钱的事了,告诉你吧,我多花了一些钱是不在乎此的,我会赚也会用,我不是这末会用也决不会这样会赚,世上的事都是扯直的,有利必有弊,况且我同你的交情,难道我多花了一些钱来把它记在心上而憎你而厌恶你不成?兰生,你这个人真有点自说自话,同我交了这末多日子的朋友,难道我的脾气还没有摸到?嘿嘿。"

史小姐站了起来,到热水龙头上绞了一把热毛巾,授给林兰生道:"揩一把面吧,头发梳一梳,一个人弄得这末假灶猫样子。"

林兰生接了毛巾抹了一把脸,便自去绞第二把毛巾,同时对了镜子梳了梳头发,涂了一层薄薄白玉霜,人为之振作起来,从茶几上抽了两支烟,一支授与史小姐,替她划上火柴。史小姐喷出一口烟头道:"兰生,我有一个计划,不知你赞成不赞成。"

"什么计划？"

"我打算把这里的房间回头了，可是你心里别焦急，并不是同你分手而回头房间，因为在环龙路我本有一幢住宅空着的……"

林兰生问道："环龙路你也有幢房子，我没有知道呢。"

"那幢房子环境很不错，本是小姊妹租居那边，她走了后就转租给我，我想把这旅馆里房间退了，住到那边去，不过你来去比较远一些，但，说远也不能算过远。这个计划你如果赞成，我每个月可以省掉五六百块钱哩。"

林兰生道："赞成赞成，我赞成。"

"再好没有，这里住到明天，恰恰月底，我把房间的账结了，以后我们到环龙路房子里碰头吧。"

隔了一天史小姐把东亚旅馆里房间退掉后，便领林兰生到环龙路房子里来了，娘姨见史小姐又带了一个少爷进来，不知道是她的亲眷，还是朋友，有点吃不准，心想隔一天也就知道这中间的秘密，大致一个走了，现在又搭着一个。

史小姐居然指了林兰生的面对娘姨道："张妈，你应该喊他四少爷，听见没有？"

于是娘姨走到林兰生面前喊了一声四少爷。林兰生点了点头笑问史小姐道："她是……"

"她是这里的娘姨，你喊她张妈好了。"史小姐说着推开窗，望见一片园林，那是对面一个花园住宅，这里也借着一些光，饶有花木之胜，林兰生道："这里环境果然不错，天热时候一定舒服，想必很风凉的……"

史小姐道："夏天就要来了，我特为你留下这幢房子，可见我爱护你之深,只要你心里明白就是。兰生,这里一到晚上风凉不过的,真是一个避暑好地方,就是炎夏白天,太阳正中当口,这屋里也不觉得一些热,你如果还嫌不舒服,一到太阳下山之后,顾家宅公园就在后面,只须走上十多家门面就到了,每夜开放到十一点钟,吹凉了回来睡觉,这日子到什么莫干山,庐山,黄山去避暑也不过如此了。"史小姐说到这里又领着林兰生上了三层楼到露台的扶梯,开出那扇小门,便是一块四方的水门汀屋顶,地上铺的花卵石排成林字图案,四边一圈是水门汀栏杆,中间一张石桌,四只石鼓凳子,沿栏杆布种着一缸一缸荷花,间有垂柳,迎风摇曳,仿佛是美人弄姿。这时候是傍晚,夕阳已经西斜,有一两颗星透露了出来,凉风习习,来到这里大有飘飘欲仙之概,林兰生打心坎里欢喜出来,他笑着道:"史小姐,想不到这里还有这末一块胜地。"

"我一半也是爱这末一块清净地方住到这屋里来的,自己的住宅在西摩路,不是没有花木之胜,只是我嫌它太大了,没有这里的精致小巧,所以自己的家不愿意去住,在外面住的日子反多,这是我脾气与别人不同的地方。你看这里多么可爱,夏夜喝茶,喝酒,赏月,无一不好。"

林兰生扶在栏杆上朝东面望了一望,只见那边一片翠绿之色,郁郁葱葱,异常可爱,不知什么地方,举以问道:"史小姐,那边是个什么地方?"

史小姐跟上望了一望道:"咦,那就是顾家宅公园呀。"

"哎呀,原来就在我们眼前呢,仿佛伸一只手也可以捞得到一般。"

史小姐道:"兰生,你府上房子怎么样的,我还没有去过呢?"

"还是别去提起的好,一个弄堂住宅。我几次想领你到舍下来白相,始终没有这个勇气,我知道你见了就坐立不安,还是别提起的好。"

"还是房子老式呢?脏呢?空气不好呢?"

"简直包括这几种,我们屋里不是不雇用娘姨,不知如何也就永远收拾不清爽。所以我在家里时候也很少,时常溜到外边来,加之我父亲思想陈旧顽固,只有使得我头痛。"

史小姐很同情的说:"难怪你精神上很痛苦,过去一人书毒头似的坐书场,可是看你这末潇洒,完全一个公子哥儿模样,原来也是个可怜虫啊。"正说着娘姨上来喊吃夜饭了。

史小姐同林兰生下楼吃晚饭,今夜小菜特别的丰美,林兰生想不出这个原因来,好像娘姨早已准备着的,可是又如何知道我会到这里来?吃饭当口问史小姐道:"今夜小菜何得这样丰美,这鸡,蹄子,都好像是昨天就动手炖好的,酥是酥得来。"

史小姐笑说:"你诧异么?告诉你吧,我昨天就吩咐娘姨的,叫她房间打扫打扫,说你要到这里来住,同时又吩咐她做几个小菜,说你明夜要来吃夜饭,你才知道了吧。"

"啊,原来你昨天就来吩咐过的,难怪难怪。"林兰生笑了起来,"其实你用不到这末客气,我同你自家人呢。"

"这里因为你是第一次来过,极应该款待你一番,赛过你第一次到我家里来,我也应当你客人招待的。"史小姐边说边笑,不一会工夫把夜饭吃好,两方坐在沙发里,剔着牙齿。林兰生因为今天太高兴,把夜饭多添了半碗,肚皮里很是饱满,想起最好出去散散步,便说:"史小姐,你……你今夜有兴致吗?"

"有什么事？"史小姐回过头来问道。

"我想同你到公园去散散步，好得近在咫尺，没有几步路就到了，你有兴致就去，没有兴致作罢。"

"只要你兰生开口，我一定奉陪。是不是现在就去？"

"现在就去，因为我今天非常的高兴，加之小菜又这末的可口，平日只吃两碗饭的，今夜多添了半碗，可是肚子不争气，胀得难过，出去散散步就好过些。"

史小姐便站了起来，换了一件晚上的旗袍，又恐怕夜里很凉，把一件单披肩也带了去，林兰生道："披肩你交给我吧，我替你挽在手里。"

史小姐便把披肩交了给他，她的手挽着林兰生臂膊，慢慢走了出去，俨然一对夫妇似的。

两人进了公园，这时候园里游人很多。史小姐的手始终挽着林兰生，林兰生道："你把披肩披上了吧，晚上有些寒意，这里究竟地方大。"

史小姐于是立定了，林兰生站在她后面替她披上，她便在领口打一个结，其实披肩薄薄的一层，只求美观，根本谈不到有些暖意，旁人看来果然雍容华贵。林兰生举目四瞩，这公园里的妇女散着步的匆匆少少，但没有见一个披肩的，因此他同史小姐两人漫步经过，注目的人很多，因此林兰生也沾着不少光彩，面上非常的得意，一个大圈子兜转来，居然后面有一批人钉紧了他们两个，指指点点不知讲些什么。史小姐对了兰生道："这公园本是块清静地，想不到近年来游的人极其杂乱，良莠不齐，往往好的都要被歹的带坏，如果一个单独女人，在这晚上来到这里游游，往往会遭到一批男子包围。所以我一人夜里不到公园里来,就是来得至少两个人,但也不夜深就回出去了。"

林兰生轻轻道:"你看看。这后面一批人已经钉了不少路了,我们故意打这条路折到湖滨来,他们也钉到湖滨。"

史小姐侧过头去朝后望望,果然是一批小抖乱,心想:你们眼睛没有打开,当做我什么人,便对林兰生道:"我们索性在椅子上坐下来,看他们怎么样。"说着便拖了一对椅子在一棵柳树底下坐了下来。

哪里料到这一批小抖乱哈哈哈大笑,一哄而散,到树林里去了。

史小姐恨恨的道:"我就可恶的这一批捣蛋鬼,戳坏了眼乌珠,钉我们的梢,兰生,回去吧,我不要白相了。"

"为什么不要白相,来也来得没有多少时候呢。如此我们反而见他们怕了,"林兰生摸出两支香烟,各人一支一吸,"我倒要看看他们到底有什么颜色……"

史小姐道:"有什么颜色,哼,难道他们真有什么手段做出来,这不过吃吃豆腐吧了,老实说我们有两个人,谅他们也不敢,假使我一个女人,也许要吃到他们亏的,因为在这晚上,勿比在白天。"

两人又坐了一会,风越刮越大了起来,园里人也就无形中散了许多,史小姐感到颇有些寒意,伸手同林兰生握了握,觉得兰生的手也很冰凉,便说:"不如回去了吧,这里太凉了,究竟还不曾到大热天哩。"

"好好,回去,回去。"

史小姐拍了拍鞋子上沙灰,站了起来,两人并肩漫步回出园门,到了屋里,略为休息了一会,也就上床了。

自从这一次以后，林兰生一颗心越发离不了史小姐，常常在这里住夜，不归家。起初在东亚旅馆里时候，还没有这样大胆，只不过白天同史小姐窝窝心，难得调枪花出来住一夜，一个月中最多也不过三四夜的机会，因为林兰生的家庭相当约束，尤其是他反对婚约之后，家庭中对他的行动越发注意起来。有一天夜里林兰生到环龙路史小姐小房子里来幽会，却被他家里人钉梢钉到了，便将门牌号记了下来，回报了兰生的父亲，果然这一夜又不归家，如此屡试屡验。于是有一天他父亲便把林兰生软禁在屋里，不许出大门口一步，一方面亲自盘问他近来在外面一切举动，究竟干点什么事情，依照如此常常不归家，外面不用说的，一定有姘妇了。林兰生一口否认，可是他同史小姐同居的消息，自以为很秘密，没有第三个人知道，其实外面早已闹得满城风雨了，兰生的父亲把小报记载的关于他们两人艳闻，居然搜集了三四份，一一摊在他面前叫他看，这究竟是不是事实？

林兰生看见小报上的记载，一笑置之道："这根本是捏造事实，捕风捉影之谈，如何可以置信，况且这上面写得隐隐约约，并没有我的真实名字，岂可就指定是我？"当场把他父亲责问驳得一光二净，可是他没有知道钉梢的人早将打听来的一切详情，报告了他父亲，于是他父亲忽然把台子一拍责问道："到底有没有这件事？你还要在我面前抵赖，你老老实实说出来。你这几个月来在外面荒唐情形，我一一打听明白。我做老头子的把你培植得这末长大原是要你撑家立业下去，想不到你在外面荒唐到如此地步……"噼噼叭叭一阵申斥，林兰生做了虚心事体，到这时候也就不允许他分辩，便垂了一个头闷声不响，一句话也不说。于是他父亲将这打听来的一情一节告诉了他,问究竟有没有这一件事,林兰生听在耳里,心里明白,这实实在在是事实。到了煞末他父亲便加油加酱把史小姐说得分文不值,名誉臭得不堪闻问,简直是个烂污货,人尽可夫的淫妇,问为什么林家的子孙,自降身价,与这种淫妇同住在一起,可不把林家的台也坍尽坍绝了。林兰生觉得史小姐难免有一些问题,但决不会像他父亲说得那末糜烂,所以他还是舍不得史小姐。后来他父亲问他:"你以后要不要同史小姐断离?"林兰生因为没有办法,只得说断离。他父亲便道:"口头上说愿意断离,我可不能信任,写张悔过书,再看你以后情形,这一两个月里不许出大门口一步,接受我这两个条件我方相信你。"林兰生两行眼泪挂了下来,父亲的命令只得接受,失了自由,可是他的心决不会死的。这一夜他本定赴史小姐那边去幽会,你想这实在是件伤心的事。

　　史小姐等等林兰生不来,这时候可九十点钟了,按理应该要来了,为什么到现在还不来,电话也没有一个?史小姐想不到林兰生会家庭里发生了这个变化,还是痴心梦想着今夜一定会来的,因为他从来没有失过一次约,说定什么日子来,什么日子必定会来的。她一直等到十一点多钟,心里才有些焦急,把张妈唤了进来问道:"四少爷今夜到这时候为什么还不来?前天他不是说过今夜一定要来的吗?我等得心里真有点不耐烦起来……"

　　张妈道:"我坐在大门口吹凉,一步也没有走开,要是他来我头一个看见。要是有事不来,也该打一个电话过来回头一声,免得人家尽等了。"

　　史小姐不知如何这时候忽然觉得有点心惊肉跳,又打了一个寒噤,于是便说:"张妈,我不等他,先睡了,你把大门关了,这时候不来就不会来了,你也睡了吧。"

"史小姐,为什么不打个电话过去问问他,究竟今夜来不来,他本人是在家里还在外面?"

史小姐上了床,身上盖了一条夹被才道:"不必打的,他吩咐过的,要是外面有女人声音打来电话,家里的人一定起疑,事体反而不好,因为他是旧家庭,你看我这许多日子来阿曾打过一个电话给他,只有他打来。"

"你前几次不是打过电话给他?"

"那是打到他店里的,白天他在店里,晚上回家,一待回家我就不便打电话给他。好了,别去说了,我们睡吧,明朝我当面责问一顿就是。"

到了第二天,史小姐一觉醒回来,还以为林兰生睡在她身边,一手摸去空空的,方才知道昨夜林兰生始终没有来,待下了床净脸当口问张妈道:"昨夜有没有人来敲过门,你留意着没有?"

"并没有听见,算得留意了,我上床时候已经敲过一点钟,这时候外面已经戒严了,要来也来不成了。"

史小姐放在肚里不做声,吃午饭当口打了一个电话到林兰生店里,平日兰生在这时候总在店里,不料今天店里伙计回答她并没有到店,史小姐疑心兰生不要生病了,伙计回答她不知道什么原因不到店,不妨到晚上再打一个电话来问问。史小姐挂了电话,不知如何又感到一阵心惊肉跳,心想这肉跳不是好兆头,不是自己遭到倒霉,就是自己的亲人遭到不幸,便道:"张妈,我有桩心事,说出来真有点可怕,是轮着我倒霉,还是轮着四少爷倒霉?昨夜同今天我两次心惊肉跳了。"

张妈道:"心惊肉跳,必定有倒霉的事情发生。我只听人家这末说,自己也没有经着过,我想也不过说说罢了。"

史小姐为了调查林兰生不出来的原因,究竟是病倒还是发生了意外,当天下午,亲自赶到他的眼镜店里去探问,柜台上职员对史小姐道:"林先生还没有来呢?"

"你们可知道林先生今天会到店吗?"

"这倒没有知道,请问尊姓?"

史小姐打了一个谎,说:"鄙姓王。"

"那末请王小姐打一个电话到他公馆里问问他,今天出来不出来好了。"那个职员说着便领林兰生到了柜台里面会客室坐下。

史小姐见那个职员替她拨了电话号码,又对她招招手叫她去听电话,史小姐脸一红,立刻走上去对职员笑道:"请你代打一打吧,我是女人不便打给你们小开呢。"

那个职员代为打去,接电话的是林兰生的父亲,职员便问小开为什么还不到店,因为有个王小姐要找他。兰生的父亲别的话一句没有,只说店里的事我已经派有别人,这一两个月里我不许他出大门口一步,因为他在外面实在太荒唐,真岂有此理。说了这两句电话便断了,那个职员挂了电话告诉史小姐道:"事体是这样的,我们老板来接的电话,言语之中非常生气,对我们小开,大不满意,大致这一两个月里不许他出大门一步的表示,看情形今天是不会到店了。"

史小姐心里一急,问道:"啊呀,他为了什么事情要被父亲如此管束,不放他出大门口一步?那末这店里的事呢?"

"老板另外派人来店里,在电话里老板说小开近来在外面太荒唐，大致说他脚头太散，常常夜里不归家，据我们知道他近来搭了姓史的女朋友，看情形这个姓史的要嫁给他，但小开已经订婚，明年正月就要结婚，只不过半年了。当然老板很生气。"职员说到这里又补充道："据人家说这个史小姐是个十三点，你想我们小开如此潇洒的一个，会同这种十三点女人搭在一起，这是他的糊涂。实在犯不着。"

史小姐脸色又是一红，肚里说不出的窘，心想，要是你知道我姓史，故意当了我面骂，那你简直是个王八蛋。当下便同他点了一下头回了出来，可是那个职员讨好起见说："王小姐，你要是一定见我们小开，不妨到他家里去好了。"

史小姐理也不要理他，早拉开玻璃门到外边来了。到了马路上说不出的心头之恨，一时不知上哪里好。

当时史小姐心中说不出的难过，一边走一边想：林兰生会遭到他父亲如此约束，这末长大一个人，又不是一个三岁小孩子。早知道林兰生没有资格出来白相，真是懊恼同他在一起，苦的现在同他谋一面都不可能。史小姐回到家，打算写封信去安慰他，又只怕被他父亲拿到，林兰生也未必能够看到，想想索性不写。隔了两天史小姐忽然做了个噩梦，醒了回来非常的清楚，因此又是一阵心惊肉跳。原来梦见兰生服毒自杀，她送他去医院求治，无奈服毒过深，死在院里，她哭得死去活来，伤心极了。这个梦做到这里，也就哭醒了回来，一颗心跳得非常厉害。一想事情很有点突然，可不要真的林兰生应着梦里情形，那就完结。于是匆匆下床，这一天起身特别的早，一清早赶到林兰生的眼镜店去打听。

史小姐赶到眼镜店，大门还不曾开，一个职员手上拿着一张蓝纸,正在外面大玻璃橱窗上张贴着,史小姐走上去一看,只见八个字道:"家有丧事,暂停三天。"心里顿然一跳,拖那个职员急急问道:"请问先生,家有丧事,哪一个人死了?"

"我们小开呀,林兰生昨夜九点钟死在宝隆医院里。"

史小姐眼前一阵黑,大惊失色道:"什么病,什么病?我同你们小开向来认识的,我一定要去吊他!"说着两行泪水挂了下来。那个职员道:"后天下午两点钟在乐园殡仪馆大殓,我们全店的人都去,你小姐请直接到殡仪馆去好了。"

那个职员把蓝纸贴好了,又道:"并没有生急病,据说喝什么毒药水自杀的,死得非常的惨,肚肠一寸一寸烂断的,待到家里的人发觉后,小开已经不能开口讲话,车送宝隆医院,那时候七点二十分光景,立刻灌肠急救,无奈服毒已深,延到九点钟才断气!唉,又不是愁吃,又不是愁用,为什么要自杀,世上自有许多想不穿的人,真不明白他们如何用心呢。"

史小姐极力忍住心中悲伤,含了一泡泪水道:"你……你可知道小开自杀之前有什么书信留下来没有?"

职员说:"倒不仔细,这要问问他们家里的人方才知道。"

大殓这天,史小姐不施粉黛,穿一件素净旗袍,来到一家鲜花店,定了一只特大号的花圈,限半小时里赶出,代送殡仪馆,在挽带上写兰生先生仙逝,下款写王兰芬敬挽,没写自己真姓名。另外,到锡箔店买了一百块钱锡箔。

定了花圈回来,她的娘姨,赶到史小姐房间里来问道:"四小姐,四小姐,有个姓林的给你一封信,压在玻璃板底下看见没有,今天一早就送来的。"

史小姐心里又一跳，连忙走过去朝写字台上一看，果然是林兰生的笔迹，急急拆开信封，只见信纸上面一语一泪写道：

亲爱的史小姐：

当你接到这封信时候，我们已没有见面的机会了，嗳，我福薄，我不知前世作了什么孽，投生到这个吃人的旧家庭里来，而今我是牺牲了。这次我顿生厌世，有两大原因，第一我不能得和你有白头偕老希望，第二我以后便毫无做人的乐趣。虽然犹生，还不如爽爽快快结束了我的生命来得干脆。我死了之后，你不必为我悲伤，如果有灵魂的话，我当日夜跟随你左右保护你，你不必怕惧。如果你能每年清明这一天，到我坟上去望我一次，我心愿已足。史小姐你终究还是幸福的，愿你永远快乐。这信付邮之后，我便仰药自杀矣，史小姐，你一点也没有知道吗？想你的心一定会惊，肉一定会跳。现在窗外月色非常光明，想到和你在环龙路寓所赏月的情景，不堪回首了。写到这里，我的手抖得厉害。不能再往下写，愿你珍重。

林兰生绝笔

史小姐泪水忍不住往下滚，悲伤已极。当下便把这封绝笔信锁在抽屉里，一看辰光已经十一点多钟，林兰生是下午两点钟大殓，便告诉娘姨道："我有事马上出去一趟，午饭不回来吃了。"说着便匆匆出门，又赶到那鲜花店里，问问花圈送出没有，店主说早已送去了，史小姐便吩咐车夫直奔大西路乐园殡仪馆。

史小姐一进殡仪馆大门，便被手持引帖的人领了进去，史小姐到达司账处便把锡箔交了账房，说是王兰芬名字，经记录上簿子后，然后走到中间礼堂，突然哀乐大作，噼噼叭叭，奏了起来，史小姐当前看见悬着林兰生遗像，很漂亮的一个小白脸想不到已经死了，当她吊他时候又忍不住挂下泪来。吊毕，她见旁边一个跪下的小孩子，面孔很像林兰生，也许是他弟弟。听说除了林兰生的父亲没有到，他的家族以及亲友统到，在背后议论纷纷的，都不认得史小姐这个人，最奇怪的没有把报丧条子送给她，今天如何会来的，有的打算问问她，究竟姓什么叫什么，同林兰生生前什么关系，可是这些话又未便开口问。当下招待员把她招待到旁边一间会客室坐下，史小姐问道："大约什么时候大殓呀？"

招待道："说是说两点钟，不过总要过头些。请问小姐尊姓？"

"鄙姓王，我同林先生生前是一个友谊的关系。"

"王小姐，用过饭没有，请先去用饭吧。"

史小姐今天一早到现在一些东西没有吃过，肚子也觉得饿了，心想到这地方来也不用客气，便跟了招待员到了食堂，一看食堂里面有十多桌酒席，一批人都在那边吃着喝着，史小姐拣了一个空位坐下去，说巧真巧，恰恰坐在她旁边的一个小伙子就是眼镜店里职员，那一天史小姐到店里找林兰生，是他代为打电话的。那职员对她一笑道："王小姐，王小姐，咦，你什么时候来的？"史小姐在许多陌生人中有了一个相熟的，便两下谈起话来，史小姐最要紧的是问林兰生当时死的情形，如何样子，那个职员道："我们小开会自杀，这是谁也没有想到，死的时候我虽然没有看见，但当时在旁边的人告诉我？说死得惨极了，老板也哭得昏过去，早知道为了管得他婚姻不自由，而自杀，老板大不应该不放他出大门口一步……"

史小姐眉头蹙紧了道："林先生一条性命，完全害在他老头子手里，你想林先生又不是小把戏，到底也这末长大一个人了，一些面子不给他，把他如此约束了起来，连大门都不许他出一步，老头子手段未免太辣，处在今日之下实在不应该，虽然我同林兰生根本没有关系，只不过一个友谊而已，听见他为了这样而死，实在有些气不平。"

那个职员点点头道："据说他是喝来沙尔而死，没有给家里的人留下遗书，但自杀之前三小时吩咐娘姨寄过一封快信，那信壳上是写西摩路，一个姓史的女士收。这个姓史的就是我们小开的爱人，这封信分明通知她：我林兰生已经自杀了。如果这姓史的接到这封信，知道这件事，一定哭得死去活来，这是必定的，必定的。"

史小姐脸一红，极力忍住道："唉！一个人这样想来真毫无意思。"

当下谈谈讲讲，也就把午饭吃好，各人散了开去，史小姐又兜到礼堂里来，想看看自己的花圈陈列在什么地方，只见那只顶大的花圈就是她送的，陈列在恰恰中央。这时候已经一点半钟，史小姐又找到那职员问道："你可知道一口棺材多少钱买的？"

"听说一万五千元，给他手指上戴着的是一粒两克拉钻戒，他平日最爱这只戒指。"

"穿什么服装下材呢？"

"员外装束。就快大殓了，你等一会看林先生下材罢。"

那个职员又赶东赶西，忙得满头大汗，史小姐举目没有一个人认得，便坐在会客室等着大殓时候，预备送了下材之后才回去。不一会工夫哀乐又大作，大天井的广场上童子军乐队吹得异常卖力，大铜鼓"嘭……嘭……"一记一记击下去,地皮也好像跟着震动。这时候礼堂上情形顿然紊乱起来,幕后还有悲悲切切的哭声,听说这是林兰生的娘,哭得眼泡皮已经红肿,许多亲亲眷眷包围了她劝慰着,可是劝管劝,她哭管哭。史小姐听说马上就大殓,便挤在人丛中到了幕后,只见一口推光漆的棺材,搁在两条板凳上,棺材盖揭了开去,这时不但哀乐大作,同时乐队一直吹到幕后来,情形异常紧张,许多人手忙脚乱的,正在这当口,林兰生的遗体由两个穿白长衫的入殓员打边门里杠了出来,这时候遗体已经把员外衣服穿好了,史小姐没有看见也算了,可是一见林兰生这副装束,忍不住心中一阵悲伤,便哭出声来,她无论如何都不忍上前去见他最后一面了,耳边有人说:"你们都别哭了,林先生眼睛闭得很紧的,面露笑容呢。"史小姐听了这句话,连忙抹了一把泪,想挤到材边去见他一见,表示我史小姐来送你下材,知道否?但,她刚正打算一个身体扑过去,不料棺材盖刚正盖上,四只钉就"啪啪啪"的敲了下去,史小姐欲见他最后一面已不可能,心中像刀割似的痛,于是也号啕大哭了起来。

后来史小姐看见许多女人都止了哭,她也就拭了拭泪,问旁边一个人道:"林先生的材是暂时寄存殡仪馆寄柩所里还是运到家乡去?"

那人答道:"将来再运下乡,现在立刻就要移到寄柩所的。"

史小姐心想送了他到寄柩所再回去吧。见每人在大香炉里拿一支香,她也去拿了一支在手里,准备送丧的意思。

隔不了一会工夫,哀乐前导,接上是两面金锣,"噹……噹……"的敲了起来,中间还有一批道士,夹着鼓乐,敲的敲,吹的吹,煞是闹猛,后面跟上一批送丧的人,各人手里举了一支香,史小姐也跟了上去,一条长长的蛇阵,最后抬着的便是那口棺材了。

寄柩所近在咫尺,出得大门,兜上一个大圈就到了,于是童子军哀乐同中国鼓乐,散在两旁不断的吹打,送丧的人也散在两旁,只让那口棺材荷荷的抬进房子,那边早安排了香烛,祭品,还要祭林兰生一番。在广场上一只大化锡箔的缸,烧得绯绯红,送丧人手里一支香都往这缸里投了下去,史小姐也看样学样把香投了,见一批男男女女在祭台前拜着,她也在中间拜了一拜,不一会工夫也就一切礼节完毕,史小姐也就离了殡仪馆回了出来。

她回到了环龙路房子,跨进门,张妈见她眼泡皮有些红肿,还当做她吹进了灰尘,可是又听见她叹了一口长气,便走过来问道:"四小姐,你今天有些什么不高兴?"

"张妈,你还没有知道?唉!四少爷几天没有来,我知道一定有下什么变卦,我的心惊肉跳,就是不祥的预兆。大前天夜里我做了个噩梦,原来他就在那天夜里死的!我第二天早晨才得到他死的消息,方才吊了他回来呢。"

"哎呀,什么病?几天没有看见已经死了!"张妈吃惊起来。

史小姐靠在沙发上道:"一言难尽,我也不愿去提起他,做人真觉乏味极了,这个夏天或许我出门去避暑,上海空气太坏,碰来碰去都是碰着倒霉的事。"

可是史小姐打算出门去避暑,这也不过是一句话,事实上她一个人出门也感到很寂寞的,上海空气虽然太坏,细想起来还是上海是个活络地方。史小姐自从林兰生死后,良心上似乎很对他不起,如果她不去引诱他,林兰生决不会对已有的婚约提出反对,不提出反对，也决不会时常外面住夜，不在外面住夜他父亲也不致加以行动上干涉，所以间接上林兰生一条性命还是害在她手里。因此史小姐愈想愈伤心，一个人一天到夜恍恍惚惚的仿佛痴的一样，索性连西摩路自己家里也不去，每天住在环龙路小房子里。正在这个时期里忽然身体起了一个毛病，一种恶性白带，来势非常的猛，一天也不知换多少次裤子，心里异常焦虑。这一天她不得不回自己家里去，她找到了二哥，推说这两天胃病大发。一个女人有了恶性白带，不仅面色枯黄，血色毫无，也顿然瘦了。二哥看见史小姐病容满面，很是担忧，考虑了一下，决意替她介绍一家世界疗养院去医治，问史小姐心意如何。

史小姐道："只要医院设备好，医生高明，多花一些钱没有关系，总要早日脱离病魔，我实在受不了这个痛苦。"

二哥道："你放心，这家世界疗养院在上海很有声誉，是我一个知己朋友开设，院长是主任医师，叫柯尔门博士，他是美国籍，极有本领，我陪你一起去，要院长亲自替你医治好了。"

史小姐心想如果二哥陪了去，不是事情就穿绷，便说："这样好了，你也很忙的，还是写一封介绍信，我带了信去见他。"

二哥一想不错，当下便写了一封介绍信，交给史小姐道："你放心，柯尔门医师不要说对胃病有经验，就是其他病症，只要经他的手，就可以告诉你多少日子会好。"

第二天史小姐便带了二哥介绍信，去了世界疗养院。这个医院果然不错，五层楼洋房，建筑在一个花园中间，大草场上汽车停了不少。史小姐进了里面大门，到了问讯处，便拿出那封介绍信，职员道："这封信是否听回音？"

"不但听回音,我亲自要同你们院长谈话。"

"好,请这里坐一会。"那个职员便拿了这封信到里面去了。

隔了一会那个职员回了出来对史小姐道:"来来,你跟我进来。"便领了史小姐上了楼,到了一个房间门口,让史小姐在门外站一站,他还须进去问一声,是否便领客人进来,说领进来,方可进去。柯院长是个西洋人,脾气同中国人不同,动不动就骂"弹姆,弹姆",一些不留情面。院中的医生,看护小姐,以及上中下职员,他一概不管账,要骂就骂,因此全院的人都见了他怕,背后没有一个不骂他这种外国瘪三,将来替我们倒夜壶的日子会到的。可是他待每个病人却特别的客气,一则因为这是他们院里的生意,二则来到这里疗养的都是有钱的大阔佬。

当下史小姐进了柯院长的办公室,两下见了面,柯院长对史小姐表示十二分欢迎,握了握手,请她坐。在史小姐思想中,以为柯院长是个又长又大的人,其实同中国人身胚仿佛,非常和善,一口上海白,讲得十二分纯熟,足见是个极熟悉上海情形的人。史小姐起初用英语同他谈话,柯院长极为惊异,想不到史小姐英语如此流利,待到柯院长改用上海话同史小姐谈,史小姐也惊异起来,想不到他上海话会讲得这样的好,于是两人一会用英语,一会用上海话,夹杂谈着。柯院长问道:"密司史,你的胃病什么日子起的?还是吐酸呢,还是一种肝胃气痛,你将详细病情告诉我。"

史小姐哪里是患的胃病,面孔一红,一时回答不出,垂了一个头只是含羞的笑着。

"咦,你为什么不做声,胃病是一种极平常的病,有的人极多,这有什么怕羞?"

"我不是胃病呢,柯先生……嗳,我真难为情开口……"

"什么,你不是胃病?我是医生,你应该照直说。"

史小姐脸红得发了紫,还是开口不出,把绢头掩了一个脸。

这一来柯尔门大为奇怪起来,便打自己坐的椅子上走过来,贴着史小姐坐在一起,一手在她的肩胛上轻轻拍了一下,笑道:"密司史,你老实说出来,我知道你决不是胃病。"

史小姐立刻回过头来笑道:"那末你猜猜看,不是胃病,是什么病?"

"我们这里疗治女人暗病有独到的经验,大凡医好出院的都知道。女人见了医生面红耳赤说不出来,十有八九是暗病,做医生的人见识多了。"

史小姐给他这末一说,面色更加红了,垂了头只是笑。

柯院长问道:"是哇?是哇?阿是暗病?说呀?"这口音说得史小姐又忍不住笑了起来,只点点头道:"是的,是的。"

"如何,如何,竟然给我料到。好,那末你照直说,哪一种暗病?"柯院长边说边捉住史小姐一只手臂,在皮肤上,筋脉上,一点一点验着,一直验到臂弯里,说:"密司史,你也许有淋病?"

史小姐心里一跳:"密司脱柯,你别瞎三话四,我从哪里来的淋病?你可知道我的毛病是白带呢?俗话说十女九带,虽然也是下身病症,这根本是不坍台的。"

柯院长道:"我明白,我是一个极有经验的医生,统统明白。你患的白带,要知道定是一种有细菌的白带,这一种细菌,就是同有淋病的人发生了关系传染来的。密司史,我问你,你的丈夫是否在上海?"

"我根本还没有嫁过人呀！哪里来的丈夫？这不笑话了。"

"没有嫁过人……那末你一定同有淋病的男子发生过关系？"

史小姐脸顿然一红道："也没有过。所以我要查问你说我有淋病，这淋病从何而来的。我是个有名望的大公馆里小姐，你同我二哥老朋友，当然知道的，平日我难得出大门口一步，就是交际场中周旋，也是规规矩矩，一到晚上就要回家，试问我同谁去发生关系，这真是一桩冤枉的事。现在空话别多说，你又没有诊过我的病，如何会知道的？"

柯院长给她这末一说，倒有点相信起来，便说："白带异常有两种，一种是有毒，一种无毒，无毒的一种，大凡由身体亏弱而起，就是不医也会好。有毒的一种则非打针不可。现在听你说：没有同男子发生过关系。当然身体虚弱而起，现在你跟我到五楼手术间，让我检验一下再说。"

当下柯院长把史小姐领到五楼，开进门去真可说清洁无比，纤尘不染，雪白光亮，后面跟进两个女看护。手术间四壁玻璃橱窗里，全是刀仗，锯子，大瓶，纱布，棉花。鼻子里闻进的全是药水和酒精气味。柯院长一边在自来水龙头下洗手，一边对史小姐笑道："密司史，我同你哥哥是好朋友，所以亲自替你看病，不然像这种小毛病……"

史小姐笑道："很对你不起。"

"用不到对得起对不起。"柯院长把这只手洗了一刻钟还不止，仔细是仔细极了，洗后才套上一双消毒过的橡皮手套。这时候两个女看护吩咐史小姐睡到白漆手术床上去，这一来真叫史小姐有些难为情，她的脸一红，顿然窘了起来。

女看护含笑道："请史小姐睡到这张手术床上，让柯院长替你检查呢。"

史小姐连眼珠都涨红了，额角两旁边的青筋也高了起来，柯院长道："密司史，你睡上去吧，这有什么怕羞？我是医生。"

史小姐仿佛逼上梁山，到了这一个地步不由她不答应，也不由她不睡上这张手术床。两个女看护见史小姐靠近来，便把她的身体托了一把，仰天躺在手术床上了。两个女看护把史小姐的旗袍解开，又解开里面的衣服。柯院长拿了一块白玻璃片，一支白铜细杆，用白铜细杆采取史小姐分泌出来的白带液体，刮在玻璃片上，俟到液体干了，再放了显微镜底下检验，这里面究竟有没有淋菌，如果没有，便诊断为无毒，有淋菌便断有毒，并且还可以分其病症重与轻之别，重者淋菌最繁盛，在检验报告单上是划下四个"＋"，三个"＋"，轻者一个"＋"，两个"＋"。

柯院长采取了白带之后，两个女看护便把她的衣裤套上道："完毕了，请你起来吧。"

史小姐没想到这末快，只不过五分钟工夫呢，连忙问如何情形。柯院长手里拿了那个玻璃片在光头里照了又照，一边道："现在还没有知道，待放到显微镜底下检查之后才可以告诉你，请你到二楼会客室坐一歇，我立刻替你检查，再隔半个钟头听取报告。"

隔了好一会，柯院长拿了一张检查报告单，匆匆忙忙赶到二楼会客室，见史小姐正在阅报，便对她招手道："密司史，来来，请到我办公室里来。"

史小姐就跟了柯院长到了他办公室，把门关上，柯院长笑嘻嘻道："密司史，哼，你对我不忠实，刚刚你对我说的话，全是哄骗我的……"

史小姐脸一红笑道："你怎么知道我哄骗你？"

柯院长坐了下来，手上拿了那张填就的报告单，正色道："老实告诉你，密司史，你的白带简直是一种最重的淋症，有四个'+'，白血球内外全是淋菌，红血球内外也全是淋菌，足见淋菌繁盛，子宫里面已成了一个溃烂局面，这一种病，无疑的并不是由身体亏弱而起，你老实告诉我，不用瞒，你一定同有淋症的男子发生了关系。"

史小姐脸红得发了紫，一口否认道："没有，绝对没有。"

"这又何必呢，我是医生，而且经过显微镜下检查，这是铁一般事实，毋庸抵赖，实则实，虚则虚，我决不会冤枉你，到了这一个地步，还说谎，未免太笨拙了。"说着把手里那张报告单交到史小姐手里道："你仔细看看这张单子，一丝一毫不会错误，就是你到上海最大的医院，或到工部局细菌化验所去检查，报告是一样的。"

这时候史小姐才垂了一个头，承认是有这桩事。柯院长道："病情我已经明了，替你治疗就是。"

史小姐道："你们手续如何办法？"

柯院长道："分两种，一种是住院，我们这里有很好的病房，分特等，头等，二等三种，特等每天一百元，头等八十元，二等五十元，医药打针除外。第二种是每天到院里来治疗，那末住院费可省却。要迅速的痊愈，当然是住院治疗。"

史小姐道："住院那倒没有问题，不过我有一桩事请求你，无论如何我的二哥面前，不可以将我的病情告诉他。"

柯院长便拍拍史小姐肩胛笑道："当然，你就是不提这要求，我们也决不会告诉任何人,你放心就是。"

"还有其他医生,女看护,会不会讲出去?"史小姐还是不放心。

"你这个病归我亲自治疗,与其他医生不相干,至于女看护,只需我吩咐她们一声,自然也不会说出去。其实,我们这里妇女住院疗养的,十之六七是暗病,这是一种都会病,上海的妇女来得更加多一些。你以为说出去有关面子,在我们医生眼里平淡无奇,有什么道理……"

史小姐想了想道:"那末我就住头等病房吧,每天花上八十元,十天也不过八百元,一月也不过二千四百元。我问你:像我这毛病几天可以完全断根?你是不是包医的?"

"我们虽然不是包医,但,实际上等于包医一样,因为不完全痊愈,我们照章不放你出院,务必完全断根,经过检验之后,确实淋菌全部肃清了,方始可以出院,我们对每个病家非常的认真,一律负责的。至于你这个病,至少三个星期,慢一些,仔细一些,最好一个月,一个月过得很快的。并且所花几千块钱,也很便宜,对自身的康健上,究竟是解除了一层障碍。淋病在身,一天要换多少次裤子,这是多么痛苦的事……"

史小姐道:"那末在治疗时期里我可以不可以自由行动?"

"绝对自由行动,但,每夜十时以前要回院,还有一点就是不宜行房,尤其禁止与不洁的男子行房。"

"那当然不会的。对于饮食呢?也忌嘴吗?"

柯院长道:"除了刺激性的酸辣,麦酒,其他一律可吃。请你填个名字,住址,今天就替你打针呢。"

这一天起史小姐便住到这家世界疗养院，让柯院长来治疗她这个风流病。史小姐待那两个女看护特别好，买了两只金手表，私下送给她们每人一只。好得史小姐手边有钱，在这种地方花掉一些，真也不放在心上。因此两个女看护，把史小姐马屁拍足，服侍十二分周到。这时候正在炎夏的天气，而史小姐住的这间头等病房，果然不错，仿佛像个贵族公寓一样，可是一到了下午，太阳反映进来，房中非常的热，虽然窗有竹丝帘子，室中还有电扇，但热气依然抵挡不住，史小姐每天到了下午有些登不住了，便约着两个女看护到外面去看电影，上冷气跳舞场，有时便约着她们在院中叉起麻将来，叫名在医院里，无异住在一个旅馆里。大凡生花柳病到这医院里来的，因为并不需要睡倒，如果叫他们静静的在房中一步不要动，事实上也办不到，因此院方对这一批病人，似乎格外放纵，只要付了房钱，医药费，你出去看电影也好，跳舞也好，在院里约了人叉麻将也好，拉胡琴唱戏也好，院方概不与问，何况这一批都是少爷，小姐，大亨，名人，似乎不便加以干涉，否则他们火一冒，换一家医院去了。

这一天下午柯院长到史小姐房间里来，打算告诉她明天早晨第一次撒出来的尿，要去加以检验，房间里却鬼也没有一个，问问两个看护，一个也不看见，当下不做声，到了晚上，史小姐方才打外边回来。柯院长道："你到哪里去的？"

史小姐笑道："你不是说过行动自由的吗？我去坐冷气舞厅了。我恨是恨得来，这里头等房间，每天到了下午热坏人，叫我如何吃得住？"

"好好，明天你就调到特等去好了，费用加得有限。"其实柯院长是一记做生意的噱头，全院的头等病房，要算这一间顶热，他料到史小姐是敲得出钱的人，只要你说热，就替你调到特等里去，房钱每天加得仅有念元，而医药等费用却跟着涨上一倍也不止，这是跟房间走的，譬如住二等，打一针取手续费十元，头等就涨到三十元，特等便增到六十元了，而一样的打针一样的用药，根本没有分别。

史小姐竟然中了柯院长的计划道："本来你们有特等房间，应该早一天替我调换，为什么使我不满意了才这末说，你看我是不是出不起念块钱的人。"

柯院长笑了笑不做声，当下便由看护领了史小姐到三楼特等房间，拣了一间四八号，开进去看看地方比较大一些，有两张床，一张晚上陪的人睡的，木器家具上一律有克罗米的，这是一个特色，窗外一片树荫，又风凉，果然这里很不错。史小姐很高兴道："我早知道有这末一间，一进来就住这一间，我没有问起，你们也不告诉我。"

看护道："这四八号病人昨天才出院，特等房间常常满的。"

柯院长才道："密司史，你明天早晨下床第一次的小便，请你撒到一个玻璃杯子里，要拿去检查，千万别忘记。"

史小姐点了点头道："我的毛病已经好了，这两天干净了。"

"决不是这末简便，淋病是一种很难断根的病，不但验尿验血还要验骨髓，没有淋菌才断为痊愈，否则你到了明年春天依然复发，前功尽弃。"柯院长有意说得严重一些，连验骨髓的话都说了出来，这明明是故甚其词，骗骗人的。

当夜又打了一针，大概本钿只有两三块钱的什么黄色素，但，开在史小姐账上，连手续费在内，至少要八十元，这一个赚头真是热昏得吓坏人。

第二天柯院长把史小姐小便要去检验，这检验费又要开她一百元，总之没有一个地方不要钱，而且至少是六十元。

他们是按照旅馆的办法，每隔一星期结一次账，史小姐住在头等里时候，第一个星期是花了二千六百五十八元七角，可是第二个星期住到特等里来，结下账是五千三百九十四元五角，史小姐接到这张账单，吓得一跳，对女看护道："你们账房先生一定开错了账，为什么要我五千几百块钱，比第一星期涨到一倍以上？"

女看护明知这内中的关系，故意不说穿，只讨好道："开错了账常有，我替你到账房间去查查看。如果错，叫他改正就是。"说着带了账单匆匆下楼而去。

隔了一会看护拿了账单匆匆回了进来，对史小姐道："是的，我已经查过，一眼不错，为什么要这末大的数目，因为你住到特等房间里来，样样都跟着加上一倍了。这是上海各家医院一律的章程。"

史小姐想不到这一只棋子，但，要同医院方面讨价还价是没有的，也就隐忍在肚里，只要毛病能够断根，多花了一些钱倒也不用放在心上。当然没有这许多现钞，便开了一张支票付了下去。

隔了一天柯院长到史小姐房间里来，坐到她床沿上问道："现在情形可觉得好一些？"

"好得多了，我什么日子可以出院呢？这里开销大来兮，再要一个星期一个星期住下去，那末我家里好好搬些钱来用。"史小姐见柯院长虽然是个西洋人，仔细看看，细皮白肉的，一张脸生得很漂亮，于是便对他生了一种爱慕的心理，这一种心理她是想动他念头。平日听说，中国女子同西洋人发生关系的很多很多，别有一种风味，她却一直没有机会同西洋人轧朋友。现在诊病每天同柯院长在一起，彼此非常的融洽，什么话都谈，有时他替史小姐洗涤下部时候，故意的慢吞吞，仔仔细细做，把史小姐洗得很难受，原来他也在用手段来引诱史小姐呢，一半是贪图她人漂亮，一半是贪图她有钱，落在口边头的肉，没有不吃道理。哪里料到史小姐也在暗里转着他的念头，如此一来，龙头当然会同拖车一接就上的。当下柯院长嘻皮笑脸道："家中搬些钱来用，你又不是用不起，真也不必放在心上。我见过不少你们中国女子，都觉得没有什么印象，唯独你密司史，格外可爱。"

这时候女看护不在房间里，柯院长同史小姐得以尽情的畅谈一下，又因为双方都有用意，他们的谈话也就格外来得投机。柯院长当下说了这句："唯独你密司史，格外可爱。"史小姐便接上笑道："你偏欢喜吃我豆腐，你这个西洋人真坏来兮。"

"什么，你骂我坏来兮，我真一点也不坏呢。密司史，我说你可爱，又不是现在说的，当你进院这一天你就留给我一个很好的印象，到现在还没有消灭，我把你留在我的脑子里，要对你说，可是没有机会，我每天都很忙。"柯院长只怕女看护闯进来，看见他们这一副吃豆腐情形，就走过去把房门关了，把门上搭攀搭了。重又回到床前来坐下，便在史小姐胸膛重手重脚煞死捞了一把，掩了嘴吃吃的尽笑。

这一来明明是已经上了钩，史小姐不得不有一些小姐的尊严摆出来，把身体一别，忍不住笑道："你到底要我怎么样呢，动手动脚的，人家肉痒哇？"

柯院长愈加高兴起来，索性一个上半身合扑了过去，低低的笑道："我要求你一桩事，你答应不答应……"

史小姐一点也不拒绝，笑道："说呀，要求我一点什么事，你是堂堂一个院长，有何事情来要求我，说出去也许笑煞人。"

"这倒没有关系，不过你答应不答应，我没有知道，我只怕你不答应……"

"只要我办得到，一定答应。我这次毛病，完全是你替我治疗的，极应该要感谢你，安有托我的事，不替你办到。"史小姐猜十之七八不是好事情，看他这副情形，想来决不会正当。

柯院长嘻皮笑脸道："阿拉同你轧个朋友……"

史小姐说："同我轧个朋友，我自从到你这里来看病，我们就相识了，已经是朋友了，为什么到现在还要我答应你轧个朋友？"

"这里面要有分别的，一边是普通朋友，点点头的朋友，一边是密切朋友，知心朋友，你密司史未始不知道。别这般作难我了，我虽然一个西洋人，但，来到你们中国年久了，有关你们中国风俗详细情形，我都知道，所以你们中国女人同男人搭朋友，无论普通，密切都称为朋友，不过各人肚里明白，不用说在嘴上。"

"你真可说是一个聪明的中国通了。我现在准定答应你，不过给你的夫人知道了，我可负不了这责任。"史小姐道，"中外女人的心理是一样的，你自己考虑考虑吧。"

柯院长不禁肚里一阵欢喜道："密司史你放心，这责任归我来负，就是我女人知道这件事，将来闹得天翻地覆，同你丝毫不相干，我拍胸脯担保就是。"

史小姐明知事已经成功，故意搭一下架子笑道："你现在说得好，拍胸脯担保，将来闹出事来，你又往我身上一推，把我半途一抛，变作我是你一个白相东西一样，这种朋友还是省省，轧下去也是呒趣道的。"

柯院长又是合扑过去一阵抖的说："我决不会如此没有良心，要是中途把你弃掉，你可以寻到我这医院里来，我这人又逃走不了的，我这医院也是少不了我的。轧朋友原是轧个心，只要心心相印，朋友不会坏到什么地步的。"

"蛮对，只要你说这句话。不过你们西洋人往往会发牛脾气的，我听说，全院的人都见你怕，你常常动不动就骂'弹姆弹姆'，一些不留人家面子，将来你也许对我不满意地方，也骂'弹姆弹姆'，老实说：我不肯答应的。我自娘胎出世到现在，没有被人家骂过一句，如果给你骂，老实就不同你客气。"

"就是，就是，你不同我客气好了。"

史小姐想了一想便说："不过我的脾气难服侍，我同你住在一起的话，难免要闹意见，因为牙齿同舌头，尚且咬破出血，一个中国女人同一个西洋男人住在一起，安有不吵闹事体发生，有许多地方你应该要原谅我才好。"

"我无论如何一定能够原谅你。"柯院长要到手史小姐，便一切都依从她。到了后来史小姐忽然捉住他的手问道："我的毛病究竟断根没有？你为什么也不同我说起？如果断根我打算出院了呢。"

柯院长捉住史小姐一只手道："你的淋菌大部分已经肃清，就是出院也没有关系，检验你的小便，其中虽然有少许细粒，这不是淋菌，你要是把这些细粒也肃清的话，那末再住几天好了。"

史小姐道："我要是出院，以后会不会复发？"

"不会复发了,不过你不能同不洁的男子发生关系,那末以后日子长,当然这是防备不过来的,最好事前你要把男子的部分,经过一番检验,那就危险性比较少些……"

史小姐没有待柯院长说完,对了他一个白眼笑道:"狗嘴里落不出象牙,说说又说到歪路上去,我听也不要听。"

柯院长哈哈哈一阵大笑之后,也就回出去了。隔了两天史小姐实在不愿再待在院里,便把账结算了清楚,留下一封给柯院长的感谢信,信里有环龙路的小房子地址,叫他晚上到那边去白相,只须敲门进来,不必顾忌,因为里面除了我同一个娘姨之外,没有第三个人。

这封信的煞末具名,在史小姐上面加了四个字"你的至友"。

果真史小姐离开医院这一天的晚上,柯院长便找到环龙路史小姐的房子里来,一到门口,见大门关上的,一找电铃没有,便"嘭嘭嘭嘭"一阵的敲,史小姐事前并没有吩咐过娘姨,也没有知道柯院长要紧的当夜就赶来,这个娘姨听见敲门得这末的紧,不敢去开,立刻打后门兜到前门去一看,原来是个外国人,她还当做巡捕房里的,赶上去问道:"你找哪一个?"

"请问这里是不是史公馆?"

娘姨一听这外国人会讲中国话,便答道:"姓史的不错,你是不是找史小姐?"

"正是,我有事找她呢。"柯院长笑嘻嘻的非常高兴。

"你跟我来,晚上我们这里大门不开了,一律走后门进出的。"娘姨便领了柯院长打后门到屋里来。

史小姐这时候已经上床睡觉,因为这里要比医院里风凉得多,人也就舒服了起来,所以今夜特别睡得早些。娘姨赶到房间里来把她喊醒了道:"史小姐,史小姐,外面有个外国人看你。"

史小姐心想外国人看我,也许是柯院长,便问道:"人呢?人呢?"

"在下面客堂间里,我请他上来,他说叫我喊你下去。"

"你去领他上楼来,说是我的意思。"

娘姨下楼对柯院长招招手,又指指楼上,柯院长笑道:"是不是你们史小姐叫我上楼?"

娘姨对他笑笑,点了一下头,便打前上了楼梯,柯院长跟在后面上楼,这时候史小姐已经迎了出来,一看不是别人正是柯院长,便赶上一步握住他的手笑道:"真是意想不到,你今夜怎么会来的?请里面坐。"

柯院长笑道:"因为有几句话要问你,所以今夜特为赶来。你……你怎么已经睡了。"

史小姐一边吩咐娘姨送茶授烟,一边招待柯院长坐下,问道:"有什么话,劳你的驾赶来?"

柯院长道:"你为什么今天突然出院,事前一句也不同我提起,是不是你对我们院里有什么不满意地方?我看见你的信,一时想不起你突然离院的理由,同时验得你的小便里还有不少细粒,你不是答应我还要住几天的吗?"

史小姐大笑道:"你是为了这一点小事赶来问我?我并不是不满意你们医院,实在一连住了三个多星期,气闷死了,请你别误会,你一番诚意,叫我感动得很。"

柯院长把房间四边张张望望,一笑道:"密司史,你这里很不错，富丽极了，我仿佛到了另外一个境地，大有不想回去之感，难怪我们医院里你住不惯。"

娘姨端了茶，授了烟，便站在旁边，觉得这个外国人一口中国话讲得很流利，非常的好奇，史小姐便对她挥挥手道："张妈，你出去，出去，把房门带上了。"

娘姨只得回了出去，随手把门带上，于是史小姐便坐到柯院长身边来，偎着他，显出很亲热样子道："你今夜就会来，实在我意料之外的，你说我这房间很好，今夜何不留住我这里呢？"说着便一个头靠到柯院长怀里去，一双手便抱住了他身体，这一副情形，仿佛一条蛇的团团围住了他。

柯院长很温柔的道："密司史，你真的留我今夜睡在这里？那末你自己呢？"

"我把这张大的床让给你，我自己睡在沙发上好了。"

"这如何可以，睡在沙发上太热了。"

"这里非常风凉，到了半夜还要盖被。"史小姐道，"如果你不赞成我睡在沙发上，那末我们两人睡在床上也可以，好得这张床是七尺的，本是只双人床，不要说两个人，就是三个四个也睡得下。"

柯院长道："好，准定我今夜不回去，听你的话。"

"你不回去，你的太太不会说话的吗？"史小姐伸出一只玉臂按在柯院长的肩头上，越发显出放浪的样子来。柯院长无意间看见史小姐臂下一丛腋毛，又浓又黑，便断定她特别的亢进。柯院长把她身体移了一下道："密司史，你坐一坐正，这里有没有电话？"

"什么，你打电话到哪里去？"

"打一个电话告诉我家庭，推托院里有一个疑难病人，需要我亲自开刀,这样我今夜就不用回去了。院里我自有睡的房间,我常常为了病人的关系不得回去。"

"好好,你去打电话吧,电话在茶几上。"

柯院长起身去打电话,史小姐静听着,全是英语,她句句听得明白,料不到他还会欺骗自己的太太,可见西洋人在外面拈花惹草的,同中国人一式一样,门槛没有一个不十精。只见他打罢了电话,走到史小姐身边来摊了摊手笑道:"密司史,我的太太信任我,一个电话打去,便一些没有事。"

史小姐故意作难他笑道:"你有本事每夜睡在我这里,你总不能每夜打电话回去推托病人身上。"

"只要你答应我,每夜陪我,我的办法很多的,我可以推托说是出诊到外埠去,外埠来聘请我去的,一年总有几次,有的单放轮船来迎接,有的长途车子来接,顶远的如天津北平,派了专员购了头等车票来迎接,我出诊一日是两千块钱,我要是每夜到你这地方来,只须说出诊到外码头去了,谁会有人知道,我不但是晚上陪你,连白天也可以尽情陪你。"

史小姐欢喜得说不出话来,把柯院长拦腰抱得紧紧的,说:"准定依你的办法,你哪一天到我这里来,我多也不留你,只留你一个月,一个月满后放你回去,以后你有兴致就来望望我,好哇?"

柯院长听见要留他一个月,这个日子未免太长了,一时踌躇起来道:"这个我……我们再商议吧。"

史小姐立刻接上去说:"我料到你是难以接受的,一个月住在我这里,你真也没有这个胆量,这个……这个我们再商议,这闲话你也别去说了。"说着便打柯院长怀里起身,问道:"你肚里饿不饿?

我这里有来路货奶油饼干,我买了五磅,你尝尝看。"便开出橱门,捧出一个花漆听子来,打开拿出几十片放在玻璃盆子里,端到柯院长面前道:"尝些尝些,我们吃吃饱上床睡了吧。"

柯院长把这一盆子饼干一扫而光,史小姐又端了一杯茶给他,知道他真的饿了,接上又把个饼干听子索性放在他面前,尽他吃个饱。

两人上床时候已经午夜过后,史小姐生平第一次尝到西洋人的风味,觉得没有什么了不得的地方,这一半是心理作用,因为太存下了一个奢望的念头,以为西洋人一定比中国人别致,结果平常得很,大失所望。也不知道他鼓不起兴致呢,还是我没有给他满足,因此推了推笑道:"我看你的身体老长老大的一个,实际上也是个不中用的东西,人家说'绣花枕头一肚的草',拿这句话来譬如你真一些不错……"

"我不懂你这话的意思,请用英语说一遍?"

史小姐便将这句话翻成英语告诉了他,方才知道是指他只有一个外表的卖相,内里全是空心大老官,简直是一包草。柯院长哈哈一阵大笑道:"密司史,你取笑我,不应该,不应该。明天夜里我再来,包使你满足。"

"为什么一定要等到明天呀?是不是你明天夜里吃了什么兴奋的药再来?"

"决不吃药,吃药不是好汉,并且伤身体的。"

史小姐转念一想,不吃药那末一定是局部用药,做医生的人,关于这一方面的药方是很多的。便说:"那你明天一定是用药涂在上面,使性子延长,是不是?"

柯院长笑道："总之借重什么药，什么药，这都是不可靠的，不但伤身体，同时你的身体也要受伤，明天我一样不用。"

"别吹牛了，你们西洋人全是空壳子，卖相好来兮，反不及我们中国男人结实，你要是摆出颜色来，何不今夜就使一点出来看看？"史小姐逼着他再接再厉。

"现在不和你多说，再看明夜颜色，以后日子长。"柯院长说着翻了一个身，打算休息一下，史小姐知道他今夜不会中用了，也就不去为难他，只问道："明夜你还能够到这里来吗？"

"我可以提前赶来，十点钟光景回去。所以用不到请假。"

一夜无话。到了第二天晚上史小姐静候着柯院长光临，她伏在窗口望着下面弄堂，一直望到七点钟真的来了，史小姐招着手道："密司脱柯，走后门，走后门上来。"

柯院长对她扬扬手笑了一笑，表示听见了。史小姐连忙赶到楼梯口迎接，隔了一会皮鞋声音上楼来，史小姐待他走到面前，便握住他的手一起进房，她说："我还当做你今夜不会来哉，你不失信，倒是一个君子。请坐，请坐。"娘姨在房间里收拾，见这个外国人今夜又来，知道同史小姐又有关系的，还是知趣一些好，连忙退了出来，把房门带上。

这时候两人坐到沙发里，史小姐挨着他，一双手便在柯院长几只插袋里乱挖乱摸。

"你……你做什么，做什么？"

"别动，几只插袋都要经过我搜个明白。"史小姐又像认真又像寻开心的，忽然搜出一个小纸包，里面好像有只像痧药瓶的东西，刚正要打开看，柯院长便从她手里抢了去。史小姐当做今夜他预备要吞的药,如何肯罢,当下扑了过去,定要夺它回来,格格笑着说:"你一定不是好路道,你这是什么东西,你不给我看,今夜决不放你过门!"

柯院长把一只有药瓶的手举得高高的,笑道:"慢,你不用夺的,我自会交出来,不过,我要问你:为什么今夜我一到,你就搜查我袋袋?"

"当然我有道理,我自有权利抄你袋袋。"

"昨天来你为何不抄,今天我一到就动手?"

史小姐不好意思把这个搜查的原因说出来,只道:"勿管,勿管,我要抄就抄,不高兴就不抄,这又没有规定,你给我看手里的究竟是什么东西,不给我看就心虚。"

"手里的是药。"

"嘿,我早就料到是药,密司脱柯,你昨夜不是对我说不吞药的么?为什么又要仰仗药的帮助?"

柯院长哈哈大笑,把手里的药交给史小姐道:"你再去看看清楚,究竟是什么药,别神经太过敏。"

史小姐打开纸包一看,瓶上印有英文"胃病"两个字,方才知道是一种吃胃气痛的药,便问道:"你把这药带在身边,是不是也有胃病?"

"一家药房送给我的样品,我预备临床实验之后,替他介绍,同时我自己也试服一两剂。"

"你没有胃病为什么要去服它?"

"当然先自己试服,试服有效验,再给病人服用,那就准确了。有许多新发明的药人身上不能试验的,便先用狗、兔子、鸡等动物来试验。"

史小姐信以为真，把药交还了他。

这一夜他们特别提早上床，因为柯院长十一点钟光景务必回到自己家里去。今夜他们情形，说句粗攀谈，仿佛到私头门里做了一个局，柯院长事前竟然吞服了那胃药。原来胃药瓶里装的就是兴奋剂，它的名字叫"铁质丸"，吞服此丸两颗，半小时之后性子大发，延长有一两小时以上，肚里像火一样烧，口渴，连眼珠都要绯红。柯院长自己发明这样药，从来没有试过，今夜还是第一次。史小姐先上了床，也就趁她不留意时候吞了两颗下肚。

不用说的这一夜是卖力极了，也尽职极了，史小姐感到十二万分的满意，想不到柯院长竟然有这点精力，可见昨夜是没有鼓起兴致，今夜方才摆出颜色来。她拍拍他的背脊赞许道："真的，你今夜果然尽职，我自从轧男朋友到现在，只有遇到你这一个。"

这时候柯院长已经精疲力尽，头脑子里"咚咚"的响，知道仰仗药的效力，身体是受到相当影响的，此刻要紧休息，连话都不愿意讲一句。

史小姐有点奇怪，推了推他道："什么，你已经睡着了？"

"请你静一静，我懒得讲话，我要睡觉。"

史小姐便不去打扰他，拖了一条夹被替他盖了下身，自己也就睡了，快到近十一点钟光景，史小姐又不得不催他动身。

柯院长闭着眼睛含糊道："是是是，我马上起来，马上起来。"

史小姐料知他今夜太辛苦了，便说："你能够不回去吗？不回去就打个电话吧，你现在回去，第一到了外边受了一些寒，对你身体是很不好的，我并不是一定要留你，为你的身体打算。"

"你替我打个电话回去吧。"柯院长仿佛生了一场大病,连讲话都无精神起来,声音低是低得来。

"咦,我是女人声音,你夫人不会起疑的吗?"史小姐打床上坐了起来,开了电灯,看看他究竟是一个什么样子,待开了灯一看,只见他满面大汗,身上也是大汗,心想:这一定是盗汗,虚汗,这一身汗出了,再到外面一吹风,包就送终。她跳了下床,绞了一把热毛巾,替他周身抹了一下。柯院长道:"你……你打电话到医院里,让医院打到我家里,你用英语打过去,说我在朋友家内有点事情,不回来了,旁的不用多说什么。"

史小姐当下便打了一个电话到医院里,一口英语,说得十二分流利,很简括的这几句话说完了立刻挂断。又走到床前轻轻告诉他道:"电话打过哉,你安心睡觉吧。"其实史小姐这句话不说,柯院长也早已疲倦的睡着了。就此一觉睡到天亮,待他下床穿了衣服要紧回去,史小姐正在好梦时候,所以她一点也没有知道。

自从这一天以后,柯院长知道身体敌不过史小姐,便不敢再来尝试。史小姐起初五六天见他不来,心想:他医院里忙,也许没有工夫。到了第一个星期过去,史小姐便一天打了几个电话过去,逼他到环龙路来,柯院长被她缠得头昏脑涨,敷衍着她,依然无效,史小姐用恐吓的话告诉他说:"你不来可以的,你柯尔门院长将来要不要继续在上海立脚,要不要继续在上海吃饭,我姓史的不捣你的蛋,是你养出来的。试试看,看啥人颜色!"

柯院长接了这个电话,心里相当促急,因为做贼心虚,知道有过肉体关系的坏事。史家在上海相当有势力,并且同她二哥是好朋友,这一闹出去,声誉大有关碍。当夜便急急赶到史小姐小房子里来道歉一番，然后说："密司史，实在不瞒你说，我有两点困难，不得不告诉你。第一点我家中女人管束得我很凶，每天傍晚放了车子接我回去，根本就无法外面住夜。第二点我白天打算溜出来，可是医院里病人已经满了，简直一些没有工夫，这几天进来的有六七个病人要我动手术，这是丝毫不可误事的。"

史小姐气愤道："蛮好，你一辈子永远不用再来的，你譬如当我死了。不过你夜里躺在床上思思想想，我姓史的究竟待错你没有，你来了两夜，就中途把我一掼，无情无义到这个地步……"

柯院长说："你不能原谅我，叫我有什么办法？密司史，我现在想出一个法子，就是介绍一个朋友给你，做我的代表，他的名字叫阿根生，也是我们本国人，一口中国话比我说得更流利，包你见了一定满意。"

史小姐火一冒接上道："啥格？这不是笑话，你当我什么人看待？"

柯院长道："你不必光火，也不是当你什么人看待，我介绍这个阿根生先生给你做朋友，老早就有这个意思，他的身体真正结棍，比我好好的结实。你想：我现在如此的忙，分不来身，把你抛在一边，心里也不好交代，他做我的代表，多少不好？"

史小姐心里打算接受这个办法，只是面子上一时不好过去，立刻说是好的，这太不成话了，故意兜上一个圈子道："我不要，我无论如何不要，你密司脱柯目前很忙，将来总不会如此忙的，我这里你只须常常来走动走动。不住夜我也不怪你。你现在介绍这种陌生人给我，你怎会知道我要不要他呢？"

"包你看见一定满意，一定会要他，不信我明天偷个空，约他出来跳茶舞,介绍给你见见,我不同他说穿,你如果不中意,以后不再理他是了。"

史小姐听闲话不错,笑道:"你现在说我看见他是一定会满意,要是他对我不满意呢?事前都不可以说肯定的话,待见了面再说吧。"

当下柯院长还要赶到医院里去,匆匆的来,说了这些话,又匆匆走了。隔了一天柯院长已经约好了阿根生在百乐门茶舞,同时打了电话给史小姐,说双方准定到场。这一天史小姐化妆得异常浓艳,派头一落的,单是手指上那枚四克拉的钻戒,便值三万以上,套在手指上,光芒逼人的,没有一个人不侧目。她身上穿的是雪白一色的乔奇纱旗袍,在鬓边还插一朵海棠花,胸口旗袍里面又戴了一个金片锁,隐隐约约的,更加显出她的华丽贵族来。她对柯院长约定的时间,故意要迟一步到,这是表示她是个千金贵族,好像对这种茶舞会到与不到都不放在心上似的。

史小姐姗姗来迟的到了百乐门,站在舞厅前面阶级上四顾了一下,柯院长同阿根生坐在人丛中的台子边上,他看见了史小姐,连忙站起身,对她举了手招招,史小姐手上一把有毛的大扇子,同一个大皮包挽在手里,对了柯院长一笑,便走了过去,柯院长伸出手来同她握住一阵笑道:"拆烂污,你这个人真拆烂污,我等了你多少时候?"说着又介绍道:"这位就是阿根生先生,这位就是史小姐,你们两位可以做朋友的。"于是阿根生站起也同史小姐握了握手,笑道:"久仰,久仰。"史小姐坐了下来含笑道:"好像我在什么地方同你见过的,非常的面熟呀。"

阿根生道:"我似乎也在什么地方见过你的,想起来了,好像在一个宴会里面。"

柯院长道:"这样说来,我用不到介绍,你们本来相熟的,哈哈哈,好极,好极。"

史小姐装出一副大家闺秀的派头来,说话非常留意,不大多说什么,不时玩着手里的鹅毛扇子,因为舞场里有冷气,不需要扇子。阿根生请史小姐跳舞,史小姐便跟着阿根生下舞池跳了起来。史小姐不开口,阿根生一边舞一边问道:"密司史,你怎么会同柯医生认得的?我同他是十年的朋友了。"

史小姐冷冷的在肩胛上答道。"十年的朋友,那是一定很知己了。"

"是的,他有什么话都对我说,我有什么话也都对他说,我们好像是兄弟一样,不分彼此。所以你有什么话尽管对我说,不必拘束,你当我就当柯医生一样,我待朋友很忠实的。我们朋友日子长了就会知道。"

史小姐边听边想,觉得阿根生这个西洋人倒很有情感,说出的话也宛转动听,但,为了表示自己的地位起见,含糊答道:"是的,你不说我也知道的……"

"密司史,你真是个聪明人。"阿根生说到这里,音乐忽然完了,于是放了手,两人回到座位上来。柯院长乘机对史小姐道:"我少陪了,院里还有重要的病人在等我,对不起得很,你同阿根生先生多白相一歇,他做我的代表。"

史小姐愕然说:"咦,这末急急的就走?"

阿根生连忙站起一把拉了柯院长道:"再坐一歇,再坐一歇,同密司史跳了一支舞才去。"

史小姐笑道:"对啦,你既然来了也应该陪我跳一支舞。"

柯院长一想:也好,还有几句话要同她说。这时候音乐正在起奏,于是笑道:"好好,跳了一支舞再走。"说着便同史小姐到舞池里去了。

他们跳了半个圈子,两人身体便分离了开来,柯院长边跳边笑问道:"怎么样,阿根生给你的印象如何?"

"不错。"史小姐含笑着说。

"真的吗?那末我这个介绍人也有交代了,哈哈。"

"密司脱柯,谢谢你的美意。可是我倒要问你一句,这位阿根生先生吃什么饭的?我还没有问过你。"

"他是吃公事饭的,你别怕,他有自备手枪,随身带着。"

"哎呀,我吓煞哉,你叫他手枪别带在身上吧!"

"这是他的职责,手枪是无论如何不能离开的,将来你同他朋友长久了,胆子自会壮的。"

史小姐道:"表面上看看他的脾气,性情,非常和顺的,当然他的本来面目没有拿出来,我只怕他脾气一发作,便拔出手枪,那我岂不是死路一条?密司脱柯,你既然同他是十年好朋友了,当然会听你的话,能不能请你关照他,以后他到我屋里来,无论白相,住夜,千万千万叫他手枪别带了来?你对他说:这位史小姐胆子非常小,最怕就是这样东西。"

柯院长道:"只要他是下了差,手枪可以不用备在身上,那末他一定可以答应,如果在差上,那就万万办不到,这是他的责任呢。按理他是一日到夜手枪不离身的,无论在差上,在差下都佩在腰带上,可是你放一百念个心,决不会为了发脾气拔枪打人,知法犯法,他要受到严重惩罚的。"

"听你这样说来,他现在身上就有真家伙了?"史小姐一只手拍拍自己胸膛笑道,"哎呀,我怕,吓是吓得来,刚刚我同他跳舞时候,不要手枪忽然走火起来,那叫我吓得魂灵也没有了……"正说到这里音乐完了,两人回到座位上来刚坐下,柯院长心不定的,急忙站起来道:"好好,舞已经跳过,我应该走了,实在我有要紧事情,少陪了,下次我再约你们两位叙叙吧。"说着同史小姐握握手,又同阿根生握握手,道声"再会",便分手了。

史小姐对阿根生道:"说老实话,本来我不认得他,因为最近我有肠胃病请他诊治,才相熟起来,上海外国医生好的不多,柯尔门三个字大家都知道,论临床经验,本领都很不错,我的胃病是他替我治好,这是石骨铁硬的事。可是他平日很忙,我又是个爱好出来白相的人,便常常打电话去邀他陪我白相,起初他很高兴,陪我一两次之后,也许嫌麻烦起来,口头上又不好拒绝我,有一天他便对我说:你欢喜白相,索性我来介绍一个会白相的朋友给你,好不好……"

阿根生没有待史小姐说完,便哈哈笑道:"对对对,柯尔门也是对我这样说,不错的,白相工夫他比我是天差地远了,我算得一天到晚白相,一些事情也没有。可是密司史,你究竟满意我不满意我?最好对我说一句真心话。"

史小姐笑着答说:"我很满意你的,我已经把这话对柯尔门说过,可是你对我的印象呢?也要老实对我说。"

阿根生笑嘻嘻道:"当然很好,你今天给我的印象非常深刻,使我永远不会忘记。我听柯尔门说:史小姐府上很有名望。果然名门闺女,交际场中,我同了你一起来来去去,好像脸上很有光彩。"

"那也未必,你说得太客气了。"

"跳舞,跳舞。"阿根生又要求史小姐伴舞。两人下了舞池,阿根生把她格外搂得紧紧的,史小姐几乎透不过气来,跳了半个圈子,阿根生把半爿面孔去贴住她的颊上,史小姐也就让他去贴住。她想知道阿根生的身上究竟有没有手枪,便故意一只左手搭到他腰间去一摸,果然有一段硬的东西高了出来,心里一吓,立刻把手缩了回来撒娇道:"你为什么要把手枪带到娱乐的场化来,真有些怕人的,不会走火吗?你会不会闯祸?"

阿根生道:"你怎么知道我有手枪?"

"柯尔门告诉我的,我想要求你,譬如我们两人出来白相,最好手枪别带在身上,我见了这东西顶怕,我们根本是个规规矩矩的人,外面无冤无仇,为什么要把它备在身上?"

阿根生急道:"哎呀,密司史,你可知道我是个吃公事饭的人呢,手枪是一天到晚不能离身的,你的胆子为什么这末小,包没有关系,不会闯祸,子弹没有上膛,决不会走火的,你放心好了。"

舞毕,两人回到座位上,阿根生显示威严起见,故意把手枪拔出来给史小姐看道:"你看,你看,这是支马牌手枪,没有子弹,一些不用吓的。"

史小姐连忙一个头回过去不要看,急急摇手说:"我怕,我怕,不要看,你藏了吧。藏了吧。"

"哈哈哈,你这样的怕,好好,我马上藏了就是。"阿根生于是把手枪藏了起来,史小姐方才回过头来说:"我们女人根本没有看见过手枪,哪得有见了勿怕?罢了,罢了,我同你出来白相,真也有些担心担险的……"

阿根生只是哈哈哈笑。后来史小姐便把环龙路的地址,用铅笔写在他的小簿子上,说:"你以后有工夫请到舍间来白相,来之前,最好打个电话给我,有时我回到西摩路老宅里去。这环龙路是我私人租的一个别墅。你打电话来,就知道我在不在家。"

"你不在府上呢?"

"横竖舍下有娘姨,她会告诉你我到什么地方去,她会打电话给我。"

阿根生想了想,便问道:"这个星期六你有工夫没有工夫?"

史小姐道:"有工夫怎么样呢?"

"我想请你到仙乐斯去跳通宵,因为白天我有公事在身,不便时常到舞场里跳舞,星期六晚上我们可以尽情的玩一下,不知密司史赏脸不赏脸?"

史小姐道:"这是什么话来,你阿根生先生如何吩咐,我总归闲话一句,那末星期六晚上九点钟在仙乐斯见面吧。"

"你一定要到,我先到那边等你。"

"星期六就是后天,不会忘记。你如果不放心,到后天傍晚通一个电话给我,比较把稳一些。"史小姐把电话号头抄了一个给他,阿根生也抄了一个给史小姐,各人都放在皮夹子里。又玩了一会,也就茶舞会散场了。阿根生又请史小姐吃了夜饭,才两下分手。

到了星期六晚上,史小姐便接到阿根生的电话,恰恰接在史小姐手里,她对他说:"你先走一步吧,仙乐斯等我。"这一夜史小姐是一身夜礼服,周身黑到底,连那双夏季手套也是黑的,正在跳舞时候忽然看见她二哥的朋友,兴泰钱庄经理宋小江,同宋小江坐在一张桌子的还有一个朋友,也就对了史小姐十二分的注意。这时候史小姐不得不同宋小江打招呼,她站在舞池里对他扬扬手笑道:"咦,宋先生,你也在这里白相。"

宋小江笑道:"史小姐,我看你进来的,你一共两位?"

"是的,你也两位?"

"你跳好了舞,过来我有话问你。"

史小姐点了一下头,同阿根生继续跳舞。阿根生要查问她这两个是什么人,史小姐道:"两个什么人,一个我完全不认得,一个是我哥哥的好朋友,姓宋,兴泰钱庄经理。"

"你同他一定有关系?"

"你这话问得真滑稽,不是同你说过,他是我哥哥老朋友,我们也见过不知多少回数,我屋里他常常来的,你想,大家相熟,不打招呼算什么?"

阿根生道:"我同你跳舞,你却同别个男人打招呼谈话,这是有失礼貌的。"

史小姐当时不做声,心想:外国人自有一种外国猪猡脾气,我又不是你女人,大家出来白相,客客气气的,受你这样的约束,岂有此理?于是便把面孔侧在一边,不愿给他贴住,表示心中不乐意,你太把我估计得低了,用教训的口气,对我说这话,放屁放屁。

待音乐完毕,史小姐没有伴同阿根生回到自己座位上,打横里跑到宋小江台子上去了。把阿根生抛在一边,不去理睬他。宋小江招待她坐下,给她开一瓶可口可乐道:"今夜真巧,史小姐,我来介绍介绍,这位是章先生,章先生是上海闻人之一,家中开下三爿大酱园,资本不下五六千万,你们两位大可以做朋友。"

史小姐笑着起身微微鞠了一躬，便又坐下。

其实宋小江介绍给史小姐认识的这位章先生，家中并没有开下三爿酱园，资本也没有五六千万，都是吹牛的话。章先生单名叫眠，家中财产只不过三四十万，是个法政大学的毕业生，不想做律师，一心一意想弄个法官做做白相，后来当上了一个法院的刑庭推事，总算达到了愿望。但，推事不能够在外面交际，他就含糊着说是开一爿小店，免得招来许多麻烦。

当下章眠道："是的，是的，虽然初次见面，但史小姐的芳名，时常听见人家提起，宋先生也同我说过好几次，想不到居然今夜会在这里相见，真可说三生有幸，哈哈哈。"

史小姐道："章先生，你说话太客气了，我们最好随便一点，大家当自家人看待，我同宋先生是多年相熟的，你可以问问他，便知道，我是个挺直直爽爽的人，不会客气，有许多男人也没有我这样爽气。"

宋小江旁边道："这句话倒是真的，史小姐大有男子汉的作风，可喜的一点就是她不分男女，一视同仁，一些没有女儿作态。"

章眠手一拍道："对对对，我今天一见就知道，大都闻人都是一个派头。今天看见史小姐，更加相信这句话。"

史小姐道："章先生，我们下去跳舞好哇？"

章眠连忙起身道："好好。"于是两人一同下了舞池，伴舞时候史小姐问道："章先生你府上在何处呢？"

章眠在史小姐耳根头反问道："请问史小姐府上何处？"

"我在西摩路。章先生，我想今夜同你跳了这支舞，就回到原位子上去，我约你明夜再到这里跳舞，你在宋先生面前不要提起，你章先生一个人来,我同你两个人。"

章眠一听心花怒放,马上答道:"准定准定奉陪,是不是也在晚上这时候?"

"正是。今夜很对你不起,我因为同了那个西洋人一起来的,不得不过去陪他。"史小姐说着指指阿根生的位子。

章眠跳舞跳到他面前,觉得这阿根生很面熟,似乎在法院里常常看见,不时解了犯人到庭。当下便问史小姐这个西洋人吃什么饭的,史小姐不便把真话告诉章眠,只怕同吃公事饭的人出来白相,并不是有面子的事,便答道:"他是在一家洋行里做的,我同他的朋友很熟,同他本人交情很浅,因为他再三约我出来白相,才陪他到这里来呢。"

章眠一听是在洋行做的,便以为认错了人,也就不去细看。待到这支舞跳完,史小姐在舞池里轻轻笑道:"章先生明夜别忘记呀,你一个人来。"

章眠点了一下头,表示领会了。

史小姐回到阿根生座位上,阿根生气得一句话也不说,面孔板了下来,望到别个地方,不把史小姐放在眼里。

史小姐拍拍他的肩胛笑道:"哈啰,密司脱阿根生……"

"你为什么这末快就回来了,不同他多跳几支舞?"

史小姐冷笑道:"这是我的自由,我要同他跳,就同他跳,你是我朋友,他们也是我的朋友。你没有干涉我的资格。"

"他是你什么朋友?我本要查问你,你说,你说,什么朋友?"

史小姐火一冒道:"什么朋友?朋友的朋友。只不过同他跳一支舞呀,也用不到大惊小怪的。"

阿根生倒触了一鼻子灰,心想这个女人脾气倒坏的,自己错了的事,非但不认错,问问她反而火一冒,开出口来怪里怪气的。又一想同女人在舞场里五筋狠六筋,太难看了,忍之又忍,转为笑容道:"密司史,我不过随口的问问你,毫无成见,你为什么火气这末一冒就冒了起来。哈哈,大出我意料之外。"

史小姐见阿根生笑了,也就跟着笑道:"你当我真的火冒吗?也只不过同你开开玩笑呢。"史小姐这时候完全是敷衍他了,免得破了脸,给他留了一个坏印象回去,想想也犯不着,只要他软了下来,也就算了吧。阿根生于是又同她跳了几支舞,一直玩到下半夜两点多钟,史小姐才有些疲倦起来,打算要回去,阿根生道:"你要回去我喊车子送你回去。"

史小姐点了一下头,阿根生便喊了一辆汽车,付了茶账,两人出得门来,上了汽车。车子经过高高低低的地方,仿佛像个摇篮,史小姐越发觉得疲倦,身体打横里一倒,恰恰跌在阿根生怀里,便睡着了。阿根生双手把她围抱住,趁机轻薄了一阵,史小姐一点也不觉得,一任他去摆布。汽车到了环龙路,车夫问阿根生哪一条弄堂开进去,可是他还不曾到过,急急忙忙摸出小簿子,翻看史小姐写给他的地方,方才知道是花园别墅五号,一面催着史小姐快快醒来。待她张开眼车子已经在五号门前停下,阿根生也不多说什么,扶她下车,史小姐方始知道已经到了。

敲开后门进去,上楼到了房间,阿根生便对娘姨道:"你下去回头车夫,车子不要了。"

史小姐一个惊觉道:"咦,你为什么不坐原车子回去呀?"

阿根生嘻皮塌脸道:"不瞒你说,辰光非常尴尬,回去门敲不开，住旅馆又犯不着，我想这里借住一夜。"

史小姐一个呻吟道："喔……你打算这里借宿一夜，好好，没有关系，那张大床你睡，我睡在沙发上。"说着挥挥手吩咐娘姨送两杯咖啡进来，授两支香烟来。

娘姨端了咖啡送进来，又授了烟，便把房门带上回出去睡觉了。这里阿根生同史小姐两人坐在沙发里吸着烟，喝了咖啡，静默了一会，史小姐道："咦，你为什么不去睡觉？"

"我陪着你，你睡我也睡，好得我不像你那样疲倦，你没有知道呢，在汽车里你睡在我怀里，我把你抱住，一直抱到你们这条弄堂，方才把你喊醒。"阿根生讨好一番。

史小姐笑道："真正抱歉得很，我简直木知木觉了，难为了你，很过意不去，好吧，你上床去睡，我也就睡了。"

隔了一会，史小姐见阿根生不上床，不怀好意似的，心想：不知他今夜打算怎么一个意思，可是口头上又没有对我表示过，只是闷在肚里。西洋人同中国人性格不同，往往直爽得多，譬如：要向一个女人求爱，第一步是拥抱了这个女人狂吻，第二步便双手抱了这个女人安放到床上，就是要实行那件事了，并且电灯不许关，有帐子不许下，有被也不许盖，他简直要你一丝不挂，赤条条。过去那个柯尔门医生就是这个脾气，我就恨他们这个猪猡脾气。史小姐正七思八想时候，阿根生忽然回过身发狂的把史小姐拥抱在怀里，头上，脸上，颈间一处一处一阵乱吻。史小姐没有提防，倒吓一跳，一阵挣扎着道："你阿是发神经病？快放手！"

"密司史我爱你。"

"别热昏，爱我，我们客客气气，谈不到这上面去。"史小姐矜持起来，对了他含笑的瞟了一眼。

阿根生不肯放，仿佛一条蛇，盘住了一只田鸡，说："我真的爱你，我不是同你寻开心，你们中国女人真是好来兮。"

"你别在我面前灌死人迷汤了，中国女人好来兮，嘿嘿。"史小姐不从，吊足胃口，她看他做些什么花样经来。

阿根生煞死不放手，只是道："好来兮，实在好来兮，你们中国女人个个好来兮，叫我今夜如何能够成眠，我的心，我的魂灵，我的……统统都落在你身上了，你究竟爱我不爱我，我今夜同你困觉……"

史小姐一手掩了嘴，哑然失笑道："啥格，你对我如何说？今夜要同我……"

"我不是对你说过？"阿根生又把她吻了一下。

"我没有听见呀，你再说一遍也不妨的。"

阿根生认为重说一遍，终觉有些难以开口，便一张嘴凑到史小姐耳朵根头轻轻像蚊子叫的咕哝了一声。史小姐故意要难他一难，仰起头来眉毛蹙蹙道："请你声音略为提高一些，我没有听见。"

阿根生只得又凑上去用英语咕哝了一声，史小姐一只眼开，一只眼闭的一个头斜过去问道："什么？英语这句话我更加解释不出了，请你再用中国话重讲一遍。"

"困觉，困觉，困觉，难道还不曾听见？"

史小姐指指床道："咦，我本来叫你上床去困觉，你为什么不去？我并没有阻挡你呀。"

"不是的，我要你一起去困觉。"

史小姐方才摇摇头正色道："办不到，办不到，一则我并不是一个妓女，再则我同你朋友日子轧得短，交情浅薄，真也谈不到这两个字上面去。密司脱阿根生，请你原谅我，你现在抱了我一阵狂吻，我已经不追究，就让你揩揩油，吃吃豆腐，无所谓的，若再进一步，你这张笃脸也不好意思开口呀……"

阿根生仿佛当头浇了一桶冷水，气得立刻把手一放，因为放得太快，史小姐没有防备，几乎打沙发上一跤跌到地板上，幸而一手扳住得快，不曾滚倒，因此心里一恨，咬牙切齿道："十三点，真是一个十三点。"下面一句"外国猪猡"却没有出声。

阿根生连忙嘻皮笑脸道："对不起，对不起，对不起。"

史小姐恨煞，也就不去理睬他，管她脱脱衣服一人上床去睡觉了。这是她试试他，看他会不会钉到床上来。

果真阿根生一摇一摆钉了过去坐在床沿上，一手迫在她的脚膀旁边道："密司史，我也上床来好吗？"

史小姐装做不听见，不去理睬他，看他是爬上床来，还是一人睡到沙发里去。岂知一个不理睬他，一个索性不客气的把上装脱了，皮鞋袜子脱了，爬到床上，窸窸窣窣的一人睡到史小姐一横头来，一句话也不说，寂静无声的仿佛偷着睡下去的。这时候史小姐张开眼来一看，立刻把屁股朝了他说："世上少有的厚皮猪猡，我没有答应你，你便自说自话的上了床，这算什么样子呢？"

"我同你还有什么样子不什么样子，赛过自家人了，老实说，你不当我自家人，决也不会半夜领我到你房间里来，这是很明显的……还是不说的好。"阿根生便伸只手轻轻的在史小姐臂膊上抚上抚下，笑道："这只手臂像玉一般的光滑，藕一般的嫩，白是白来，糯是糯，你们中国女人个个好来兮，像你密司史格外好来兮。"这些话可说是外国迷汤,岂知史小姐听了惹气,把他的手一拨道:"别动,已经下半夜哉,天快就亮了,还叽里咕噜的,你不想睡觉,我要睡觉哉。"

"是是是,我不再吵闹,你安心睡觉吧。"阿根生撑起手来一看,只见史小姐裤子带打了一个死结,他伸手过去拉了拉,一些拉不动,倒一时无法下手起来,只得又轻轻拍拍她的屁股道:"请你别弯曲睡吧,还是仰天睡吧。"他以为仰天睡,裤带打结地方可以对了灯光,解起来就方便多了。史小姐知道他的用意,偏偏作难他,不把身体仰天睡,看他如何下手。

史小姐依然管她弯曲着身体,一动不动,阿根生搔头抓耳起来,对了她道:"哈啰,你到底怎么样?你不能够不冷不热的对待我。"

史小姐暗暗好笑,虽然是眼睛闭着,其实哪里睡得着呢。这时候她又张开眼来对阿根生望了一眼,只见他坐在床上出神,忍不住一笑道:"喂,你到底要我怎么呢?尽坐着不想睡觉?"

阿根生听见她开口,连忙一个身体合扑上去,哈哈哈笑道:"我要你这个,要你这个,别再作难我了,你再不答应,我便用强迫手段。"

"强迫手段,我倒要看看你的颜色。"史小姐对了他嘻笑着,又说:"你们西洋人顶不讲道德,要知道我对方情愿不情愿,你一点不问讯,只知道要这个,要这个,我又不是一个妓女,称你心意,随随便便……"

阿根生知道她最怕的是那支手枪,不妨拿手枪来吓她一吓,马上一跳下了床,奔到那挂裤子地方,皮带上拔出那支手枪奔了过来认真的对了她道:"你要看颜色是吗?这就是颜色,你答应不答应？"

史小姐见明知他是恐吓，不会真的开枪的，索性把眼睛闭拢了道："嘿嘿，你越是拿手枪，我越不怕，大不了一死，你开枪，请你马上开枪，不开枪才没有种，我死在你手里，眼睛也闭了，你也休想能够逃走。"

"大不了打死了你抵你一命！为什么要逃走？"

"那末请你手指扳一下吧，我们在阳间不能做夫妻，到阴间去做夫妻，倒也是前世的姻缘。"史小姐嘴上虽然这样说，到底有点胆寒，她实在怕见这支枪，把眼睛始终闭着，真有点嘴硬骨头酥，不要这种西洋人不讲理性的，一个粗心，把手指头一扳，那末性命牺牲得一无价值。正在这时候，阿根生真的把枪机一扳，随即"啪"的一声，史小姐"哇"的一声惨叫，打床上直跳起来，张大了眼睛道："你真的开枪？"

阿根生笑弯了腰，连忙把枪去藏好，奔过来捧了史小姐，一阵拍着她胸口道："别吓，别吓，我是同你开的玩笑，是没有子弹的空枪，因为你逼得我开枪开枪，我无意中真的扳了一下呢。"

史小姐朝自己身上望了望，并没有受伤，便又嘴巴硬了起来道："嘿嘿，我谅你也没有这个胆量。"

两人缠了很久，史小姐还是没有答应他，窗纱上吐出鱼肚白色，史小姐便奔过去推开玻璃窗朝下面弄堂望了望，听见马路上已经有行人声音，这时候正四点半钟，身体也就疲倦得说不出的难过，双脚有些浮着要软下去，便赶紧把窗关好，帘子拉上，回到床上倒下就睡。阿根生起初是在一边不声不响装睡，隔了好一会，见没有动静，便推了推史小姐身体，似乎一些也不觉得，睡得像个死人一样，才知道她是真的睡着了,于是胆子一壮,把史小姐的带子解了开来……待到事情成了骑虎,史小姐醒了,她周身觉得酸楚,没有力气反抗,也就听任他去支配。阿根生很抱歉的道:"对不起,真正对不起,我决不会忘记你,永远不会忘记你。"

"不会忘记我有什么用呢?你是西洋人,我又不能嫁你。"

"只要你愿意,我不是不能娶你呀。"

史小姐道:"你真说得轻飘飘,吃的灯草灰,放的轻巧屁。你是个有妻子的人,难道我来做你一个小?"

"我可以同我女人离婚呀,我们西洋人只要双方意见不合,就可以离婚……"史小姐不待他说完,抢道:"算了,算了,你在外面看中了我,同自己女人离婚,想见你的良心也不会好的,我嫁了你,将来你到外面又看中了一个人,岂不是又要离婚,我真也不会来上你的圈套。"

"我有了你,什么都不想,我再到外面去胡调,是只猪猡。"阿根生居然认真的说着,无非使史小姐相信他。他谈谈讲讲,高兴就动动,不高兴就休息一歇,可是史小姐大为反对道:"死人啦,你到底哪能,下来!下来!"

"我不高兴下来,我要这样。"阿根生对史小姐嘻皮塌脸的,后来她也不光火了,两人索性调起狮子来,调到后来,像死人一般的僵在那里一动都不动了。

幸而这天是星期日,阿根生不办事,一直睡到太阳晒到房间里来方才醒回,史小姐又翻了一个身,再复一觉,阿根生道:"我走哉,今夜我约你在伊文泰白相,九点钟,你准时到。"

其实今夜史小姐已经约了那位新朋友章眠,但,这时候她正在睡梦头里，竟糊里糊涂的答应了阿根生。阿根生听见她答应，高兴不过的走了。

史小姐午饭之后才下得床来，第一就感觉身体腻滋得来，一想，才知道快天亮时候已经被阿根生偷过了。她沐了一个浴，换了一身衣服，今天下午特别的闷热，外边太阳仿佛火山，乐得在屋里休息休息，便横在那张湘妃榻上听听无线电，不觉黄昏也就到了。她心想：章先生这个人啦，虽然仅仅见过他一面，印象却非常的深刻。唉，我这个人有许多地方未免太情感丰富，这是一个缺点，说得明白一些，就是见一个爱一个，同男子的见花爱花见草爱草一个路道。我这个人将来不知如何了局，到底认为哪一个是我的终身伴侣，交结了这许多男朋友，还是不能下一句断语。现在又中意这位章先生，我中意他，倒并不是爱他家中开下三爿大酱园，产业有几千万，我是中意他这一副潇洒的性格，漂亮的脸蛋。只要我中意这个人，一切都肯迁就，我有这个怪脾气，不明白的人说这是下贱，自己降低自己的身价，这就根本不了解男女间真爱，当然不配来对我讲这些话的。

史小姐听听无线电又想想，想想又听听无线电，把一个下午很快的消磨过去了。她吃了夜饭，又休息了一会，今夜约着九点钟同章先生会面的，过早去等他，未免有些不好，如果让他一人尽等，心里也有些不好意思，还是准时到达。一看已经八点钟，连忙净脸化妆，昨夜她是穿的黑礼服，今夜便换了一身妃色的，仿佛一个新娘，艳丽无比。化妆完毕，连忙赴约，一部车子赶到仙乐斯。四边座位里一找，果然章先生已经到了，他打横里窜出来笑着喊道："史小姐，史小姐，我在这里呢。"

史小姐便遥遥对章先生招了一招手，一路笑着兜了过来，章眠待她走到面前，连忙到别个台子上顺手拖了一张椅子来给史小姐坐下，仆欧站在旁边，问她吃什么茶，史小姐轻轻的道："白开水好了。"接上笑盈盈对章眠道："章先生你什么时候到的，让你久等了，很对不起。"

"真可说我前脚你后脚，不满五分钟呢。史小姐，我们出来跳舞有关系没有关系？"章眠今天改穿了白印度绸中装，白皮鞋，金边眼镜，头发梳得异常光亮，而谈吐温雅，咬字伶俐，凡此种种让史小姐见了欢喜。当下史小姐听了他这两句话，便不由自主的与章眠握手，很诚恳的道："没有关系，章先生，我是一个最自由的人，我不受任何人约束，我常常一人出来白相，可是我倒要问你，你同我一起白相，有没有关系？"

章眠哈哈笑道："交际场中，光明磊落的，根本是没有关系。我为什么要问你这句话，因为昨夜见你同一个西洋人一起跳舞白相，我想你们一定有关系的，只怕给他知道，岂不是要给你为难了……"

史小姐没有待他说完，抢着道："勿关，绝对勿关，章先生，你放心，我同这位西洋人只是极普通朋友，客客气气的，丝毫没有关系，就是他来看见，根本不能干涉我的自由。"

"那末我就放心。出来白相最怕闯出祸来，实际我们出来玩玩，当然谈不到旁的枝节。"章眠说着把椅子拖近一些，同史小姐两人贴在一起，似乎骨鲠在喉，不吐不快的道："史小姐，我有句老实话告诉你，昨夜小江兄对你说，我是一个开三爿酱园的小开，家产有五六千万，这全是他的瞎三话四，造的谣言。其实我是法院里一个推事，按理不能出来交际，所以出来交际常常胆小，只怕闯祸，牵涉里面，自找无趣，你才明白了吧，哈哈哈……"这番话起初是同史小姐咬耳朵的说着，待到煞末便一阵大笑。

"喔，难怪哉，原来你倒是一位法官，你想宋小江这个人坏不坏，在我面前说谎话。"史小姐欢喜得又握紧了章眠的手不放，仿佛当他一个至爱的人看待。

章眠笑道："史小姐，这是我告诉他，叫他外面别说我是法官，免找许多麻烦，现在我当你自己人才说老实话，你在别个面前也请你别提起。"

"决不提起，决不提起，你既然同我说明了，晓得哉。章先生我倒要问你，你是刑庭推事，还是民庭推事？"

"我在第三刑庭，每天的案件也不知多多少少，光怪陆离，各式各样的案件都有，在战前要比现在更多，每天至少要审理一两百件。"章眠说到这里站起身来同史小姐跳了一支舞，舞毕又坐下，章眠开了两瓶可口可乐，打袋里摸出一只金烟盒，授了一支烟给史小姐道："请吸烟。"史小姐接了烟，便抢着替他划火柴，章眠偏在一边谦逊着，一定要史小姐先吸而后他才吸。史小姐道："嗳，章先生，你同我还有什么客气，来呀，来呀。"章眠见火柴快要烫了史小姐手指，才连忙凑上来把烟吸了一口道："怎么可以要你替我划火？"说着双方相顾一笑。章眠道："我同你真可说一见如故，昨晚听小江兄谈起你，在交际场中很活跃，相识的人多，倒是一位交际之花，很使我佩服。"

史小姐含情脉脉的，对章眠瞟了一个媚眼，轻轻的道："交际之花，你章先生太奖励我了，我没有资格接受这个衔头，说起来很惭愧哩。如果以后承蒙你章先生看得起我，我们做朋友，不时请到舍间去白相白相,阿好?"

"我一定到府上拜访,下个星期日,我们法院不办公,再行专诚拜望,我一个人来似乎有些不方便,我同小江兄一起来。"

"你一个人来没有关系,我那边只有我同娘姨两个人,准定下个星期日,请到舍间午饭吧,不备小菜,我同你两人小叙叙。饭后一同去看电影,小江兄我看见他就惹气,无论如何你别邀他,你尽管一个人来好了。"

"我知道知道,一定来就是,请问史小姐府上……"章眠没有把这句话讲完,史小姐就打开手皮包,拿出一张白纸道:"请借支自来水笔。"恰恰章眠身上没有带笔,便把仆欧胸口插袋里那支铅笔借了来,写下一个地址交给章眠道:"这上面是我的住址,还有电话号头,下个星期日请一定到,我在舍间候驾。"

章眠接了地址的小纸头,看了看笑道:"巧极了,我也住在环龙路。"说着,也就留下一个地址给史小姐道:"这是我的地址,以后请到舍间去白相。"

两人正讲得亲热不过时候,想不到那个阿根生找到这里来了。阿根生今天早晨约史小姐今夜到伊文泰去跳通宵,史小姐因为在睡梦头里,含糊的答应了他,待到清醒之后早已忘记了这桩事。晚上阿根生换了一身新西装,兴致勃勃的赶到伊文泰,心想史小姐一定在坐等他,待四边一找她却没有到,只得泡了一杯茶坐下尽等,足足等了一个多钟头人还是没有到,心里很诧异,马上一个电话打到史小姐府上,娘姨回答他道:"早已出去了呀。"阿根生问道:"一个人出去的,还是两个人出去的?"娘姨道:"一个人出去的,走出已经有两个多钟头了。"阿根生挂了电话,肚里像火烧的难过,心想史小姐有意失我的约，走出已经有两个多钟头，足见是与别的男朋友在一起。他料到她这时候出去不是同朋友开房间，便是约着跳舞，如果开房间，无法找到她，假使跳舞，今夜就预备跑遍上海的舞场，不把她找到心不死。阿根生当下便发了一个戆性，付了茶账，出了伊文泰，从百乐门找起，大都会，新仙林，丽都等，一家一家找过来，不论大小舞场，他都进去兜一个圈子，结果在仙乐斯找到了史小姐。

阿根生见史小姐与昨夜那个家伙在一起，一股醋劲几乎把他天灵盖也冲破了，当下极力忍耐在肚里，一些不去惊动她，偏偏拣她旁边一只空位子上坐了下去，开了一瓶啤酒，香烟一呼，作壁上观。看她同这个家伙怎么样，偷听他们鬼鬼祟祟的讲些什么话，大约坐了足足有二三十分，只见他们一会跳舞，舞罢又回到座位上来交头接耳的讲不完的讲，似乎一些没有留意阿根生会坐在她旁边的位子上，也不知道是否已经看见了，只当不看见，因此阿根生越想越气，一颗心几乎裂了开来，又加之啤酒下肚，到这时候也实在忍无可忍了，便把台子一拍，用英语大骂山门，把史小姐骂得狗血喷头，又把章眠骂做一个小瘪三，一对狗男女，下作无可再下作了。史小姐与章眠英语很好的，回转头一看是阿根生，这被骂的原来就是他们两个，想想气不过，章眠按捺不住心头之火，立刻也用英语同他对骂。史小姐一看舞场如此情形，不是事，立刻站起来拖了章眠道："章先生，跳舞，跳舞，这种外国猪猡，何必要去理他！"

章眠被史小姐拖到舞池里去跳舞了。阿根生眼睛要爆出火星来了，不顾一切，立刻摸出一支手枪来。史小姐回头一看，大吃一惊，抖着道："枪……枪，他摸出手枪来了！"

章眠连忙把史小姐身体在舞池人丛中一挤道:"你别怕,别怕,我自有办法对付。"说着便拖了史小姐一只手到他腰间拍了拍道:"你知道没有,他有家伙,我何尝没有家伙,嘿嘿。"

史小姐道:"什么,你也带了枪?"

章眠道:"自备手枪,他摸出来吓吓人,我何尝不可摸出来吓吓人?"

"千万不可,千万不可,章先生,你听我的话吧,这样你们两人要闹出事来了,你是一个法官,如何到这舞场里来闯祸?"史小姐心里卜卜的跳,心想:万一闯出祸来,岂不是都为了我一人弄出来的?正在这当口音乐停了,舞池里人也就散了,史小姐知道自己不挺身出来调解这件事,一定要闹成大祸,便慌忙赶到阿根生座位那边,恭恭敬敬的替他倒了一杯酒,双手举起授到他面前笑道:"密司脱阿根生,今夜是我的错,很对你不起,我来倒这杯酒,算是赔个不是,请你把手上家伙藏了吧,这样拔了出来,太难为情了。"

阿根生神气活现道:"那末你为什么看见我坐在旁边,理也不理睬我,只当不看见,你太无情无义,你可知道我为了你找了多少舞场?"

史小姐再三道歉说:"好了,一切都是我不是,请你原谅吧,这舞场里闹出事来,不是有面子的呢,你为什么一点不肯顾怜顾怜我的……你还不把手枪藏了?"

这时候章眠也摸出一支枪来往台子上一放,用英语道:"你有枪,难道我没有枪,这有什么稀奇,你敢开吗?你敢在这大庭广众之间对了我开吗?嘿嘿,谅你也不敢,你只能吓吓女人。"

史小姐连忙回过身来叫章眠别做声,当真闹出事来,你的地位

225

上大有关系的，况且这又是很无谓的事情。史小姐劝了这番话，章眠便把台子上手枪藏到插袋里去了，于是史小姐又回过身来劝阿根生也把手枪藏了，有话好讲。

当时阿根生虽然把枪藏了，但心里实在气闷不过，越想越恨，责问她道："今天早晨你亲口答应我今夜到伊文泰去的，为何失约不去？你是不是又看中了他，忘记了我？你不答应我去，我决不怪你，既然答应而又失约，你还不是明明拆我烂污，未免欺人太甚！"说一句咬一咬牙齿，幸而他的声音不高，舞场里客人都不大注意，史小姐当时不同他分辩什么，只说："你说的话，我句句承认，是我不对，好了吧，还有什么话说？"

史小姐不愿在这里再白相下去，便凑到章眠耳朵根头说："我先走一步，在门口等你，你马上出来。"章眠道："我的汽车在门口场上，一八九七二号，你坐到车子里等我就是。"

阿根生见史小姐走了，招呼不打一个，以为她到厕所里去，一歇就要回来。他还以为史小姐会走到他台子边来同他跳一支舞，这样胸中一口气也就消了。哪里知道史小姐走了片刻，章眠把账一付也溜走了，阿根生方才知道他们是约着分两起脱身的，心中又是一恨，马上也把账一付，追了出来，在大门口外东一张西一张，却一点踪迹也看不见。

当夜章眠的汽车把史小姐送到府上的弄堂口，史小姐下了车笑道："章先生，今夜辰光实在很早，何不到舍间白相一歇？"

"准定明天来拜访，好得我到府上不远。"

"不，我一定要你今夜到舍间去坐一歇，你来了一次明天不是也认得了？"

章眠轻轻问道:"晚上恐怕不方便吧,府上还有什么人?"

"有什么人呀,只有一个娘姨。"史小姐又对他做了一个媚眼,章眠觉得史小姐这个人很神秘,也就下车跟着她走了进去。

史小姐把章眠带到楼上房间里,招待他坐下,满面春风的对了他笑道:"密司脱章,我们只是初交,有的地方你还没有摸到我的脾气,其实我挺是个爱结交朋友的人,因为我没有丈夫,根本我也不想嫁丈夫,我认为有的朋友,反比夫妻来得恩爱,来得情投意合,密司脱章,你以为我的话阿对?"说完又对章眠蜜蜜一笑。

章眠跟上哈哈笑道:"对对,史小姐,你真是个思想非常透彻的人,很使我佩服。"

"使你佩服,那也未必吧,你别当面取笑我了。"史小姐又问章眠喝咖啡还是清茶,章眠答道随便随便,她便吩咐娘姨煮一壶咖啡,再把那听奶油饼干装一盆子出来,说着便要紧换去身上的衣服,站在屏风后面一阵脱,只脱剩身上一件汗马甲,下身一条短裤,外面也不加一件衣服,就走了出来,一些也不顾忌。章眠见她这副妖腔,更认为是个神秘的女人,又不好意思对了她身上尽望,只当没有看见似的,东张张,西望望,问道:"史小姐,你这里布置得很不错,精致极了!一个人到了这里便不想回去……"

史小姐把风扇开了道:"咦,密司脱章,天这末热,你为什么不把长衫宽宽?我当你自家人看待,一些也不顾忌呢。"说着便走过来替章眠解纽扣,章眠哪里肯要他解,便自己解解开把长衫宽了。

史小姐含笑道:"你说这里布置得好,一个人到了这里便不想回去了,那末你今夜就住在这里,不要回去了吧,可以不可以?"

"这怎么可以,史小姐,你别同我开玩笑了。"

227

"谁同你开玩笑,你以为我说句话当做同你开玩笑?这你真还没有摸到我的脾气。你可知道这幢房子是我的什么地方?这里是我私人的别墅哩,除了一个娘姨之外没有第三个人,你到这里来不要说住一夜,就是住十夜二十夜,只要你高兴,只要你肯,我决不会拒绝你的,你可懂我意思……"史小姐说一句,笑一笑,坐在章眠对面一张藤靠椅上,两条大腿像个"八"字的分了开来,章眠心里便一跳,认为如此女人,如此浪态对一个初交的男朋友,未免过了分。老实说,年青小伙子一定被她诱惑得神魂颠倒。我是一个推事,应该摆点理智出来,不如趁这时候告辞了吧。当下心不定的站了起来道:"我要走了走了……"一边匆匆忙忙穿长衫。

史小姐见章眠要走,急忙站起身一把拉了他道:"什么,坐也没有坐定,急急要走?"

"不是,不是,因为夜深了,我明天还有公事哩。"

史小姐便伸手到他肩胛上拍了拍笑道:"你不是说到了这里便不想回去吗?"

"是的,这是我一种感想,因为你这里布置得实在可爱,太使人留恋了,当然这是你史小姐的府上,我如何可以来了不想回去?"说着便扬了扬手道:"好好,准定明天再见。"拉起脚就走。

史小姐哪里肯放他回去,就是今夜他非要回去不可的话,这里也得玩到下半夜才放他走。章眠对她扬扬手,她只装做没有看见,不去理睬他,管她往藤靠椅上一靠,表示灰心样子。其实史小姐早防备他来了坐不上一会儿就要走的,已把房门上了锁,内外交通断绝,所以他要走,并不去挽留,随他走吧,只要他走得出。在史小姐脑筋中以为看中的许许多多男子,只要存心把他吊上手的,从来没有过一次失败，次次成功。章眠虽然是个法官，他只能到了法院才神气活现板起铁面无私的脸蛋，审理案件，老实说到了我这里，就不怕他不对我屈服了。凭我史小姐经验，始终相信男子十个有十一个是贪色的，章眠当然不能跳出这个圈子，就是我把他迷死，也是轻而易举的事，不过这有伤道德的事，我史小姐决不干。

章眠当时有点奇怪，见史小姐不但不起身相送，好像冷冰冰的，便走了两步重又回过身来哈哈笑道："史小姐，你不要不高兴，我明天再来白相好了，我们居在同一条马路上，近在咫尺之间，最便利没有，随时可以来望你……"

史小姐眉头蹙紧了，对他挥挥手道："够了，够了，你回去，回去，我决不留你，明天来不来随你便吧。"章眠把房门一阵拉，一阵推，死也开不开，史小姐觉得好笑，阴刁的说："章先生，阿是房门开不出去？是的，这扇门常常这样，锁坏了的关系，你别心急，慢慢的开吧。"

章眠信以为真，满头大汗的，重又"哭洛哭洛"拉了推，推了又拉，还是开不出，"哇啦啦啦"大喊娘姨，叫她打外面开进来。

史小姐这时候笑得双手捧了肚皮，章眠回转身看见她这副样子，方才明白房门是她故意锁上的，便奔了回来对她苦笑道："你何必，何必这样作难我，史小姐，这房门还不是你故意预先锁上的，我不知你究竟对我是一种什么意思，可以不可以明白的告诉我？"

史小姐只是一味的笑着道："叫我明白告诉你什么呢？"

"那末为何把我关在房间里，这情形是很不好的，万一流言出去，我同你的地位都有影响，你完全同我开玩笑。"章眠心里有些焦急，因为辰光越弄越晏，如此缠下去岂不要缠到大天亮。他简直有点不高兴起来。

史小姐忍住笑道:"谁同你开玩笑,你要走尽管请便,我决不挽留你。你说:万一流言出去,我同你的地位都有影响。我想:除非你是个大法官,有点不可侵犯,名誉推班勿起,在我这一方面想想,也没有什么关系……"

章眠愁急道:"史小姐,你简直一切都不顾了,叫我到你这里来玩玩,便这副手段对付我,半夜把我软禁你房间里,你妨碍我的行动自由,依法律上是有罪的。"

"我不管,有罪也好,无罪也好。"

"你简直对我胡闹呀。"

"我不承认胡闹,我……我只知道是……"史小姐说着打藤椅上跳起来扑到章眠身上,咬耳朵道:"我……我只知道是爱你。"她把他长衫重又脱了下来,挂在壁上,拖了章眠一只手让他坐到藤椅上,又拖了一张藤椅同章眠贴在一起,这一举一动很纯熟的,仿佛在那里演文明戏。章眠被她缠得昏头七冲起来,心里一想:好好,听她摆布,看她还有什么下文做出来。这时候史小姐又把小茶几端了过来,把咖啡,方糖,香烟,烟缸都一一搬到上面,然后坐下授了一支烟给章眠,又替他划上火柴,才正色道:"密司脱章,规规矩矩,决不是同你开玩笑,我问你,你对我究竟有没有意思?"

章眠道:"我根本莫明其妙你的用意呀,哈哈,不妨请你先说一说。"

"阿是你还不懂我的意思?我已经明显的告诉了你,我愿意同你同居,愿意同你结一个最密切的朋友……"史小姐还没有说完,章眠抢着道:"我想……我想这件事情过一天再谈吧。史小姐,你要明白，我不是不爱你，你既然这样一往情深的待我，究竟人非草木，孰能无情，不过我是一个法官，有许多地方不得不三思而行，这一点请你要原谅我的。"

史小姐侧转了面孔，逼视着章眠的脸笑道："那末你对我是有意思的？"

"你对我有意了，如果我无意对你，如何对得你起？"章眠趁此机会也说两句俏皮话。史小姐欢喜得说不出话来，隔了一会道："我在你面前不说一句谎话，男朋友也见得多了，从来没有见过像你这样的人。假使我对你这一番诚意，你不接受，我一定会走到自杀一条路上去，我的脾气就是这样的刚烈，说到就做到。"

章眠道："不过我有妻子，你知道吗？"

"知道，我决不妨碍你的家庭幸福。"

"我以为彼此做一个朋友无所谓，晚上住在这里，事实上就恐怕办不到，关于这一点我们以后再从长讨论吧，我想不是绝对没有办法。"章眠说到这里，看了看手表，已经快两点，连忙起身道："我无论如何要走，一切事情明天再谈，原则上我答应你就是。"

史小姐也就不强留他，把长衫替他穿上，笑道："明天你什么时候来？你来吃晚饭好不好？"

当时章眠穿了长衫，含糊的点点头道："是是是。"史小姐便跟在后面陪送他下楼，送出弄堂说："章先生，你不要说是是是，明天吃夜饭我等你的，亲自做几样小菜请你，听见没有？"

章眠上了车子只是含笑的又对史小姐点点头，不说什么，车子开走了。

第二天一清早史小姐便告诉张妈今天有客人来吃夜饭，只有两个人吃,菜不必多,要做得精致可口。张妈是大公馆中厨师出身,做几样小菜,崭得呒啥话头,就是平日史小姐吃的家常饭菜,也做得很不错,花样经多,天天翻花色。史小姐今夜为什么要在自己家里请客,有两层原因:一则因为天热,馆子上的东西,往往不卫生;二则在自己家里更加显出亲热来,说是我亲自为你做的小菜,请你尝尝,这表示我已经当你自家人看待了,一丝也不当做你是客人。

张妈考虑了一会,想出七个小菜来,说:"史小姐,你所请的连你一起只有两个人,顶尴尬,要是三个四个客人,也只要做这几个菜够了。现在我替你想出七个菜,认为不好再调,一个蛋白炒虾仁,一个明虾片,一个炒樱桃——就是田鸡腿,一个肉嵌田螺,一个青鱼拨水,一个虾仁芙蓉蛋,一个清炖鲫鱼,除了这七样之外再配一个汤。"

史小姐道:"肉嵌田螺,我主张调一样。"

"那末就调青辣椒炒鸡丁。"

"调得好极了,不过还要买一只鸡,当然一味辣椒鸡丁,一只全鸡是用不完的。你再想想,余下来的鸡做些什么?"

张妈道:"你们喝酒不喝酒的?"

"怎么不喝酒呀!"

"那末再配四个冷盆,余下的鸡,做一盆冻鸡,索性这只鸡买得大一些,冻鸡之外,再切一盆白斩鸡,只须再配两个冷盆,一个乳腐卤炝虾,一个……一个鳝丝。"

史小姐认为这几个小菜都还不错,可惜还少一道点心,便道:"你再想一道点心来,宜乎甜的。"

"就用奶油布丁好了。"

"奶油布丁太平常了,你再想想看,别的还有什么?"

"别的名目不过八宝饭,水晶包子,莲子羹,地栗糕,山楂糕,冰冻圣代等,甜的吃来吃去这几样呢。"

史小姐道:"准定用冰冻圣代吧,恐怕来不及,你赶快去买办吧。"说着便点了三百块钞票交给张妈。

待到张妈从小菜场回来,菜的材料全部配齐,独缺一道明虾,因为今天明虾不甚新鲜。她把买来的各样小菜放在下面天井里,叫史小姐下去一一过目,是不是新鲜的,史小姐赶下楼,一一看过明白,赞美道:"不错,崭极了,真可说没有一样不是新鲜的。"

张妈道:"你看我这炒虾仁的清水虾,只只鲜龙活跳,我把它拣出一盆做炝虾,用清水养起来,临时吃再装盆子。还有今天明虾不好,我换了一道圆菜,用冰糖清炖。"接着从小蒲包里拖出一只甲鱼来给史小姐看道:"一共一斤五两,你看下面肚皮雪白,一点没有红斑,这就是真崭内河清水货,不是长江货。"又把正在缸里呼吸的青鱼打水里拎了起来,说:"这条青鱼两斤十两……"

史小姐道:"只一道拨水,一条青鱼太多了。"

张妈道:"所以今天鲥鱼不买了,这条青鱼取下拨水,还有中间腰段炒鱼片,还有多下做一盆五香熏鱼,冷盆里面,鳝丝可省掉,这乐得省就省了吧。"

史小姐手一拍欢喜道:"蛮对,蛮对。应该挖打当然挖打一下啰,足见买小菜时候肚里早就计划好了,我直头佩服你。"

张妈笑道:"这有什么稀奇,吃啥格饭拿啥格枪,从前我在盛公馆做厨师时候,算得三日一小宴,五日一大宴,都是我一人支配,不过手下娘姨有十多个,现在我已经退步了。"张妈又匆匆忙忙要紧走后门出去，说："还缺少几样东西，我到隔壁去借一借。"

史小姐说："这一样一样做下来，夜饭来得及吗？"

张妈在后门口对她扬了扬手道："来得及，来得及，不用放在心上，包你夜饭舒舒齐齐。"便到隔壁去了。

到了午饭时候，接着章眠自法院里打来一个电话说是夜饭不来吃了，恐怕你等着，预先打个电话过来。史小姐一时火冒三丈高，握了一个话筒，恶狠狠道："办不到，你今夜不来，一生一世永远不要见我的面，你譬如没有我这个人，你只当我死了！"

章眠在电话里哈哈哈笑道："史小姐，史小姐，你别一味火冒，何必说这气话，难道我们吃饭的机会还没有吗？实在我今夜有特别应酬，不得不去。"

史小姐道："嘿，你用不到说谎，你不是对我说过，你们做法官的人，一向不出来应酬的吗？为什么又应酬人家，可见你说话前后矛盾。"

"并不是应酬，我实在说错，今夜有特别要紧事情……"

史小姐认为章眠毫无诚意，闲话反反复复，气愤之下立刻把电话一挂，给他一个难堪，她便倒在藤椅上出神，看他会不会再有电话打来。

这时候电话铃又响了，她料知是章眠打来的，故意挨他一歇再接，只听得"丁零，丁零"铃声，响了有一分多钟，史小姐有些过意不去，才接下听筒恶狠狠问道："啥人？啥人？"

这电话果然是章眠打来的，他开头第一句哈哈笑道："何必，何必，史小姐你用不到这副样子对我，要我来只须好好的说，你如此火一冒，太使人家难堪了。"

"我是天生这脾气,今生改不来了。你自己问问自己,昨夜送你上车还对你说明夜来吃夜饭,我亲自做几样小菜,为之不当你客人,在自己家里便饭,你想:我一早上小菜场买小菜,忙到现在,一歇不曾停过,你会打这个电话给我,说是不来了,叫我火冒不要火冒?"

"是是是,我一定到,一定到。"

"随你的便,有良心就来,没有良心就歇。"史小姐始终没有好话,实在她气得手脚都发抖了。

章眠于是又一阵赔笑着说了几句好话,把电话挂断了。史小姐方才把胸膛一口气平了过来,到了傍晚,她伏到楼窗口朝下面弄堂观望,章先生这时候会不会来,望望又望望,一直到了快上灯,还没有望到。这时候张妈上楼来问道:"客人还没有来吗?菜是早已舒齐了。"

史小姐道:"他已经打过电话来,说是还有一些些公事,干了马上就来。我想做一个法官,地位固然有了,但也很苦恼的,这样案子那样案子,都要一一亲自审判,判决得不当,就有冤狱……"正说着,楼梯上一阵皮鞋声,张妈赶出去一看,果然章先生来了,史小姐连忙出去迎接,笑着嚷道:"密司脱章,我料到你这时候要来了呀,果然说起曹操,曹操就到。"章眠道:"我本来老早要来,因为蒋庭长有事同我接洽,所以弄到现在才来,他也留我吃饭呢,我说今天舍下有亲戚来,不得不回去,其实我溜到这里来了,哈哈哈……"一边说一边把长衫宽下,史小姐抢着替他壁上一挂,过来道:"我伏在窗口上横张你竖张你,足足有两个钟头。"

"对不起,实在对不起。"

这时候史小姐完全把中午时候打电话的事，忘记得精光，她一边忙于招待，一边忽然想起章眠的汽车夫，说："章，你的车夫，要不要喊他进来，到厨房里吃了夜饭？"

章眠道："不用了，我知道这顿夜饭吃下来一定很晏，所以打发他把车子开回去了。我问你，今夜还有什么别的客人？"

史小姐对他做了一个媚眼道："只约你一人便饭，真是骗骗你来，一点小菜也没有呢。"她又忙着为他开了一只西瓜，分了半只，一个调羹插在瓜瓤上，送到章眠面前小茶几上道："这担瓜今天买的，你尝尝看，甜哇？不甜再开一只。"

章眠也就不客气，用调羹盛了一块瓜，尝了一口道："还不错，很甜很甜。"

"甜，你也少尝一两口吧，马上就吃夜饭了。"史小姐又忙着布置杯筷，又亲自下楼去端冷盆，开酒瓶，忙得一歇也不曾停过，章眠在旁边笑道："史小姐，你今天太忙了，使我真过意不去，你这样客气，下次反而不敢来了。"

史小姐嘴一撇问道："我客气什么？要是我当你客人看待的话，至少要请你到红棉酒家来吃原桌头酒席了，也不会在屋里做几样粗小菜，土头土脑的待你。我见人家同我客气，挺烦挺烦。"说着已经替他斟上一杯酒，对他招了招手道："那末请坐吧。"

章眠抹了抹手坐到桌边，看着酒头一摇说："无论如何不来事，这一瓶酒，叫我今夜醉倒不能回去，不大好看相了。"

史小姐笑道："你喝一杯，我也奉陪你一杯，醉倒不能回去就睡在这里好了，我这里又不是没有铺场，你不愿意和我同一个房间，三楼还有客房间。"

这时候张妈便端上来一盆炒虾仁，在虾仁中间杂有一粒一粒翠绿的寒豆，寒豆之外还有一粒一粒绯绯红的辣茄丁，使这盆虾仁，白是白，绿是绿，红是红，不讲是吃了，就是看看这颜色也足以悦目。不但是这样，在盆子老阔的边缘，一圈上兜转来还铺有景致，那是用红山芋，地栗，青梅，莱菔等做出来的一朵朵梅花形，把这盆虾仁烘托得更加珍贵起来。章眠心里一阵诧异，这明明是馆子上喊来的小菜，为什么说是自己做的？便问道："这小菜哪一家馆子上喊来的？"

史小姐笑道："告诉你自己家里做的，你不信到楼下厨房间去看看，你还没有知道我们张妈，做几个小菜是拿手戏哩，并不逊色馆子上的大司务，她本来是盛家做厨师的。"

史小姐把那盆炝虾上面掩着的盆子揭了开来，只见炝虾只只弓起背脊，打盆子里跳跃起来。史小姐忙道："章先生，吃呀，吃呀，只只鲜龙活跳的。"其中有几只竟然跳到台面上来，章眠连忙浇了一些酒到炝虾盆子里使它们统统醉倒，边吃边说："像这样活跳的炝虾，以前在杭州西湖边头吃过不少，到了上海后是第一次吃到。实在佩服你们的张妈，没有闲话，没有闲话。"

史小姐拣了几只挺大的炝虾，滚了乳腐卤，夹到章眠碟子里道："那末你就多吃几只吧。听说炝虾这东西多吃补精力的，有这句话吗？有奶的女人多吃，奶水更加足些，这是事实。"

章眠呷了一口酒，点了一下头道："对对，我也听过这句话，到底补不补不得而知。"他一只一只吃着，一只活跳老大的虾到了他嘴里，立刻吐出一张虾壳来。

史小姐举起一个调羹点点炒虾仁道："趁热趁热，冷了没有吃头了。"于是两人不一会工夫,把这盆炒虾仁吃得盆底朝了天。张妈又把鱼片端上来了,这盆鱼片做得也很别致,外面涂有一层蛋白,蛋白又与蟹粉拌糊,所以看不出这是盆鱼片,又像是蟹粉,又像是一盆点心。章眠仔细看了一会,莫明其妙,问道:"这盆是什么名目,我真变了一个洋盘了。"

史小姐笑道:"你别问,只须吃,吃了自会知道。"说着举起筷子夹了一块放到章眠的碟子里。

"我自己来,自己来,你不用同我客气。"章眠尝了滋味,方知是鱼片,不觉手在桌上一拍惊异道:"好极了,好极了,上个星期舍下请亲眷,从红棉喊来一桌菜,那是四百块头的,其中也有一盆鱼片,无论滋味、颜色、卖相,同这盆鱼片不能比。"又吃了几块道:"隔几天,舍下要宴至亲好友,可否你们张妈借来一用?"

"要借用张妈,你章先生开口,我自会关照她,不过你也未免过奖了她,红棉到底是有名的馆子,并且派头不同,那是广东派,我们是苏派。"正说着张妈又把鸡丁端了上来,章眠趁机赞美张妈道:"嗳,张妈,你的小菜做得太好了,真可说生平第一次尝过,决不瞎说,我在史小姐面前连连说你的好话。"

张妈咧开嘴笑道:"少爷,够了,够了,你别取笑我吧,如果小菜做得不好,请你包涵包涵呀。"

"哪里的话,要是我瞎说,你可以问史小姐。"

"张妈,你下去带些醋上来。"史小姐又笑着说:"章先生,你爱吃醋吗?"

"不,除非你史小姐才爱吃醋!哈哈哈……"

"我挺是个胸襟豁达的人,不知吃醋是什么一回事,我希望章先生以后对我也别吃醋,我们朋友做得不要太热烈,太热烈了往往断得快,淡淡的方能持久,以后你公余之暇,或者例假日子,不妨到我这里来走走玩玩,当我一个亲阿妹一样看待,我也当你一个亲阿哥一样看待,交友总要恒久,总要双方待以真情真义,方有意思。"史小姐说到这里,对章眠望了一眼笑道:"可是我有这一个心意,不知你肚皮里怎么样呢?"

"这几句话,句句说到我心里,赞成极了!"章眠拍拍手大笑,高兴得溢于言表,连上又干了一杯酒。

史小姐拼命劝酒,一杯连一杯的,预备把章眠灌醉,今夜不放他回去。章眠见史小姐如此真心真意待他,也就不好意思拒绝,所以对她劝酒,实在不能再喝了,还是勉强应酬他,斟酒一杯,只得又喝上一口,到了后来,神志已经模模糊糊,讲话也有点大舌头,面孔红得像个关老爷,于是才指指点点自己的头,对史小姐道:"嗳,醉了,醉了,我的头脑子昏咚咚,像个椰头敲着,无论如何不能再喝一滴酒了。"

史小姐看他模样,的确有八九分醉意,笑道:"章先生,你是真的醉了,我就不劝你喝哉,不过这一瓶酒,两个人喝,还不曾把它喝完,我们的酒量都很平常呀。"

"不,我……我本来不……不大喝酒的,今夜真叫你的天大面……面子,喝了这好几杯,史小姐,我不能再吃饭,小菜太丰美了,肚皮吃饱了。"章眠大了一个舌头含糊的说来,身体便朝后一靠,那张靠背椅子,几乎连人带酒翻倒。史小姐知道他醉得很厉害呢,不要跌一跤闯个祸,马上扶他到沙发上躺下,说:"章先生,你别多动,静静躺一歇吧,我弄一杯冰冻瓜露给你醒酒。"

章眠躺下，闭上眼睛，略为点了一点头。史小姐便急急忙忙从冰箱里搬出半个西瓜，弄了一玻璃杯瓜露，蹲在沙发前，一调羹一调羹盛到他嘴里道："章先生，你朝下咽吧，这是瓜露。"章眠一口一口咽着，一杯咽完了，她弄第二杯，又照样一调羹一调羹盛到他嘴里。章眠虽然醉了，房子像天翻地覆，但，心里很清楚，知道史小姐蹲在面前给他喂瓜露，很感激，只是讲不出话来。不知如何他翻了一个身，便觉得吃下去的东西要朝外冒了。史小姐连忙拖一只痰盂放到沙发前道："章先生，你要吐就吐吧，吐了就胸口舒齐得多了。"

　　章眠打了一个恶心，欲吐又吐不出，酒醉的人的确很难过，他张开眼来问道："史小姐，现在几点钟了？嗳，为什么你的房子兜圈子呀？"

　　史小姐知道他的酒还没有醒，看了看手表，这时候已经十二点半，却瞒住他道："很早很早，只不过十点钟，章先生，你醉得这个样子，叫我如何放心你回去，何不就这里住一夜呢，我陪你到天亮。"

　　章眠醉到这般地步，心里始终很清楚，只是身不由主，要想起身，却是不能爬起，听见史小姐说很早很早，只不过十点钟，心里好像宽了一些，含糊道："史小姐，今夜我……我真太放肆了，真正对……对你不起，叨扰到你这般地步！"

　　史小姐见他不像呕吐样子，心里宽了一些，说："章先生，你安静的睡一歇吧，我买一包仁丹给你吞了要不要？"

　　章眠点了点头，史小姐连忙吩咐张妈道："你到弄堂口那爿烟纸店看看打烊没有，赶快去买一包仁丹，章先生要吞仁丹，假使已经打烊，小窗洞里敲得开的，天热，他们一定不曾睡呢。"张妈便把收拾碗筷的工作放下了，赶出去买仁丹，不一会工夫，果然把仁丹买来，史小姐倒了些在自己手掌中，一手拿了一杯温开水，让章眠吞服了，说："瓜露也吃过，仁丹也吞过，都是醒酒的，你一会儿就舒服了。早知道你的酒量很平常，我决不会劝你喝这些酒。"

史小姐见章眠睡着了，也就不去惊动他，拿条绝薄的毯子盖在他身上，让他安逸的困一歇。这时候窗是洞开着，晚风习习，房中非常凉爽，一些也不像是大暑天。这时候张妈上楼来，她没有知道客人睡着，走路似乎重些，史小姐急忙对她摇摇手道："轻些，轻些。走路像敲铜鼓。"

张妈立刻一步一步轻轻的走进来，低低问道："还有什么事吗？没有事我把后门闩了，睡觉去哉。"

史小姐点了一下头道："好，今天你忙了一天也很辛苦，快去睡吧。"张妈回了出去，随手把房门带上了。这时候房间里寂静无声，史小姐坐在章眠跟前，香烟一支接一支的尽管吸着，她简直毫无办法对章眠如何措手，心想：人是已经给我弄到这里来了，现在明明躺在我身边，今夜当然是不会放他回去，只是他醉到这般地步，神志模糊，一点用场也不能派，无异于废人，早知道这样，当初把他灌醉，实在是弄巧成拙。她想到这里轻轻拍拍章眠肩胛低声唤道："章，章先生，要不要扶你到床上去睡，这沙发上不舒服的……"可是章眠正睡得浓，喊不醒他，史小姐想：这样睡到天亮，明天还能够上法院办事吗？无论如何喊醒他，扶到大床上去。于是又推了推，还是不醒，又在他臂膊上轻轻拧了一把，还是不醒，史小姐一时焦急起来，煞末便把他的鼻子用力夹夹紧，使他不能呼吸，这一来方才醒了,光起了一双眼乌珠,打沙发上突然坐了起来,像发急惊风,把史小姐的手紧握住了死也不放。

史小姐见章眠这副样子,一定打睡梦中惊起的关系,急忙拍拍他笑道:"章先生,是我喊醒你呢,扶你到大床上睡吧。"

"我要回去,我要回去!"章眠急急忙忙起身寻皮鞋,东一找西一找没有,问道:"我的皮鞋呢,皮鞋?"

史小姐只是掩了嘴,格格格一阵冷笑道:"现在什么辰光了,我一人坐在旁边陪你到现在,我不是不要睡,不是不疲倦,只是为了你呢,你一醒就要回去,对得起我吗?"

章眠知道皮鞋史小姐藏了,搔搔头皮赔笑道:"对不起,实在对不起,我同你日子长哩,今夜请你放我回去吧。"

"勿关,勿关,你有本领尽管走,我决不留你,没有本领就歇,你昨夜也是牵丝攀藤,今夜又要这样,我看见就惹气,一个人总不要太没有情义了,你也应该替我想想,真情真意的待你,为何来的?"史小姐又像认真又像假的,带有几分撒娇,一个人负着气管她到大床上去睡觉了,把章先生挪在旁边,死人不管。

这末一来,真使章眠左右为难起来,这时候已经下半夜快三点钟,心想:回去自然不可能,不如糊里糊涂这里将就一夜,顶多两个多钟头天也亮了。唉,酒真是害人的东西,我不喝酒,决不会如此糊涂。正转着念头,史小姐在大床上嚷道:"我看你的心还是不死,还想要回去,与其勉强留你,不如让你回去吧,皮鞋在沙发底下。"

"那末,你起来替我开房门,开楼下大门。"章眠已经存心不回去,却故意试试史小姐的心。

史小姐答道:"困扁你枯郎头,我来替你开门,你有本事出去,难道自己不会开门吗?"

"好好,我自己来开就只好自己来开。"章眠扮得像真的,一本正经穿了皮鞋,穿了长衫,走到房门处把拉手扳了一下,就把门开了,因为今夜张妈把门带上,史小姐并没有去落锁。她见房门开了,心里一急,知道他真的溜走了,大为懊伤,连忙一跳下床,就拖了鞋皮,夹屁股飞奔的追下楼去,一边嚷道:"章先生,章先生,我喊你回去,原是同你开开玩笑的,你就当做认真了,我要是不真心留你,决不会对你说这气话。文章你要看反面呀。"便在半楼梯一把拖住了他,低低笑道:"回上来,回上来,我还有话对你说。"

章眠这时候手一拍大笑道:"我真不会当做认真,要知道我这样一走也是假的,不然你决不会来拖住我了……"于是两人一同回到楼上。

史小姐回过身来把房门锁锁上,心想你再不能溜走了。章眠便把长衫自顾宽了下来,壁上一挂,又把皮鞋一脱,赤了一双脚,史小姐随手放了一双拖鞋到他的面前,笑道:"要是你今夜真的回去,我肉也可以把你咬下一口。"又说:"请你别再多牵丝辰光哉,夏天是日长夜短四点多钟就要天亮了,留你困得也只不过一个多钟头,真正是天晓得。"

章眠又把短衫脱了,里面是件汗马甲,又把裤子脱了,里面也有条衬里短裤,也不做声,就在沙发上往下一倒,拖了一条毯子下身一盖睡了。史小姐急忙奔过来推了推他身体道:"我要你到床上去,到床上去……我不答应你一人躺在沙发上。"

"马马虎虎算了,一会儿就天亮了。"

"不，我不答应你这末样，起来，起来。"史小姐索性用手来拖，章眠被她吵得不能安眠，肚里真有点说不出所以然，突然坐起身问道："你究竟对我有什么意思，不妨告诉我，别放在肚里用功夫。"

"并没有意思，我不过要你到大床上去困，比这沙发上舒服些。"

"那末你自己呢？你睡到什么地方？"

"你别去管它。"

章眠一想：与其这样纠缠不清，不如听了她的话就到床上去吧。便说："好好好，床上就床上，你同我客气，我乐得福气。"当下拖了拖鞋来到床前，这床上的席子是竹丝编的，已经睡得绯绯红，手抚上去光滑细腻，冰凉彻骨，章眠赞美道："好极了，这张席子考究，多少钱买来的？这好像已经睡了多年，所以色泽红得可爱。"

史小姐也就坐到床沿上来道："这是小姊妹送我的，她从安徽买来，多少钱始终不肯说，现在这张席子就是多足多的钞票也买不到了。这种席子一困过，什么草席，什么台湾席都不想了。"

章眠躺下笑道："我想困在这席子上汗也不会出的，你抚我身上一些汗水也没有了。"

史小姐趁抚法抚法当口一个身体像冰山朝下一倒，两个人便在一个枕头上了，她随手把电灯一关，房间里立刻一片墨黑，章眠早料到史小姐目的一定在此，一颗心跳得不宁起来，装做木知木觉，一下也不做声，史小姐却在他耳朵根头絮絮的说："章先生，你应该同情我，你不能对我取笑，我是个没有丈夫的人，我的生活寂寞极了，也痛苦极了，我认做你是我的理想中一个最最满意的人儿，你要是不接受我的要求，不真心待我，我竟可以为你而自杀，简直无意再做人了！"

"啊哟，我有妻子的呀，并且我是个法官。"

"这话你别说了，你有妻子管你有妻子，我同你只不过做个密切的朋友，同你有妻子并不冲突。讲到你是个法官，我又不是要求你同我结婚，结婚才有重婚罪，我们只不过轧一个密切的朋友，我什么地方都替你顾到的。"

章眠考虑了一会道："只要你不妨碍我的家庭，总可接受，不过我劝你有下了这些年纪，还是嫁一个人的好，因为这样糊涂下去，终不会有好结果的，这是一定的道理。"

史小姐答道："真不瞒你章先生说，叫我去嫁给谁呢，请教哪里一个人会来要我，我何尝不知道这样糊涂下去，一事无成，害是害在我平日生活太舒服了，只怕嫁了人受不住约束。"她一边说一边对着章眠蜜蜜的笑着。章眠道："我知道这并不是没有人要你，而是你怕嫁了人受到约束，所以不愿意嫁人。"

"也许是对的。我父亲不是不时常提起我的婚姻，说你也有这点年纪了，自己的终身大事极应该有个准备，一年一年过下去很快的。我便对父亲说：可是我心目中没有一个是我理想中的对象，叫我去嫁给谁？既然是终身大事，总不能随随便便去嫁一个人算了的。父亲知道我的脾气不好，以后似乎不再来问我了，给了我一笔妆奁费，说嫁不嫁随你的便。我一想这个办法也还赞成，用这笔款子在联和银号做投机，总算运道好，一帆风顺，做一次赚一次，我现在的生活实际上是同家庭方面脱离了关系，所以我得以在外边这样自由呢……"

"对对，难怪你不要嫁人，专门欢喜轧轧男朋友。"

史小姐道："章先生，你这句话就对我人格上太藐视了，什么叫专门欢喜轧男朋友？这'专门'两个字请教你作如何解释？"

章眠连忙一个身体翻过来道："对不起，实在对不起，一时失言，我并不是真心说这句话。"

"你下次还说不说？"

"决不说。"

"假使你再说，我真不会给你好面色看。我这样处处迁就你，你就以为我是个荡妇，专门在外面轧男朋友？太把我人格估计得低了……"

这时候两下不做声，实在人是疲倦死了。

章眠一觉醒回来，太阳已经晒到房间，一看时计还不到八点多钟，照例他是每天九点钟上法院，总要十点钟才开始审理案子，现在一看还有半个钟头可以恋一歇枕头，于是又往下一倒，闭上眼睛养一会神。

史小姐道："章，你昨夜没有睡多少辰光，今天精神一定不振，何不请一个假呢？"

"法院如何可以请假，案子山积，一时也没有人代理。"

"我要你请假，你就应得请假。"史小姐撒娇道，"假使你生了病，也要去办公吗？我真也不信法院不能请假。你别在我面前说谎话了。"

章眠不能安神，起身说："我宁可今夜再来，要我请假万万不可以，生病固然可以请假，但，也要医生证明书。"

史小姐一想：误了公事不好交代，还是让他走吧。她说："也好，那末你今夜一定要来，听见哇？我在屋里等你。"

当天晚上章眠果然又到史小姐家里来，因为时间很早，双双一对又到仙乐斯去跳舞，情形非常热络。仙乐斯一班乐队正由湖力生领班，湖力生是个浮滑的半西洋人，他的面孔一半有中国人典型，一半有西洋人作风，因为浮滑的关系，自己编制了好几首低级趣味的歌曲，每次起奏时候，自己便在麦克风前播唱，一歇起男人声音，一歇又装女人声音，博到一般公馆少奶奶姨太太小姐的不少倾心，湖力生便趁机吊足一般女性膀子。史小姐只听过湖力生三次歌唱，觉得他这个人很可爱，大对其胃口。这时候她同章眠跳舞经过琴台前，湖力生用指挥棒指了指史小姐，对她眯眯一笑，史小姐心想这分明是对我进攻了，欢喜得不得了，马上背了章眠瞟还他一个媚眼，湖力生两只肩胛一耸，又扮了一个鬼脸，这滑头滑脑情形在正派女人目光里，简直不能入眼，哪里还要得呢？但，史小姐一见，连骨头里都轻松了。

　　史小姐把这些印象一股脑儿都放在肚里，章眠面前绝不提起。待跳第二支舞的时候，湖力生在琴台上手舞足蹈，指挥得格外卖力，一看史小姐又跳到他眼门前，又把那根棒对了她指指点点，嘻皮塌脸，史小姐对他忍不住嫣然一笑。待第二圈又跳到他面前，他竟然公开的背了章眠，一只手伸到自己口边合了合，算是代表我同你亲嘴了，史小姐便又一笑，微微对湖力生点点头。可是这一来章眠有点觉得，立刻问道："你……你同哪个打招呼？"

　　史小姐撒谎着笑道："我的妹妹跟妹夫也在这里白相，你想，我早已看见了，我妹妹还偏要避开我，我要笑不要笑？"

　　"哪一个是你妹妹？"章眠回过头来张望。史小姐便捉住他身体道："你越是回过头来看，他们越要窘了，有什么看头呢？"章眠的身体给她这一扳，只得不去张望，待到舞罢，史小姐才说："我妹妹脾气古怪，下次我正式介绍你吧，今天我不预备到她台子上去。"

章眠又张望起来，指着远处的一对青年男女，问是不是这一对，史小姐拖住他坐下来，含糊道："是的，是的，张了张便算了，横看竖看贼腔得来，你这个人真不知趣。"

史小姐坐上不五分钟又拖住章眠跳舞，她实在依依不舍这个湖力生，让她太兴奋了。

跳舞跳到琴台前，史小姐又是同湖力生大吊膀子，章眠分明有点明白，却不开口问，待第二圈又跳到琴台前，章眠故意把身体离开她一些，看她是不是同湖力生鬼迷张天师，可是史小姐面孔装得很严肃，一下也不做声，湖力生鉴貌辨色，也就把面孔立刻向里，朝了敲铜鼓的一上一下指挥着，章眠又看不出什么影迹来，反而被史小姐责问道："你对我面孔望什么？"

"不望什么。"

"不望什么，那末好好的跳舞，忽然把身体离开了，像什么样子！"史小姐说着便一个身体往章眠怀里一扑道："跳舞跳舞。"

章眠终觉有点疑心疑惑，于是便与她坐着尽谈尽讲，不预备再跳舞，各人肚里用功夫。史小姐道："你不跳舞，何不回去？昨夜你一夜失眠，今夜应该早些睡觉。"

章眠点点头，本想要回去，身体实在疲倦得很，当下付了茶账，两人回到环龙路，汽车开到弄堂口，一个下车了，一个却坐在车厢里不愿意走下，史小姐道："我看你老脾气又发足，不知哪能，次次牵丝攀藤，不曾爽爽快快。"

"我同你商……商量，今夜让我回家去，因为接连两夜住在外面，我女人面前不好交代。"章眠坐在车厢里只是对史小姐拱手，那个汽车夫觉得好笑。

"办不到，我不答应你回去怎么样呢？章，你今夜不住到我屋里去，看你车子开得成开不成。"史小姐愤愤然奔到汽车前面，张着双手拦住去路，如果开动轮盘，立刻死于车底。章眠弄得走投无路，只得下车来，四边一看路上没有人，又对史小姐拱拱手道："我同你软商量，明夜准定住到你府上，决不食言，你不能够这样的，你也应该体谅体谅我的苦衷，你昨夜不是对我说得好好，不妨碍我的家庭幸福？"

史小姐双手腰眼里一撑道："你要回去，除非把车子开动，宁可把我撞死的。"

"这算什么名目？你看我们车夫也笑你怪脾气。"

"我是怪脾气，你没有办法把我改了。"

"幸而这条马路冷僻，如果给走路人看见，还当做你发神经病。"

"是的，我有神经病，难道你头一天知道吗？"史小姐始终在车子前头一动不动，非逼得章眠屈服不可。这时的情况实在相当的紧张。

汽车夫见他们两人相持不下，便把车门一开，跳下来对章眠笑道："少爷，史小姐一番盛情……我看这样吧，少奶奶面前我代你吹个牛皮，包你无事……"

"吹个什么牛皮呢？"章眠走了过来对车夫扮了一个苦脸。

车夫便在章眠耳朵根头喊喊喳喳了一下，大意是说：陪蒋院长叉麻将去了，因为过去蒋院长时常打电话到章家，请章眠到他府上去叉麻将，一个是院长，一个是推事，当然要奉陪院长的。

章眠一听，这个牛皮吹得很好，大为赞成，当下便盼咐车夫把空车子开回去,自己同史小姐双双一对回进弄堂。

史小姐一阵冷笑道:"嘿,看你领我盆不领我盆,我说到哪能,就要做到那能,以后……以后你再敢在我面前说一个不字,我就要你的好看相。"

当下两人进了屋,回到楼上,章眠宽了衣服,坐下平心静气道:"打朋管打朋,一本正经管一本正经,以后你再把这副手段拿出来对付我,实在太使人难堪,叫我如何能够接受,到底我同你两人还是私的,没有正式,就是正式,那末我也要双方敷衍过去。我是个法官,岂可以做出这种事?"

史小姐道:"双方面敷衍,这句话我倒也要听,老实说我这里你一个星期来住四夜,随便你隔一夜来住也可以,或者接连住四夜回去也可以,否则死人不管,我就要吵。"

章眠不觉大笑道:"史小姐,也亏你说得出口,到底我同你是客客气气的,依你这样说,一个星期只有七天,你这里倒住四夜,自己家里反住三夜,这如何说得过去?现在我不同你多讲废话,事实总还是事实,以后我可能范围内来住就来住,假使不可能,你要原谅我,眼前我们总要保持这个态度,你过于争作了,就妨碍我的家庭幸福,这不但你犯罪,尤其我是知罪犯罪,将来我的名誉地位大有关系,一旦闹出事来,我永远立不直。"

史小姐本是个没有中心思想的人,她做的事今天高兴就这样做,不高兴就把过去的忘记得滑塌精光,只当没有这末一回事。看见这个男朋友可爱,就拼了命去追求他,但,到了手终没有恒心,过几天又把他忘了,见一个爱一个,追求得很急,而离得也很快。她对你好感时候,真可以把一颗心挖出来给你看,一旦对你冷淡时候,也许翻转面孔就不认得你。她把男女中间的关系，看得平淡极了，算不得什么一回事。现在她对章眠好像倾全力来爱他，但，未尝不知道，无非是一对露水夫妻。她听他说了这番噜噜苏苏的话，早有些不耐烦道："章先生，罢了，罢了，别再烦了吧，我这个人真有点想不穿，你又不是我丈夫，我又不是你妻子，为什么要这样爱护你呢？乐得看看穿，以后你打算怎么样便怎么样算了。"

章眠欢喜道："这句话说得一丝也不错，你越是对我看得穿，我胆子越大，你越是钉得紧，我越是吓，千句闲话并做一句讲，究竟我同你是私的，不能公开出去呀。"说着又握了史小姐的手笑道："今夜早些困觉。"

章眠同史小姐这一夜风流，如鱼得水，也就说不尽的乐趣，事后史小姐拍拍章眠背脊道："我待你好哇？"

"怎么不好呢？你这人太使我迷恋了。"

"因为天热，我还不曾把全部功夫拿出来，隔一天你来，我使得你更满意。我问你，你的太太待你怎么样？"

"根本就谈不到这一种技巧，赛过是个死人。"章眠觉得史小姐并不是处女，她交接过的男子决不止他一人，如此情形看来，以防发生意外，倒非要调查她一下不可。于是在枕头上问道："史小姐，我想问你两句话，你只须老老实实告诉我，请不必多心……"

"什么话你只须说好了。"

"我问你，像今夜我们两人发生关系的，过去你一共有几个男朋友？派着我应该列到第几名？"

史小姐忽然把章眠身体推了开去："你为什么要问起这句话？"

"你不用多心，我欢喜老老实实，在上海一个男子交接好几个女朋友很平常，反之一个女子交接几个男朋友当然也很平常的。老实说：你决不是处女，可见过去你一定同人家发生过关系。这是事实，免得将来发生旁的枝节，你还是说出来的好。"

史小姐气伤心，立刻把身体翻了朝里，只是呜呜咽咽，一句话也不说。章眠一时弄得很窘，一手摸到她眼眶上果然稀湿的，吃惊道："你哭，这有什么哭头，我又不是责备你，只不过问问你罢了。"

史小姐把身体一别，边哭边说："你这样毫无心肝，今夜还是头一夜，你就用这话来责问我，将来我们还能够朋友做下去吗？就作算我过去轧过朋友，也不关你屁事……"

"蛮对，本来不关我屁事，只是交朋友贵在忠实，如果一有欺骗隐瞒，这朋友就没有意义，现在并非责备你，只不过问问你罢了，你肯说便说，不肯说我又并没有强逼你。"

史小姐把绢头掩在脸上，呜呜咽咽哭之不休，这时候她高声道："好，我完全告诉你，我轧过好几百个男朋友，每个朋友都同我发生过关系，我不但来者不拒，还做过野鸡，跑过咸肉庄，你相信不相信？我这个人浑身有梅毒，请你赶快离开我这里……"

章眠没有等她说完，抢着道："够了，够了，像发疯的，何必要这样？我决不会相信，你史家到底是上海有名望的大族，如何你会开口说这些话？"章眠知道一时无法理喻，便说："好了好了，算我多说，我承认错算了，困吧，困吧。"便一个身体朝外床一翻不做声了。

史小姐还是呜呜咽咽出眼泪。好像受了一个绝大冤枉，到了后来良心发现，拖住要章眠原谅她，才断断续续道："章，章先生，是的，我不瞒你，我也毋庸瞒你，请你把身体回过来，我一五一十告诉你听。"

章眠果然翻了一个身，把面孔朝了史小姐道："你说，你说下去。"

"我的的确确是个规矩的女子，只是那一年，我还只有十七岁，被一个男同学偷来把我身体破坏了，一想这件事情如果宣扬开去，我的名誉就此扫地，我父亲，我两个哥哥决不会要我进门，当然也决不会轻易同我那个同学罢休，可是双方都是体面人，闹出去事体一定要扩大，这种桃色案子，报上一登那更加闹得满城风雨，我史小姐如何还可以做人？所以我隐忍在肚内，只是私下与那同学交涉，我的身体既然是他破坏，我非要他要我不可。起初他一口答应，说是等到家长同意之后，就可举行婚礼，不料一天一天过去，足足过了半年，索性音信全无，后来连面都不见，才知道他完全出于一种欺骗手段。就在这一年我脱离了这所学校，转到圣玛利亚专攻英文科。自此我的神经受了过度刺激，只想自杀，我的面色也难看起来，也瘦得不成模样。我父亲见我如此样子，心里非常焦急，便查问我有什么病症，我只知道哭，当时我实在说不出口，我已经不是个处女了，如果把这话说出来，我父亲一定要大吃一惊，所以我依旧不说，我推托心境不好，我父亲便吩咐我回到家里去休养。从此我一直休养到现在，没有去读过书，到了后来我父亲也不与问我的事，放任我一天到夜在外边自由，白相。去年提起我的婚姻，问我有没有对象，我说没有，他便要主张替我物色一个，但，我反对，父亲知道我脾气，便给了我一笔妆奁金，我会做投机买卖，一直到现在。至于我外面朋友，不论中西，的确不少，可说丝毫没有关系，你如果不信可以去向邻舍隔壁打听，再不然你问我们这里张妈，这房间里有一个男子留过夜没有？一切自有事实为凭，尽可去探问的……"

章眠说："那末破坏你身体的这个同学呢，难道你就这样放过他吗？"

史小姐道："我没有办法，因为一闹出去势必我先倒霉，这明知是只屎坑，越淘越臭，请教你如何办法呢？"

"困难的确困难，破坏已经破坏了，不过放过了他，给他太便宜。如果这桩案子在我手里审理，那我非把他判上三年六个月不可。钱多足多不准保，走大亨名人脚路来疏通，也不买账。现在这个家伙呢？他叫什么名字？在不在上海？我要给他一些苦头吃吃。"

"算了，算了，事体已经过了几年，还去提他做甚，只要你章先生心里明白，不当我是个荡妇看待就是了。"史小姐心想经我这末一阵轻描淡写的又瞒过去了，又道："亲爱的，我这样待你，你根本就不该怀疑我，知道哇？"

章眠方道："对对，既然你同我讲明白，我不会再怀疑你，如果你不老老实实把这一情一节告诉我，当然我要生疑，因为你明明是个妇人，如何说是史小姐？"

这时候史小姐拼命往章眠这边钻来，一只手掩了他的嘴，笑道："不许你再说，不许你再说。"

"不许我说，我就不说。"

"谢谢你，千万千万别在朋友面前提起这桩事，树要皮，人要脸，可不是玩的，一个人名誉最要紧。"

章眠说："这话如何可以告诉朋友，这一点出进难道不明了，我原谅你就是了。"

可是到了翌日，章眠离了史小姐的小房子，回到自己家里去，自己的太太同他吵得天翻地覆，把一房间东西，差不多敲得滑塌精光，要同章眠拼命。原来这个祸闯在汽车夫手里，因为车夫开了空车子回去，章太太一看今夜丈夫又不回来，查问车夫，车夫说是到蒋公馆叉麻将去了，章太太非常生疑，立刻一个电话打到蒋家去查问，恰恰打到蒋夫人手里，便告诉她章先生并不在这里，此刻也没有叉麻将的客人。章太太又问昨夜是不是在你府上叉麻将，蒋夫人说也没有，我们这里好几天没有人叉麻将了。当下章太太把这事放在肚里，再来盘问车夫，问他是不是车子送老爷到蒋家的。车夫道："我把老爷送到蒋家，他告诉我麻将要叉一个通宵，吩咐我把车子开回来。"章太太知道他还在打谎，立刻把桌子一拍，跳脚把车夫大骂一顿，问他照实说不照实说，否则立刻请你滚蛋。车夫一吓，面红耳赤起来，不由自主将老爷同史小姐情形，一五一十吐露了出来。章太太气得肝火直冒，恨不得当夜赶到史小姐屋里来寻事，一想家丑不可外扬，一再忍耐在肚里，预备天明待他回来再责问他。

　　章眠早晨回到家里，车夫便对他暗地做了一个颜色，叫他赶快坐车到法院里去吧，可是章眠完全坐在鼓里，照样踱进房间，不料章太太立刻把房门"砰"一声关上了，拖住他大拼其命，章眠大吃一惊，急急问道："什么事？什么事？"章太太咬牙切齿道："什么事，问你这两夜在外面做的什么事，你既然爱上了史小姐，索性你去讨了她进门，我让你，我让你！"章眠才知道事体已经走漏消息，再三讲好话认错没有用，章太太大发雌威就"碰碰砰砰"把一房间东西，花瓶，无线电，台钟，香水，银盾打得一地都是。又因为房门关上的，外面劝的人都不能进去，章眠也就恨式，索性让她去打，打光算数，完结。

章太太把东西统统打光，然后拎来一只手提箱，匆匆忙忙理了几件替换衣衫，颠颠跌跌嚷着："好好，我让你！我让你！从今以后我不再踏进你章家之门！"便开出房门往外奔，家里的人拦腰把她抱住，劝阻了下来，章太太一阵伤心，便号啕大哭起来了。

　　要在众人面前向太太认错，章眠当然面子下不落，便悄悄同旁边的人道："你劝劝她，这个女人实在太不讲理性，我现在不同她多说多讲，你们千万别放她走，我现在上法院办公去，一切待我晚上回来再作道理。"说着便打后门溜了出去，跳上汽车去法院里了。

　　到了中午，案件统统审理完毕，天热只办半天公，照例坐汽车回家吃午饭，因为心里气愤不过，故意不回来，心想：到史小姐那边去消遣消遣，到了傍晚再回去好了。当下一人在馆子里吃了午饭，汽车开到史家，进得门来，只有一个张妈，问道："史小姐在家吗？"

　　张妈道："真正不巧，刚刚出去，同你前脚后脚。"

　　章眠大不高兴的问："她到哪里去的？"

　　"听说到三马路去了。"

　　"到三马路做什么？是不是看朋友？"

　　"咦，章先生你没有知道吗？她常常到三马路联和银号做交易，近来投机买卖，不能做了，她预备把手续结束了呢。"

　　"什么时候可以回来？"

　　"她走的时候没有交代。章先生，你如果没有事，楼上请坐一歇，也许她就要回来的。"张妈领章眠到楼上房间，这时候只有他们两个人，章眠为消磨一些辰光，搭讪着问起关于史小姐的身世，听说男朋友非常之多，交际极为广阔……章眠忽然转了一个语气，轻轻笑道:"听说这房间里时常有客人留夜,你是这里娘姨,一定会知道的。"

张妈啐了章眠一口道:"啥人说的?你听啥人说的?这话如果被史小姐听见,看你们又要吵闹了。"

章眠哈哈笑道:"我是对你说呢,她在这里我当然不会问起,可是到底有没有这事实,你也毋庸代她隐瞒,只须老老实实说出来好了。"

"你怎么会知道?"张妈很是老口。

章眠吹牛道:"我怎么会不知道?我是法官,自有手下一批人外面打听了消息来告诉我的。"

"既然打听到了,不妨说一些给我听听,同事实符不符呢?"张妈索性坐了下来,笑着盘问他,预备暗地告诉史小姐,叫她防备。臂膊到底朝里弯的,吃了主人的饭,安有不帮助主人道理?

章眠哈哈大笑一声道:"没有这件事,没有这件事,我只不过同你开开玩笑的。史小姐回来,你别同她提起这些话,免得又让她多心。"

张妈心里觉得好笑,趁机大吃章眠的豆腐道:"要是我把这话去告诉了史小姐,她一定恨得你刻骨,她待你这样好,你章先生还没有良心。老实对你说吧,看中我们史小姐的男子也不知多多少少,论人才比你章先生好好的漂亮,雪白的小白脸,论地位未必推班你一个衙门里法官,可是我们小姐一个都不满意,一个看不上眼,平常连大门都不走出一步。她住到这里来,我就做她的娘姨到现在,可说得清清爽爽,从来没有一个男人在这里留过一夜,只有你章先生倒接连了两夜,所以我对我们小姐说:这位章先生真是好福气呢……"

章眠没有听完，连忙苦笑拱拱手道："够了，够了，帮帮忙，帮帮忙，可是你没有知道我内心的痛苦，真是痛苦得不得了。"说着走过来同张妈咬了咬耳朵，喊喊喳喳一番，就是因为两夜没有回去，自己的太太已经吵得天翻地覆，家具打光，还要打到这里来，幸而众人劝阻，如果她打到这里来，叫我如何对得起你们小姐，这个祸闯大了，一切统统完结，闹出去实在有关我面子。说着又再三叮嘱张妈道："我现在同你讲的话，在你们小姐面前，千万千万一句也不可以提起。"

张妈肚里一忖，这可不是不提起算数的。当下只含糊答应道："你关照我不说，我决不会做声的，不过你到这里来是邪气危险的。"

章眠气伤心，退坐到椅子上，喟然道："这都是怪断命汽车夫放的笼，吃了我的饭，反而来捣我的蛋，真是岂有此理！我现在放在心里不同他发作，过一天我不停歇他的生意，我章字颠倒写。"

"这口气你要是不出，枉为做一个法官了！"张妈拍拍手，笑得合不拢嘴。章眠脸上无光，含羞笑了一笑，连忙拖张报阅着，借以遮了脸，一直等到五点多钟，史小姐还不曾回来，他不得不告辞了，说是明天再来望你们小姐。张妈送出他大门口，叫他把自己家里事调解好要紧，明天再来白相。

张妈真是一个脚色，当面敷衍得邪气客气，听你的吩咐，不料等到史小姐一回来，她马上把章眠告诉她的话一股脑儿都说了出来，还加油加酱的，史小姐听了气得一句话也说不出来，张妈道："小姐，你用不到气，要是不告诉你，将来一旦姓章的女人打到这里来，东西不但把你打光，还要当面侮辱你，这是一定的道理，那才真气煞人哩。"

史小姐靠在椅子上蹙眉问道："张妈，那末叫我现在如何办法呢？"

"依我心意这种朋友还是少搭为妙，好处没有，坏事随时可以发生。"

史小姐愁急道："哪里一个赤佬码子尖嘴去告诉她的？这个人分明同我捣蛋呀！"

"章家里的汽车夫呀，据说章太太邪气坏，私下用软硬功盘问他，才盘问出来的。我看这件事要是不解决，将来一定有把戏可看。"

"那末叫我如何同他解决呢？张妈，你年纪比我大，当然阅历深了，你来替我出个主意吧。"

张妈道："说来真难，朋友当然多一个好一个，章先生本人还算不错，你们轧得恩爱，当然是桩美事，我不应该来拆散你们，不过从章先生语气里，听出章太太的确是个蛮不讲理的人，我为来为去只怕你将来被她赶上门来吵闹，被旁人看把戏，这不是大笑话，你的面子坍得落吗……"

史小姐道："这样说来，我决意同他一刀两断。"

"还是一刀两断的好，难道上海滩上找不到第二个像章先生的人才吗？老实说，凭你小姐这地位不怕没有的，以后你最好拣没有太太的男人做朋友，有太太的终究呒没搭头，实在不贪图。"

史小姐好像恍然大悟的，立刻站起来道："依我心意马上就打个电话给他，请他从此以后不必再上我家大门一步，过去的事，譬如云烟一般的过去了！"

张妈道:"不必打电话,他要是来,我下去开门,代你回绝他,说不在家,也不要着一丝痕迹,给他一个闷葫芦,莫明其妙,最凶。"

史小姐大为赞成这个办法。过了一天,章眠果然又找到史小姐家里来,被张妈在门口挡了驾。章眠道:"咦,怎么又出去了,我来过两次都不凑巧,她何得这样忙?"

张妈笑笑道:"她近来交关忙,免得热天热煞让你跑空路,以后还是请你少来来的好。"

章眠想了一想,只道:"没有关系,没有关系,我明天再来就是,请你告诉她,说我来过两次了,再会再会。"

张妈见章眠后脚走出,立刻就把大门"砰"一关,到楼上跟史小姐说:"章家里又来过哉,被我挡了驾,说你不在家,他叫我关照你,明天再来望你。"

史小姐道:"你为什么不直直爽爽回头他,请他以后这里不要再来了,不知如何,我一恨起这个人就恨到底,永远不愿见他的面。"

隔不了片刻外面来了一个电话,史小姐接着一听,原来是章眠打来的,立刻把话筒授给张妈,轻轻道:"张妈,张妈,又是他打来的,你来接,说我还没有回来。"

张妈接过话筒,问道:"啥人?"

"我姓章,请史小姐听电话。"

"喔,你阿是章先生,史小姐还没有回来呢。"

"我现在新新酒楼,等她吃夜饭,她一回来马上就请她过来,我等她到八点钟。"

"章先生,不必客气。她什么时候回来还没有一定,八点钟我看不会回来呢。"

"最好你知道她在什么地方，打个电话过去告诉她，请她直接到新新来好了，晏足晏我等她，因为有话同她面谈呢。"

"好，那末你就等在新新酒楼吧。"张妈把电话挂了，对史小姐笑道："他在新新酒楼等你吃夜饭，说晏足晏都要等你，现在我们给他上一个当，放他的生算了。"

史小姐正色道："我看他的心还没有死。我想太作难了他也不好，明天索性约他来当面告诉他，我以为朋友总要有始有终，可轧就轧，不可轧就拉倒，这样给他一次一次上当，也说不过去，并且他不是个没有地位的人。"

果然一直到九点多钟，章眠还有电话打来，说是此刻改在屋顶花园等她，到十点半钟不来，他也要走了。张妈把话筒用手掩住问史小姐道："怎么样，他还希望你去，在屋顶花园等你。"

史小姐急急摇手道："勿去，勿去，你关照他明天下了法院到我此地来。"

于是张妈又把这话传了过去，不等他回话，就把电话挂断。史小姐一人吹吹风凉，迷迷糊糊中想起自己的身世，真有点感慨系之，觉得过去交了也不知多多少少男朋友，到如今半个也不留，有的三天五天就断，日子最长的只有半年也离了，这是我的人缘不好，还是命里注定是交一个失一个的，要想在这许多男朋友中拣一个终身伴侣，真比登天还难，是不是我没有福分呢……胡思乱想一阵，目前对章眠已经是绝望了，明天同他开了谈判，当然以后他不会再来，那末我印象中只有一个乐队指挥湖力生了，我希望把湖力生追到手，永远同他恩爱下去，这是我唯一愿望。

到了第二天章眠并没有来，史小姐一本正经在家里守候他，守到傍晚还没有来，心想一人到仙乐斯去看看湖力生，只怕前脚走出，后脚章眠又来了，岂不是让他跑了三次空路，只好继续守着。直到第三天下午章眠方才过来，张妈开出门见是他，忙笑道："史小姐在楼上，她昨天等了你一天，你为什么不来？"

章眠似乎很气的样子答道："依我心意今天还不愿意来，老实对你说，你们太当我洋盘了！"说了这两句匆匆上了楼，张妈心想今天一定有把戏可看，便跟屁虫上了楼，端了茶，授了烟，只见他看见史小姐一句话没有，面孔冰冰冷的，只垂了头吸香烟，史小姐冷笑了笑道："哼，倒奇怪的，好像我什么地方待亏了你，你今天来寻我的差头？"说着故意问张妈道："张妈，张妈，这位章家少爷，你今天什么地方得罪过他没有？"

张妈道："咦，我是个娘姨，怎么会得罪客人？"

"那末你没有得罪他，我一句话也没有说，当然也没有得罪他，何得他一上楼，面孔就像长寿字的板板六十四，好像前世欠下他的债，这到底是啥路道？"

张妈旁边打诨着笑道："对了，章先生一定又在府上受了太太的气，到此地来发泄了？"

"放屁！"章眠听了这句触耳朵的话，把手里大半段香烟头往痰盂里一掷，恶狠狠的骂道，"你是个娘姨，滚出去，你根本没有资格同我谈话，混账东西！"

史小姐连忙对张妈挥挥手，吩咐她下楼去，一边说风凉话："章少爷发脾气哉，张妈，你本来不知趣，这一眼山水也看不出，真是讨来的骂。"她拖了只藤靠椅到章眠面前，手上一柄鹅毛扇，轻轻摇着,笑嘻嘻道:"你说,你有什么地方对我难过,用不到放在肚里,只须直言谈相的说出来好了。张妈根本是个娘姨,你用不到当了我的面拿她来骂,她是我雇用来的人,你骂她,分明就是骂我。她就是有什么地方得罪了你,只须对我主人家说,或者训斥,或者停歇,由我主人来执行。你是个客人,不但使她难堪,也太不留我面子了。章先生,你是个有名望的法官,人情世故,当然比我懂得多,今天如此情形,我觉得实在犯不着,何况张妈背后总是称赞你的好,说你为人老诚可靠,要搭男朋友总要搭像你章先生这样的人。可是你今天一开口就骂她放屁,滚出去,人心是一样的,叫她伤心不伤心?我这几句不帮尼姑不帮和尚,你再忖忖……"

章眠听史小姐说到这里,连忙答道:"本来我同你史小姐谈话,根本与她不相干,要她插在中间说些废话,我火冒不要火冒?"

史小姐笑道:"章先生呀,你火气太大了,这一点涵养功夫没有,好好,那末过去的事别去提起,你今天到底为了一些什么事情同我不窝心?"

章眠垂了一个头答道:"问你自己好了。"

"什么,问我自己,真是莫明其妙,我什么地方得罪你?"史小姐很诧异起来,心想:要么这里留了他两夜,他的太太把一房间家具打光,算是我对他不起。可是这些话又不便开口问,只道:"你直直爽爽说了出来,我最恨是人家肚内用功夫,你为什么不说出来?你自己觉得闷煞,我也要替你闷煞快哉!"

"我问你,接连来拜望你两次,你到哪里去的?头一次娘姨说你到三马路去了,不去管它,算它是事实,因为我亲自上楼,没有看见你。那末第二次呢?我知道第二次你一定在楼上,故意避而不见,我要进门,娘姨阻挡我不给我上楼,并且出言不逊,叫我下次少来来,当时我隐忍在肚内不同她发作,因为她是一个没有知识的人,所以就引退。我一时心中不甘,便到了新新酒楼,打一个电话给你,约你去吃夜饭,因为我实在有许多话要当面对你说,哪里料到电话打来,接的是一个人而听的又是一个人,我心里一想,史小姐一定在家,并没有出去,她家里只有两个人,根本没有第三者,那末起初接电话一定是你,一听是我的声音,马上把话筒授给娘姨,这无非表示你不在家……"

史小姐没有待他说完,把扇子一拍,格格格一阵笑道:"没有呀,绝对没有这一回事,你一定神经过敏,你可以去问张妈。"

章眠正色道:"我一点也不神经过敏,脑子邪气清爽,问张妈,嘿嘿,你当然串通的了,这且不去说它。我在新新酒楼一直等到你九点多钟,吃饭客人统统散光,我一人依然坐在那里。当时我恨是恨得无可再恨,又打一个电话给你,说在屋顶花园等你。这一个电话,你要是不在家,我的枯郎头杀下来给你当夜壶,实在气人至极了,电话是娘姨接的,我问她史小姐究竟在不在家,她语气一味敷衍,把话筒用手掌掩没了,问你如何办法,你吩咐她,叫我明天——就是昨天到此地来谈话,我正要求你亲自接一接,问问不理我到底什么原因,张妈就'擦脱'把电话一挂。我当时火冒三丈高,本想再拨电话过来,可是那个公用电话打的人多,排队在后面,不便多打。当夜我回家一夜失眠,本定昨天下了法院来一次,想想实在气不过,故意不来。"

史小姐听了这番话,只是尽笑,她始终否认有这末一回事,章眠五筋狠六筋道:"你到底是什么意思?你不用尽笑,你要说出理由来，为何回避我？"

"我没有这意思，实在出于你的误会，章先生，你自己忖忖……"史小姐说到这里，轻轻摇着扇子，略一寻思道："够了，就算我在家里故意不接见你，电话也不接，你约我吃饭也不到，一切统统我的不是，那末你现在打算怎么样呢？"

章眠想不到史小姐会对他说上这几句话，大吃一惊道："原来你不理睬我是有计划的行动？"

史小姐不觉失笑道："蛮对，你说我有计划的行动，我也承认。总而言之，我现在事体不得不同你讲明白了，据我得到消息，说你的太太是个不讲理性的人，她已经知道你我的关系，她要赶到我这里来捣乱我的家业，嘿嘿，要是事体一旦闹成功，我唯你是问，你要赔偿我名誉，你要赔偿我的损失！"说到这里转了低低的语气道："请问……请问你章先生能够担得起这肩胛吗……"

章眠道："你怎么会知道这桩事？"

史小姐道："我自然接得情报，现在老实对你说：我同你章先生朋友日子极短，客客气气，你不是没有地位的人，我也不是一个可以任人欺侮的女子，与其将来为了你闹得身败名裂，还不如趁早分手。要知我顶顶怕的就是人家女人为了争风吃醋吵上门来，打家具，寻相骂，拼命，我早知道你的太太如此凶，就大不应该同你章先生轧朋友，算我有眼无珠，世上的男人要多少，而拣中了你。"

章眠气得连话都说不出来，垂头丧气道："史小姐，你放心，我担保我女人不吵到这里来，决不惊动你丝毫。"

史小姐站起来，把藤靠椅拖了开去，吸了一支烟，倚靠在窗沿，摇了摇头道："凭空一句话，'担保'，说得轻飘飘，我劝你还是安分守己点吧。再彻底说一句:我们两人早成了僵局,你是有妇之夫,根本不能再娶。老实说,我嫁你做一个妾,贪点什么呢?我史小姐对得起一家人吗?如果讲到做朋友,那末也有朋友的界限,既然你家庭里发生了这桩事,极应该谨慎一点,我这里以后你就不要来了,你好我也好,否则吵得不成话,大家面子都坍不落,有何犯着?"

章眠考虑了半天才道:"你既然这样对我说,要是再来,也太不知趣,好好,我就走。"说着起身,打算就要下楼样子。史小姐道:"慢,我还有两句临别赠言给你,你心里也不用难过,要知道我这样做,全是为了你的家庭幸福,你回去之后,好好待你的太太,不妨认一个错,赔一个不是,不就和睦如初了?我这里你不是绝对不来,有了机会再请你过来白相。"章眠点点头走得很快,史小姐送他到楼梯口喊道:"张妈,开门开门,章先生回去哉。"

张妈在楼下答应了一声,只见章先生打扶梯上很快的赶了下来,垂了一个头,面色非常难看。张妈每次开门总是笑嘻嘻的对他说上两句客气话:"章先生慢去,章先生走好哉,章先生明朝再请过来白相吧。"可是今天她无缘无故被章眠骂了一顿,老是一肚皮气,所以开门时候,也不去理睬他,待他一走出就把两扇大门"砰"一声关上,这一来就算是出出心中不平之气,当下重又赶到楼上对史小姐道:"倒碰得着,他拿我来出气,枉为一个喝墨水的人,史小姐,以后你永远不再去理他,我看见这种人就惹气。"

史小姐道:"他不会再上门来的了,我闲话真凶,把他钝得走投无路,他骂你,我已经替你扳了本哩。以后他不来我眼睛前,也清爽了一下。"说着看看时计已经四点多钟,五点钟开始仙乐斯有茶舞,想起湖力生那一天对她热烈情形,依稀在眼前,恨不得立刻就赶到仙乐斯去跳舞。随即对张妈道："倒水，倒水，我淴浴，淴了浴出去一次。"

张妈把浴间浴缸收拾了一下，拎了水服侍她淴浴。史小姐的脾气每次淴浴至少要喝上几瓶绿宝橘汁，张妈早替她预备好了，她坐到浴缸水里浸了一会，就喝上一瓶，淴到一半时候又喝上一瓶。史小姐还有一个怪脾气，淴浴时候还要呼上一支香烟，张妈把听头香烟，烟缸，自来火也都替她预备好了。往往史小姐淴好了浴，披了浴衣走出浴室，嘴唇上一支烟衔着。

这热天日晨，照例每日吃五顿，下午四点多钟同晚上九十点钟增加出两顿点心，好得张妈有本事，今天吃这样，明天吃那样，翻尽花样经，甜的咸的，荤的素的，名目的确不少。史小姐淴好了浴，然后一盆点心下了肚，如果出门的话，便要经过长时间的化妆，不出门便躺在床上打一个午觉。可是今天情形显然很紧张，浴淴得很快，不及吃点心，便急急化妆，边说："张妈，今天点心你拿去吃了吧，辰光已经不早，我马上就要出去。你替我喊部车子等在门口。"

张妈急急赶下去喊车子，把车子喊到门口，回上楼来说是已经喊来哉。史小姐一边穿旗袍，一边道："自己没有车子，出门真不方便，买汽车这念头不转，我的哥哥有汽车，都停着不用，因为现在根本没有汽油。我预备一万块钱包一辆车，你替我打听打听，包车夫到哪里去雇一个。"说着匆匆忙忙出门去了。

史小姐赶到仙乐斯，拣了一只空位坐下来，点了一杯清茶。这时候那个乐队指挥湖力生正大卖其力唱《卖梨膏糖》，一味油腔滑调。史小姐坐在离开他只五六个座位的横角里，湖力生的一举一动，她越看越欢喜。湖力生唱完《卖梨膏糖》，顿然掌声如雷，史小姐也就"啪啪啪"一阵鼓掌,借以捧场。有的人高声喝着:"再来一只!再来一只!"于是掌声又作,不断的鼓着,湖力生手执指挥棒,站在台上,满面孔笑容,得意极了,一时手忙脚乱的对众鞠躬,在麦克风前道:"鄙人再唱一只《毛毛雨》,如果唱得不好,请各位先生女士原谅原谅。"史小姐见前面有只台子空着,连忙吩咐仆欧把自己一杯清茶端到前面去,这样一来离开琴台更贴近了,吊起膀子来也方便得多。刚正她在前边台子旁坐下,湖力生的《毛毛雨》开场,他一边大胆老面皮的唱着,一双眼睛四边骨碌碌的转来,转到史小姐的位子上忽然停住了,史小姐便微微对他点点头,跟上嫣然一笑,这分明说:你认得我吗?那一夜,那一夜我们不就认识了吗?湖力生见史小姐打扮入时,面孔有点熟,并且单身,因此魂灵出窍,心不在焉,把《毛毛雨》的调门唱到《王老五》的调门上去,他自己还没有知道,而舞客们是听惯这两只老调的,于是哈哈哈大笑起来,接上便大开其荷兰水,一片"嘘嘘嘘"之声不绝。湖力生方才知道唱错,连忙结束。乐师们也对他表示不满,都交头接耳的,批评他太抖乱了,闹成这个大笑柄。可是湖力生天生皮厚,他不怕羞耻,照样指挥,照样大卖其力,尤其是跳快狐步舞的时候,他一个人简直疯狂的在琴台上手舞足蹈,指挥着乐队,因此乐师们吹奏得特别起劲,满头大汗,紧张万分,舞客们当然听得高兴,跑下舞池狂跳狂舞。史小姐因为只一个人,便下池同舞女跳,一样的过瘾。

玩到七点多钟,客人满了,茶舞到八点钟为止,史小姐正想一个什么办法同湖力生接近,同他有一个谈话的机会,想了一会忽然想出一个办法来。

史小姐招招手把仆欧喊了过来:"喂,你给我一张纸,一支铅笔,点一首歌哩。"仆欧便把插袋里纸,铅笔交给史小姐,她在纸上用英文写道:"密司脱湖力生,请你唱一首《茶山情歌》。茶舞散后请你顾我一谈。今夜我请你吃饭,你一定要答应,千万不能推却。史条。七号台子。"写毕折折小交给仆欧道:"你交给湖力生,要交在他手里。"

仆欧把史小姐交给他的小条子,接到手一边走一边打算展开来看看,不知点只什么歌曲,史小姐立刻喝住道:"喂,关照你送过去,看什么的?"

仆欧回过头来笑笑,便马上送上琴台,交到湖力生手里。这时候他正在麦克风前播唱着《妹妹我爱你》,一手接了条子也无暇去细看,随意在杆子上一插,因为写条子点歌的客人多。史小姐大吃一惊,心想:如果这张条子他不拿上手看,给旁人见了,这不闹成笑话。于是史小姐连忙下舞池,抱了一个舞女一直跳到琴台前面,对着湖力生努努嘴,意想叫他去看那张条子,湖力生脑筋非常灵敏,当下便笑着对史小姐点点头,表示:你的条子我早已看见了。可是史小姐放心不下,待第二个圈子跳到琴台面前,又对湖力生大眈其眼睛,挤眉弄眼的,一定要他把那张条子拿起来看看仔细,湖力生便把手里那支指挥棒在空中划着一个英文字母,分明说:"我已经知道了,我已经知道了。"史小姐更加佩服湖力生,觉得他不但是歌圣,而且是个头脑子极清楚的人。

待到茶舞快散场,史小姐买了念块钱舞票,本想多买些票子给舞女,一则一共同她跳得三支舞,二则这个舞女的舞艺太桂花,心想只这一遭,下回不敢再领教。舞票买来,交代仆欧送去交了舞女,一面又把茶账付了,小账是一只黄鱼头,也不能算少。一会到了煞末一支舞曲，湖力生便不用再指挥，打台上跑了下来，经过史小姐台子旁边，同她握握手笑道："密司史，请你再稍坐五分钟，我到里边抹一把面，马上出来。"

史小姐含笑道："好好，没有关系，没有关系。"心想湖力生一口中国话讲得好极了，难怪他的中国歌唱得这末好，并且他的态度甚为大方，在旁人看来，当做我们两人一常相熟的。隔不了五分钟，湖力生打里面走出来，脸上好像抹了一层白玉霜，头上也涂了厚厚的司丹康，亮得有点异样。这时候音乐完结了，接下去的夜场是洛平乐队，客人有的散了，有的依然坐着不走，大致是蝉联夜场的。史小姐只坐着不做声，看湖力生怎么样，还是坐上来，还是走出去？原来他是等待着手下乐队人员一个个散了出去，然后坐到史小姐台子上来了，他一坐下，便授了一支烟给史小姐道："对不起得很，让你久等，记得你还是大大前天茶舞来过一次，同你的先生一起来的，是不是？"说着划一根火柴伸到史小姐香烟上。

史小姐连忙站起吸了一口烟，笑道："你误会了，我根本没有先生的，真奇怪，你的记性这末好，我大大前天来过你还记得。密司脱湖力生……我真佩服你，你不但歌唱得崭，还指挥得崭，手下乐师个个肯大卖其力，真是一支最有精神的乐队，实在不可多得，我看全上海舞场中要算你的乐队最最拿么温了，也是最最走红了。"

湖力生道："什么，那一个男子不是你的先生？"

史小姐道："是的，他是我哥哥的一个朋友的朋友。"说着看了看手表，已经八点一刻，肚里有些饿了。这时候仆欧重来泡茶，夜场同茶舞是分别的，于是史小姐趁机站起道："密司脱湖力生，我们走吧，今夜我请你吃饭。"说着拿了只手皮包，朝前就走，她知道两人一起走,有些不大方便,还是一人先走出去。她在大门口等着,果然不一会,湖力生打里面追踪出来了。

两人来到马路上便贴在一起,有说有笑的一路走来,史小姐问道:"你还是喜欢吃我们中国菜还是吃你们西菜?"

"随便,随便。"

"不要随便,你只须老实告诉我,用不到客气,虽然我们今天头一次会面,但一见如故,好像一常相熟的。吃中国菜我们到广州馆子里去,吃西菜我们到晋隆里去,随你拣中,好哇?"

湖力生一边走一边道:"中菜,中菜。"

"好,中菜我请你到京华酒家去。"史小姐随即喊了车子,一同到了京华酒家,这里她是常来的,一走进便有两个女招待欢迎着她,拣了一个四边绕有花草的雅座,两人坐了下来。女招待把一本菜谱,一支铅笔,一本拍纸簿,交到湖力生面前,史小姐连忙把一本菜谱抢了过来对女招待笑道:"我来点吧,他怎么会识中文的?"一边翻了几页一边问湖力生道:"你爱吃一点什么菜?鱼吃么?虾仁吃么?香肠吃么?叉烧吃吗?"

"吃吃。什么叫叉烧?"

"就是熏肉,这是从猪身上割下来,拆除骨头,肥肉,然后把它熏烤出来的,这是广州馆子一只著名的下酒小菜。"

"好好,点它一只。"

史小姐点了一尾鱼,一碗炒虾仁,一碗什锦,一盆叉烧,一盆油鸡,还有一味是花菇凤爪汤,说道:"今夜我们随便吃吃,只能算是便饭,天热所以菜也不多点了,未免有点招待不周,隔一天正式定了原席酒水请到舍间去便饭。"

湖力生笑道:"史小姐,你太客气,说这话,下次我还敢到你府上去么?"

那个女招待看了看点的菜单,问道:"喝什么酒?"

"先开两瓶啤酒,再拿两瓶橘子汁来。"

招待走后,史小姐道:"密司脱湖力生,你要随便一些,不必客气,你要当我自己人一般看待,我也当你是我知己朋友一般,今天我们是初交,你看我性格多么直爽,一点也没有女人家脾气,我希望你的只须把你在台上指挥乐队时候那副活泼的个性拿出来就好了。要知道我顶是赞成你那一种作风,热情极了!"

湖力生听史小姐娓娓说来,不觉大喜道:"史小姐,平日你好像很留意我组织的乐队,也可说是我一个知音,实在不可多得。上海人大都欢喜闹猛,欢喜噱头,我的乐队就迎合一般上海人心理,所以吹奏特别卖力,特别噱头,拍子敲得准与不准,反属次要。还有就是我自己唱的几支歌曲,你听来噱头哇?哈哈。"

史小姐轻轻拍拍手掌笑道:"交关噱头,我听得你唱《毛毛雨》《妹妹我爱你》《卖梨膏糖》,总是捧了肚皮尽笑,所以交关人佩服你,说你是一个天才歌圣。因为你不是中国人,而来到中国不久,就能够自编自唱,这还不是天才吗?"正说着那个女招待把杯筷碗碟统统搬了上来,又把两瓶橘子汁开了,一会酒也来了,菜也来了,湖力生这时候老实不客气起来,放量大吃,史小姐把好的整块的都夹到他碟子里,说:"吃呀,吃呀,我知道你们西洋人欢喜吃我们中国菜,不必客气,尽管放量吃。"史小姐又要灌他喝酒,湖力生才道:"谢谢你,夜场我的乐队还担任伴奏,十点到十一点,依然是仙乐斯,只怕多喝了酒,糊里糊涂。"

"啊呀，九点半了。"史小姐道，"我还想这里吃了夜饭，请你到舍间去白相。"

"交关对不起，就是要去，十一点钟散了场，才可奉陪。我想朋友日子长，我们随时可以会面，不斤斤计较一定今夜。"

史小姐道："那末今夜你到仙乐斯去，我也去，等散了场你陪送我回去，好哇？"

其实湖力生早搭上了同一舞厅里的夜场舞女叫李爱娜的，他们早有了关系，每夜湖力生的行动都被李爱娜监视着，而且李爱娜夜里散场回去，务必要湖力生伴送，要他在家里住夜，就送到屋里时候留了他下来不放他回去，不要他住夜，送到门口就吩咐他回去。有下了这层关系，势必跟史小姐今夜散场时候要他送回去，起了冲突，当下湖力生又不好意思拒绝史小姐，只含糊道："也好，也好。"脸上表示出来仿佛有重大心事似的。他不是不中意史小姐，只是一时间无法支配呢。

史小姐道："你到底愿意送我不愿意送我回去？问问你，什么说也好也好，这分明不情愿样子呢。"

"笑话笑话，怎么说不愿意？我一定送你回府。"

"你散了场便没有事了吗？有事或者有其他困难，尽可对我说，我不是一定要你送。"

"没有事，没有事。请问史小姐府上在什么地方？"

"法租界环龙路，顾家宅公园左近。好得晚上天气风凉，不用坐什么车子，两人慢慢的荡着走，一会儿就到了，到了我屋里，请你沐一个浴，再吃冰冻西瓜，我出来时候就吩咐娘姨冰着西瓜等你的。"

史小姐一边说一边吩咐女招待快快饭来。又道:"为什么你不早说,十点钟要去接替,好得你现在说一声,时间还赶得及。"

湖力生匆匆把饭吃毕,毛巾抹了抹嘴,急忙站了起来,他打算先走一步,看看今夜李爱娜到不到,如果不到最好,已经到了,不妨打她一个招呼,说今夜另外有事。岂知湖力生要先走一步而不可得,史小姐偏不答应,一定要两人一起出门,坐车子同到仙乐斯,好像防他中途溜脚似的。这时候她吃了半碗饭,还有半碗饭就剩了下来,急急忙忙会了钞,便两人抢着跑出京华酒家,跳上黄包车,也不讲价钿,挥挥手尽管朝前拉。到了仙乐斯,湖力生先跳下了车,只管往里面奔,史小姐疑不到他此中原因,还以为此人实在忠于责任心,办事如此认真,实在不可多得。她是穿了高跟鞋,当然未便也往里奔,只慢慢的走了进去,到了舞厅坐下,一看湖力生又在琴台上大唱其《卖梨膏糖》。

原来李爱娜今夜已经到场,湖力生打外面一奔进来,就对她喊喊喳喳讲了一番,李爱娜很诧异,责问他:你今夜有什么要紧事情不送我回去?湖力生只说有事,一时又说不出什么事来。李爱娜看他匆匆忙忙的苗头不对,正要追问,可是台上那班乐队已经下场,湖力生不得不上台去替班。这时候史小姐也就到舞厅来了,她独自一人泡了一杯茶,静静坐守那里,也不跳舞,她预备守到舞厅打烊,非要湖力生送她回去不可。

湖力生一边在台上指挥,独唱,一边却是满腹愁急,总要把她们两个遣散一个才好,如果到了打烊,两个人都要他伴送,结果一定是不欢而散,既对不起李爱娜,也对不起史小姐。湖力生挖空心思,想出了一个最妥当的办法,当下他到里面去小便时候,塞了一百块钱给他的朋友，对他说明了这个原因，帮帮忙，叫他在十点三刻时候，买票把李爱娜带出。那个朋友本来没有事，何乐不为？立刻一口答应了他。

果然到那时候，湖力生的朋友买票把李爱娜带出去了，总算两个遣散了一个。待到十一点多钟，舞场里客人只三两对了，史小姐会了茶账，便守在门口等湖力生出来，不一会工夫他打里面追出来，见史小姐一人站在走廊圆柱旁边，打后面轻轻拍拍她肩胛笑道："哈啰，真对你不起，又让你久等。"接把白哔叽上装手臂上一挽道："走走，我送你回府。"

史小姐便跟紧湖力生身旁，边走边笑道："你真的送我回去，那末我也要送你哩，一送来一送去，索性送到明朝大天亮，好哇？"

两人来到马霍路，穿过跑马厅路，到环龙路相当的远，史小姐委实走不动了，半途喊了车子，两人到家已经敲一点钟了。史小姐把湖力生领到楼上房间里，开足了风扇，风头里吹了一阵，张妈端了脸水，两人洗了一个脸，又吩咐张妈把浴缸揩揩，让这位湖先生淴浴，淴毕，史小姐也淴了一个，于是两人坐到屋顶上吹凉，张妈把冰冻的西瓜端了上来，湖力生一边尝着西瓜，一边道："真想不到你有这般的舒服，到了这里有点依依不想回去之慨，密司史，这一幢房子只你一家住吗？"

"只我一家，并且只有我同娘姨两个人，有时我到外面去，不及回来便住在小姊妹家内，这里只有娘姨一个人住。"

"我住在公寓里，热不可当，夜夜不能安眠，我打算搬场，我想搬到像你这样的房子，能够分租的，我决意租一个房间，娘姨合用。"

史小姐道："那末你就搬到我这里来吧。三层楼本来空着的，让你住好了，娘姨两人合用，好得我一天到夜也没有什么事，你也只有一个人，也没有什么事的，至于伙食你也不必客气，我不在乎多你一人，以后日子长你要贴就贴，不贴也没有关系。"

湖力生转了一会念头，心里当然听得进的，隔了半天才道："承蒙你好意，叫我住到这里来，那当然一切房钱，伙食，应该照算，否则决无此理，我也说不过去。"

"你要算就算好了，我总依你的。"

"三层楼，床，台子，椅子，衣橱有没有？"

"只有一张床，缺的东西，我可以替你去办，不过有一句话讲在前面，依我们中国人习惯，这是房客自备的，因为你住惯公寓，现在搬到我这里，势必一一要去买新的，我替你一想，犯不着。现在准定归我去办，不过我下了一番心思，你不要住上一个月两个月又搬场了，那我委实有点不愿意……"

"你要我住多少日子，我们不妨签订一个合同。"

"至少一年，多则两年，最好我不嫁人，不离开此地，我住一天你也住一天，因为朋友越日子长，越来得亲密，比夫妻，比亲族还恩爱。要知道我这样做，是当你自家人看待你的。"

湖力生一时狂喜，立刻答应了下来，说是公寓住到这个月底为止，下月一日搬到这里来，房钱伙食到那时候再算。

史小姐说不出的高兴，心想湖力生租了三层楼，那末我们可以朝夕会面，这个朋友做下去，日子一定不会短，我就抱定宗旨，有了他的安慰，身心有了寄托，旁的念头不去瞎转了。

两人谈谈讲讲不觉又挨了许多辰光，湖力生急忙站起来道："密司史，事体准定这样进行。合同不合同也不用签的，这个月里我们横竖要见面的，现在辰光不早，我要告辞了。"

史小姐跟着站起道："什么，这末夜深，你还要回去吗？你不是说那边热不可当？我劝你就在这里将就一夜吧。"说着伸手到湖力生臂膊上抚抚道："你看身上吹得交关凉爽，一些汗也没有，你打这里跑回去，又是跑了一身的汗水，啥犯着？"

"我坐车子回去，一会工夫就到了。"

"坐车子也是要出汗的，你为什么不肯听我的话？而且三楼房间我早已吩咐娘姨把席揩好，打扫得清清爽爽，一片诚心留你，我看你坚持要回去，一定有什么人舍不得，是不是？"

湖力生经史小姐这样一说，不好意思再走，重又坐了下来道："笑话笑话，我是一个独身男子汉，还有什么人舍得不舍得，你既然这样说，我就不走好了。"

史小姐跟着笑道："我们还只刚才认得，各人都不知道各人的心理，你说你是一个独身男子汉，谁又会相信？待你住到我这里来之后，我才摸得到你的根底，现在不同你多说。"说着一笑便一个人下了露台，亲自到三楼房间看看，只见一张小铁床，四边空空洞洞一样东西没有，但，简单中很清爽，如果再添几件木器家具，就是一间很不错的房间。第一步先留他这里住几夜，使他对我留下一个很好的印象。过去我待每个男子，一碰头说不出的亲热，然而没有一个朋友能够持久。现在我对湖力生是取的不即不离的手腕，待到他向我追求时候，再用欲擒故纵方法，使他永远离我不得。想到这里，她脸上浮着一层笑容，赶到露台去对湖力生道："哪能？阿是要困哉？你的房间收拾好了，要困就去困吧。"当下湖力生跟着史小姐下了露台，到了三楼，史小姐指指点点道："你看这房间只要略加布置布置，好好要比你住公寓舒服得多哩。天气略为风凉一点，我就替你去办家具，你住了进来，总要有个恒心，别住不上一两个月又搬了出去。"

"决不会，决意听你的话，至少一年，假使我在上海几家舞厅的合同连续订下去的话，这几年内就不会回国，我来到你们中国，人地生疏，现在有你密司史如此盛情待我，感激得已无话可说了。"湖力生这几句的确是良心话。史小姐点点头道："那末你就困了吧，明天再见。"便走了出来，随手把房门带上了。又在门缝里问道："明天早晨你没有事吗？"

湖力生在房间内答道："没有事，没有事。"

"没有事明天早晨请你去喝早茶吧。"史小姐以为把他带到茶室里去是很有体面的事，因为湖力生正是一个红人呢。到了第二天史小姐果真起了一个早，一下床还只有七点念分钟，净了脸，舒齐舒齐，再吩咐张妈到三楼去喊湖力生起床，原来这时候湖力生早已下床了，伏在楼窗口呼吸空气，夏天也唯有早晨一歇辰光最风凉舒服，张妈推进房门，见状便说："咦，外国先生，你起床得也很早呢，那末请下楼去洗脸吧。"

湖力生笑道："娘姨，你喊我什么？"

"喊你外国先生，你阿是外国人？"

"哈哈，真有趣，下次你不要喊我外国先生，喊我湖力生好了。你们中国话我都懂都会讲，为什么要喊我外国先生？"边说边走两人来到二楼史小姐房间里，史小姐已经化妆完毕，迎出来请了一个安："密司脱湖力生，蒙林。"然后笑道："昨夜睡得舒服吗？臭虫有没有？"

湖力生洗着脸答道："臭虫一只没有，不过……不过有一两只蚊子。"

"啊呀，我真记性忒坏，蚊虫香屋里不是没有，忘记替你点上一盘。这是青草蚊子呢，此地屋顶上有花草，附近又有公园，就难免有蚊子飞来，只须点上一盘蚊香，就会绝迹的。"又说了张妈一句："我忘记，你也会忘记？"湖力生肚里觉得很不安，为了一些小事，史小姐如此顶真，可见对朋友忠厚极了。

史小姐见湖力生脸洗毕，头发梳毕，说："我们早些去吧，天气风凉呢。喝茶喝到十二点钟，在那边吃了午饭，下半天我们还可以去看一场电影，等茶舞开场，你到舞场里去好了。总之，今天你要答应陪我白相一个整天。"

"陪你白相一个整天？"

"自然啰，你不愿意吗？"

两人下了楼，出了门，史小姐又道："你不愿意也得要答应，难得的，我又不耽误你工作。"

"好好，只要你史小姐吩咐，我无不答应。"史小姐便记住这句话，当下不做声。两人跳上车子，一直来到大东茶室，拣了一张台子坐下，泡了两壶茶，这里茶客邪邪气气，因为天热，大家都赶早市，隔了一会史小姐要试试湖力生的心，问道："密司脱湖力生，除开我之外，你在上海究竟有没有女朋友？你要老老实实的对我说！"

"你问这句话什么意思？"

"当然有意思才问你呢。"

湖力生立刻道："外边不少人都说我有好几个女人，其实完全是谣言，你不必轻信。我可以对你说句忠心的话，的的刮刮只有你史小姐一人，除了你之外，我是一个单身男子汉，你可以到我公寓去打听。"

左右台子的茶客都非常注意他们两个，因为一个是中国女子，一个是西洋男人，不时朝这张台子上张望，喊喊喳喳谈论着。史小姐只当没有看见，脸上却是说不出的得意。湖力生说："我是一个单身男子汉，不信，你可以到我公寓去打听……"史小姐嫣然一笑道："我相信你，相信你。假使你只有我一个女朋友，那末以后我们的友谊才会永久，不过，经我打听下来，你外面的女朋友并不止我一个，将如何说法？"

湖力生道："普通朋友同密切朋友大有分别，讲到普通女朋友，丝毫同她们没有关系的，我倒有好几个，但，大半是舞女，因为我的职业上关系，出出进进，便相熟了，这也是情理上的……"

史小姐没有待他说完抢着道："只要没有关系，我决不追究，如有关系而你瞒了不给我知道，我就不答应。你再仔细想想，私生活方面有没有过放浪的时候？究竟外面有没有相好？"

湖力生忍不住哈哈笑了起来，反问道："你为什么要这样细的调查我？我不知道你是何意思。"

"你专门问我如何意思，如何意思，就是我同你一个普通朋友，问问你平日生活情形，也很平常，只须老实回答我好了。"

"你问得交关挖苦，我回答不出。"

史小姐含笑道："有什么回答不出呀？我又不是考你，看你这个人闲话吞吞吐吐，不肯直说，一定坏东西。"

湖力生只是一阵搔头抓耳，对了史小姐苦笑，半句话也不说。

史小姐一句逼紧一句道:"做贼才心虚,你不做亏心事,何话不可放在台面上讲?我不当你自家人看待,不同你轧个永远朋友,真也不会这样盘问你。"

"是是是,应得应得。"

"看你另外一定有女人。"

"已经对你说过了,就是有也是普通朋友,毫无关系的。"

史小姐打算再钉紧问下去,看看旁边台子上客人都对她很注目样子,便把声音压低来用英语讲了几句,大意说:"我慢慢的再来盘问你,现在不同你多说了。"

湖力生点点头说:"随便你如何盘问,我讲来讲去这几句话。"

这时候已经十一点多钟,史小姐向仆欧要了一本菜谱,点了几个菜,一瓶啤酒。午饭后湖力生急要回去,史小姐道:"到哪里去?"

"我回去有事。"其实湖力生实在不耐烦坐了这末长久。

"有什么事,不可告诉人吗?我对你说今天陪我一个整天,又忽然变卦?回去办不到。下午要你陪我大光明看电影。"史小姐打开镜盒,拿着粉扑,脸上抹着粉,又涂嘴唇膏,很细心的,边说:"你别搭架子,难得陪我白相一天,也是你的情分,你再说回去,以后就永远不要来见我……"说着侧过脸对湖力生瞄了一眼。

湖力生无法脱身,只得陪史小姐到大光明看电影,看好回出来,离茶舞时间还有一个多钟头,史小姐道:"陪我喝咖啡去。"

湖力生不得不叫饶道:"史小姐,我的工作时间马上就要到,从昨夜陪你到现在,此刻我……我实在要回去。你也应该原谅我。"

史小姐站在人行道上,狠巴巴道:"勿管,我要你陪我喝咖啡,你答应不答应？"

"不是不答应，我的工作时间快要到了，你不是说不耽误我的工作吗？"

史小姐见路人来来去去很多，又未便发足脾气，给人家太难看了，便悻悻然，单独一人很敏捷的往大光明咖啡馆的玻璃门里一跑，到了里面，自顾拣了一只位子一坐，把皮包往玻璃台上一抛，气极气极，仆欧上来问她要什么，她板起面孔答道："来一个大壶咖啡，再来几样茶点。"

这时候湖力生眼看史小姐在发脾气，心想天下最难服侍的唯有女人，西洋女人往往有这脾气，不要说朋友，就是夫妻，稍不称心意就闹得离婚，不料中国女子也有这种脾气。现在要不去理她，那当然就断了，想想还是良心上有些不好交代，决意再进去敷衍她一歇。于是接踵也进了大光明咖啡馆，在她对面座位上坐了下来，笑嘻嘻道："史小姐，对不起，对不起，是我错了。"

史小姐把头偏了一边，不去理他。面孔始终毕板着。

湖力生又赔笑道："算了，算了，我认错了还要怎么样？你的脾气我认为太躁，一个女人不应该如此，幸而我们两个人，假使有第三个在一起，叫我面子如何下得落？你不是说我们朋友永远轧下去吗？"

史小姐听了这话才愤愤然道："你问问自己，我一片好意请你喝咖啡，原是把你这一个多钟头时间消磨过去，岂知你反而辜负我一番好心……我就早看出你同我不会永久的，一面孔不情不愿。"

"够了，够了，算我错，我认错，那末还有什么名目做出来？"

史小姐见湖力生讨饶样子，一味认错，一味说是够了够了，忍不住噗哧笑了起来道:"你们这一批男子,真是贱骨头,看我们女人待你们客气一些,便搭足臭架子,傲气得不得了,可是稍微给你们一些颜色看看,又连忙讨饶,一味讲软话,考考你们骨子,分文不值。"

湖力生只是笑,喝了一杯咖啡,又吃了两样茶点,心想:以后还是迎合她心理而行,比较少些麻烦。

"你皮是真厚,我这样说,你竟然面不改色,也许你们西洋人皮更厚些,也说不定。"史小姐呷了一口咖啡笑道。可是这句话湖力生不懂,说:"请你译成英语再说一遍。"

"不懂便歇,叫我再说一遍,就不高兴。"

"不说就不说,我以后抱定宗旨,总是一味依从你,你说怎么样,就怎么样,说天是方的,对呀。"

"你多刁些,调皮一些。"史小姐把眼睛睨着他,含嗔的咬咬嘴唇道,"你到底有没有诚心住到我那边去?"

"我已经答应你了,下个月开场搬到你府上。"

"是呀,你要是没有诚意住到我那边去,木器家具我也不预备去办,免得花了几千块钱为你去办了来,你又忽然变卦不搬来住了。我看你这个西洋人有点滑头滑脑,一味油腔,对你真有点不大信任。"

湖力生立刻伸出手来捉了史小姐的手掌握握,表示诚恳意思道:"我一定搬到你府上,决不拆烂污,今天我一回到公寓,就回头他们房间,租到本月底为止,房钱也付到本月底为止。你说我滑头滑脑,只看了我一个表面,我的内心很老实,尤其对你密司史,加倍的敬仰,两人也极为投机。"

"你说的话是不是实在的?"

"当然实在,要是不信,但看以后好了。"

史小姐一时很高兴道:"那末我明天就替你去买木器,明天隔一天,后天你到我屋里去,大致可以替你安排好了。"

"感谢得很,我真忘你不了,你是我生平第一个最知心朋友。"湖力生知道史小姐吃马屁的,便又拍足她的马屁道:"将来我与上海舞厅合同期满了,也许要回国,我可以带你到我们国度去白相,住在我们家里。我一家门都爱弄音乐,我发述,我卖述,我的倍倍,他们都会一手很好的钢琴,或凡华令,或手风琴。叫他们天天奏给你听。这不是神话,将来真会有这一天。"

史小姐打心里欢喜出来笑道:"那末真该死哉,你带了我去,不送我回中国,叫我一人漂流海外?"

"当然我要送你回来,你好像旅行一番呢。"

"那才对了,你送我回来的,我就跟你一起去。"史小姐看了看手表,已经四点四十分,便说:"密司脱湖力生,你走了吧,茶舞辰光到哉。"只见湖力生急急忙忙同史小姐握了握手,就朝门外奔。

隔了一天史小姐认真其事的赶到北京路木器店去买家具,可是北京路的木器大都是起码货,表面上看看很好,漆水也还不错,但,一无骨子,三夹板钉钉,并且价钿未必便宜。史小姐一连走了几家,都是这一票货色,实在看不上眼,便又到了四川路,记得这里有两家木器店,货色比较可靠,于是在一家毛全泰木器号配了几样,计衣橱一个,梳妆台一张,沙发一张,椅子四把,玻璃小圆台一只,夜壶箱一只,写字桌一张,旋椅一把,衣架一只。史小姐以为这几样东西,一个房间内都是不能缺少的,既然办,也就办得像像样样,布置一个正正式式的客房间，就是湖力生将来不住在我屋里，那末东西依然存在，连家具租给别人，当然也有人要的。

史小姐想到这里，便决意把这几样家具办下来，横讲竖讲，总算四千八百元成交，另加送出车力，计洋四十八元，言明当日傍晚送到。

史小姐打四川路回到家里，吩咐张妈三楼地板拖拖干净，把玻璃窗也揩揩干净，挂上窗纱，又把电灯也上了一个纱罩，说是新办了几样木器，今天就要车来，布置一个客房间。张妈早就料到是给那个外国客人住的，心想：史小姐近来改变了作风，欢喜搭外国朋友，现在索性让外国朋友搬到自己家里来住，将来不要闹出一个大笑话，两人鬼迷张天师的住在一屋，不要养出一个小把戏来，也就一半中一半西，头发是黑的而眼睛是蓝的，这真笑煞人。张妈到底见多识广，当下一句话也不说，便到三楼去收拾房间了。

到了傍晚，那买的木器，用了三部老虎车，一片铁轮盘声音，打弄堂推了进来，因为是新的木器，不能擦伤漆水，每一部车上，只放着两三样，用布扎住，用棉花衬住。史小姐一听老虎车声音，伏在楼窗一看，果然家具车来了，忙喊道："张妈，张妈，木器车来哉，快下去把大门开了。"说着又对下面弄堂里车夫扬扬手道："停着，停着，马上来开大门哉。"

一会张妈把大门开了出来，那个车夫抹了一把汗道："搬到二楼，还是三楼？"

"三楼，三楼，统统搬到三楼。"

车夫道："搬到二楼要用绳子打窗口吊上去。"说着又朝三楼窗口张了一阵道："吊是可以吊，让我进去看看楼梯，阔可不用吊。"

两个车夫便上了楼,一个留在外面看守木器。

两个车夫看了一阵,又撑开两只手臂把楼梯阔狭比了比,摇摇头道:"僵僵,毫无办法,只有吊一个办法。"

史小姐道:"那末就吊吧。"

"吊就工夫大了,"两个车夫笑嘻嘻。

史小姐知道无非多要几个酒钱,便说:"晓得哉,请你们吃香烟好了,可是当心别把漆水擦伤。"

两个车夫点点头,下楼去了。于是把小零件一一搬上来,剩下大件头再吊。

一直忙到上灯辰光,三个车夫才把木器搬的搬,吊的吊,安排舒齐。可是一个不小心,衣橱的门上漆水擦去了一块,史小姐倒没有留意,张妈看见了,跳起来指了车夫道:"哼哼,你们介不当心,你看,你看,这橱门上的漆阿是你们擦伤的?"

三个车夫一齐奔过来看,默不做声。史小姐知道了,赶过来仔细一看,果然橱门拉手地方擦伤了一大块,立刻火一冒道:"我关照你们当心,当心,你们为什么偏偏要同我作对,不肯当心,而且这拉手地方,擦了这末一大块,难看不难看?我勿管,你们三个人当中哪一个擦伤的,便要哪一个吃赔账,呒啥客气!"

三个车夫怔住了,一个道:"这是吊上来时候一个不留意,在水门汀栏杆上碰了一下。"

这时候张妈把每一样家具统统仔细验过来,看还有伤没有伤,总算没有发现第二块伤,奔过来告诉史小姐道:"你要同他们交涉,这车夫是家具店里的,不是马路上喊的,你同他们交涉,不怕他们不来重新漆过。"说着便下楼去了。

史小姐对了车夫狠巴巴道："哪能？这不是不做声便算的，你们没有一句闲话交代，也可以，请你把这个衣橱车回去，我自会向你们老板讲闲话！"

其中一个车夫只得挺身出来讲了许多软话，说是明天无论如何派人来补漆，包一眼看不出，如果不来补漆，你尽管打电话到我们店里，歇我生意，另两个车夫也再三在旁边讨情，史小姐心软了下来道："你们既然这样说，就放你们回去，不过明天一定要来重漆。"说着便把手里预备的钱往台子上一放道："这十块钱你们拿去吃香烟。"

三个车夫一齐答道："谢谢，谢谢！太多了，太多了！"一边说一个车夫便上前一步，拿了就往袋里塞，相继下楼而去。

史小姐一人坐在三楼房间里，对了这几样木器打量了好半天，心想梳妆台上，缺少几件化妆品，写字台上还缺文房四宝，预备明天再去配齐。壁上最好悬一张湖力生照片，史小姐正在思思想想当口，张妈又赶了上楼来道："哪能呀，车夫放他们走了？"

"不放他们走，难道留在这里住夜请吃夜饭吗？他们说明天再来补漆。张妈，你看这几样家具中意不中意？"

"交关中意。"

"可是那个西洋人中意不中意，却不知道。就是不中意，我又不收他的租钱，当然没有话说。这究竟是怎么样一件事，明后天我自会同你细说的。"史小姐说着微微笑了一笑，又拍拍张妈的肩胛道："我的事当然瞒不过你啰。"接上格格格一阵痴笑。

张妈真是个老举，只装做不了解道："史小姐，你说的什么，我没有听清楚。"

史小姐咬咬嘴唇,下得楼来到了自己房间,往沙发里一靠了下去才含笑道:"张妈,你又不是一个石聋聋,说的话会没有听清楚……就是说我的事瞒你不过的。"

"你的事瞒我不过?"张妈故意这样说,忽然笑道:"对了,对了,你是不是要把三楼出租给人家,自己做二房东,想自己住的房间不用出租钱?"

史小姐头一摇,忍不住笑道:"张妈,你这个人真想入非非,我是不是这一种人?"

这时候张妈把夜饭开了上桌,史小姐吃饭,她伺候在旁边笑道:"那末我想不出,对你这句瞒我不过的话,简直想不出。"

史小姐把饭吃到一半说:"好好,待我夜饭吃好,你的事舒齐了,到我房间里来,仔细对你说吧。"

隔了一会张妈也把夜饭吃了,一切舒齐,居然呼着一支香烟来到史小姐房间,脸上笑嘻嘻。史小姐坐在灯下修指甲,仰起头来看见张妈,便招招手笑道:"来来,你坐在这里。"

张妈便贴对她坐了下去,史小姐一边垂了头细磨指甲,一边轻言低语道:"张妈,我的事是瞒你不过的,索性对你讲了吧。我为什么要把三楼房间这样布置起来?你说是我出租给人家,自己可以不出钱白住房子。你大错特错,枉为同我住在一起这许多日子,我的脾气会没有摸到。其实我是留给那个湖力生住的……就是前天夜里那个西洋人,你喊他外国先生的。我为什么要他住进来,有两层理由:一、他是住公寓的,不舒服极了,再三在我面前叹苦,却赞美我这三层楼,称心极了。听他语意,分明就要租我这一间,我是一个挺慷慨的人,当场一口就答应他,你搬进来就是。既然闲话讲了出去，无法收回，当然作准。二、湖力生虽然是个西洋人，但在上海很红，是个音乐家，的确是个人才，他孤单单一人来到异国，人地生疏的，所以我就决意收留他下来。我非但有了上面两个原因，同时我真爱他呢，他脾气很好，我这点年纪的人了，依然没有一个对象……对象你懂不懂？"史小姐说到这里顿了顿，对张妈嫣然一笑。

张妈道："不懂。"

史小姐笑道："就是意中人。"心想：我交际这末多的朋友，没有一个对我会忠心，他们统是坏蛋啦，浪子啦，体面流氓啦，市侩啦，并且完全是对我抱一种吃豆腐态度。你们既然对我当白相物事来白相，我也当你们白相物事一样白相，这痛快果然痛快，然而终究不是事体，我这点年纪了不得不打算将来的结局……

张妈道："你们既然这样恩爱，当然是蛮好的。我以为凡百事情，总要有个恒心，就是男女之间轧朋友，也是要有个恒心，切莫一开场两人就恩爱得非常，捧了头的要好，热烈是热烈得不得了，可是日子隔得不久，就闹起意见来，两下赛过冤家对头。这个起因就是在起初朋友轧得太容易了，所以拆散时候也就这样的快……"

史小姐没有待张妈说完，把手里修指甲的小剪刀停下了，仰起头来抢着说："不会，决不会的，这次我经过长时期的考虑，认为他这个人很使我满意，没有一丝批评。我恐怕一开场，两人打得火般热，所以我取的不冷不热，不即不离的态度去对付他，试试他的心，昨天我还故意对他发脾气，他柔顺是柔顺得呒啥话头，后来我的脾气竟然发不出了。我从来没有见过有像他性情这般的和顺，和顺得使我不能自已起来。"

"你知道他将来不同你吵嘴的吗？"

史小姐又垂下头修着指甲，一边道："日长世久下去，当然难免的，牙齿同舌头也有打架的时候，夫妻淘里吵吵嘴，只要一个不做声，也就没有事了。"

张妈道："你这话，我交关赞成，以后你们两人切记别为了一些小事而闹离开，抱定有始有终宗旨，他如果对你有误会地方你要原谅他，你对他有不满地方他也能够给你谅解，那末你们就会永远恩爱到头，否则……否则下文我也不必多说。"

史小姐把指甲修好，又很细心的涂上一层蔻丹，放到嘴边吹着风，使它快干，边道："张妈，你这种话别说了，我不是小囡。这些问题我都不放在心上。只是将来我们由朋友进而成了正式夫妇，他忽然要带了我回国，这就问题来了：是跟他走，还是不跟他走？如果跟他走，势必抛下了我全家，何日能回到中国来呢？假使不跟他走，我们夫妻请教……请教哪能办法？"说到这里格格格的一阵痴笑。

张妈站起来，拍拍屁股道："到了那一天总有办法想的，现在还谈不到此哩。"

史小姐笑道："别说到了那一天，日子过起来很快的，年内结婚，开了年就出国也说不定……"

张妈听了史小姐这两句话，心里想，你们要紧勿煞年内就结婚，结了婚就一同出国，这种婚姻，便永远没有白头到老的，保险不出一两年就要拆散了。表面上却是一味顺了她，恭维道："蛮对，蛮对，快起来真快的，年内结婚，年内你们双双一对出国也说不定。那末，史小姐，我倒同你讲句笑话……"说着却是尽笑。

290

"你讲呀,啥个笑话?"

"就是你们双双一对出国了,我这个老太婆饭碗头也敲碎了,我想,你不是吃惯我烧的小菜吗?你出了国,当然饮食上不方便的,能不能带我一起出国呢?"

史小姐笑道:"一定带你出国,你放心,我少不了你,你是我的灵魂一样,哪能少你得来呢?"

"假使姑爷不赞成,他说一个老太婆,龌里龌龊,为什么要带她出去?"

"决不会,这是我的主张,他无权干涉,你放一百念四个心,难道我这一点权利都没有了?"史小姐又拍拍胸脯笑道:"我担保你就是。"

两人你一句我一句,一直谈到靠十点钟,张妈已经枕头寄信,打了一个呵欠道:"快得来,谈谈讲讲不觉已经介晏了。那个外国先生搬进来之后,你就不会寂寞了,夜夜有人陪你谈谈讲讲了。"说着伸个懒腰,接上又打了一个呵欠。

"疲倦便去睡了吧,你一天起来很早,睡得又很晏,我看你真也辛苦。"

"好,明朝再会。"张妈下楼去了。史小姐隔了一会也就上床了。翌日她下了床披了晨衣,急欲打电话告诉湖力生三楼房间已布置好,岂知抄下那个电话号头放在皮包里的,翻来翻去却不见,真奇怪,不知什么时候失落。于是又翻电话簿子,居然把那家公寓电话号码翻到,一个电话拨过去,那边回话,说是他们公寓里没有湖力生这个人。史小姐很为诧异,又告诉对方:湖力生是个舞厅乐队的领班。那边回话,说是根本没有这个人,你一定打错电话了。史小姐没有办法，只得把话筒挂了。于是脸也不洗，一团高兴，变了一个扫兴，兀自坐在沙发里撑了一个头发怔，心想：他总不致会欺骗我，明明住的小洋房，故意说是住公寓，但，公寓也不像他说的那般不舒服。我一番好意，花了几千元买了家具，布置好了，他别不来住……

史小姐打算下午去找湖力生，但午饭没有吃便昏昏沉沉的要睡觉，人是感到异常乏力，还夹着一些泛恶，幸而没有寒热。一直睡到傍晚，心想一定要起来到仙乐斯去，可是却一些精神也振作不起，待坐起张开眼来望望，房间好像打着旋，窗外光线是黄的，于是重又闭拢眼睛躺下，决意今夜不去找他了。她吩咐张妈泡一杯浓烈的咖啡，放两片生姜下去，服了出一身汗，心想明天一定可以舒服了。

待史小姐服了咖啡，张妈把橱里的薄被捧了出来，这天气交进了秋，到晚上风凉得多了。史小姐对张妈道："你替我盖到身上，四边盖盖好，要使它出一身汗，我知道昨夜受了凉。"

张妈一边替史小姐盖被一边道："入了秋晚上窗本要关了睡觉，你是不是开直着睡的？"

"对啦，这许多日子来，夜夜开直了窗，我知道贪凉坏事的，不过我很当心，总穿睡衣上床。"

张妈道："大暑里果然要开窗，一边出汗，一边受些凉也勿碍。现在交进了秋令，就要关窗睡觉，你一定开窗，上床就要盖了毛巾被，或毯子，最好盖薄一些的被。"又道："你身上出汗当口，尽让它出，把短衫出湿也尽让它出，切不可一有汗水就把被头踢到老远，那末依然要受凉的，姜汤白白吃了。"

史小姐道："晓得哉。"

"我今夜要不要睡在房间里陪你？"

"要的，吃茶吃水便当些。"

于是张妈把楼下自己床上一条席子，一个枕头，一条薄被，搬到楼上史小姐房间里，铺在中间地板上，一看三面的窗统关了的，这也不妥当，空气没有也不好，于是又开了中间两扇，免直接的风吹到史小姐床上，又把屏风搬到窗前，使风吹进来打了一个转，就没有关系了。

半夜里张妈开了灯，走到床前看看，史小姐额角上全是汗珠，一粒一粒像珍珠一般，又轻轻伸只手到被里握握她手掌，也是汗水，又轻轻唤道："要喝开水吗？"也不回答。张妈知道不能过于给她受热，便轻轻把她两只手放到被外来，这样一动，却把她动醒了，史小姐张开眼来对了张妈吃惊道："密司脱湖力生，你……你怎么到现在才来，你竟然抛了我……"

张妈知道她热得神经有些错乱，便说："史小姐，我是张妈呢，你要不要开水？"

"你是张妈？"史小姐有些清爽起来道："张妈，张妈，我……我做了一个噩梦！"

张妈一边替她拭汗一边道："什么，你做了一个噩梦？"

史小姐频频娇喘着气张着手道："一个噩梦，湖力生同我吵嘴吵得不亦乐乎，把我一房间东西统统打光，我不肯同他罢休，一把扭住他死也不放手，他把我一拳打倒地上，又用皮鞋脚在我下肚子用力的尽踢，我受伤了，痛得昏了过去，他就趁机逃走了，待我醒了回来，周身骨头痛得一下也不能动弹，才知道身体躺在床上做了一个噩梦……"

张妈笑道："你觉得热吗？这就是热的关系，神经模糊了，就会乱梦颠倒,那末你现在可以略为凉一凉勿碍。"

史小姐愁急道:"我浑身是汗,我要起来澉浴。"

"万万使不得,这一身汗一出,明天就会轻松得多,病好了一大半,只要想吃东西,胃口一开,身体就好了。"张妈把史小姐身上盖的一条薄被换了一条毛巾毯子,这样身上轻松而亦不致受寒。史小姐心里说不出的感激,却再也睡不着,眼睛张开望着天花板,一直望到东方发白。这时候张妈又打地板上爬起问道:"你要开水吗?"

史小姐道:"我现在不要开水,张妈,你还没有睡着?真正对你不起,要你陪了我一夜没有睡,心里真说不过去。"

张妈马上答道:"我睡不睡都没有关系,下半天没有事尽可以打中觉,我只怕你把身上被踢开受寒,我时刻关心你呢。"

"我最怕是生病,一些小病就心里焦急,现在有你这样留意我,看护我,毛病不看也自然而然会好起来了,可见一个家庭里雇佣一个娘姨,好坏大有分别。好的比自己亲人还好,真可以说是一个心腹,她会替你支配得舒舒齐齐,用不到自己关心。坏的娘姨不必说,不但懵懵懂懂,完全是拆你烂污,贪懒,揩油,偷东西,私下运出去,这是她本领。张妈,你真仁慈,是个好人,仿佛当我女儿一样看待。你想:要是我将来同湖力生出国,哪能不把你带出去呢?"史小姐断断续续说到这里,天也亮了,房间里东西统看得清楚起来。史小姐因为上一天中饭与晚饭都没有吃,这时候有些潮饿起来,便说:"张妈,今天早晨吃稀饭还是吃泡饭?"

"吃泡饭,你要吃什么我做什么好了。"

"我想吃些焦的饭粢粥取其消化容易,想来我胃口已经开了,肚里潮饿得来。"

张妈立刻爬了起来，把席子，枕头卷起，一边道："我马上做饭粢粥，小菜你打算吃些什么？"

"紫大头菜，酱瓜。除了这两样之外，还有什么清爽的？"

"香椿头，卤香瓜。"

"肉松能够吃吗？"

"宁可慢一两天再吃，肉是荤的，对病人不相宜。"

"皮蛋呢？"

"皮蛋用石灰炝成的，并且太腻了，也不宜吃。"

"张妈，不瞒你说，我现在一张嘴真馋，想吃这样，想吃那样，光起火来我一切勿管，吃坏了再说。"

张妈道："你一张嘴馋，想吃这样，想吃那样，这便是胃口已经开了，不过胃口刚开，饮食尤宜当心，你应该听我的话，还是吃些紫大头菜，嫩酱瓜吧。"说着也就下楼做早饭去了。

史小姐一人躺在床上，思潮起伏，不免又想起湖力生，三天没有来，也不知为了什么事这样的忙碌，一次也不来望望，幸而自己是小毛病，万一生下了大病，就此一命呜呼了，他一点也没有知道。想到这里觉得做人实在没有意思，完全是空的，有些什么意义？这还是新同他轧了没有几天的朋友，彼此客客气气，也不去说他，可是兄弟姊妹，我住到这里来了之后，他们就根本不曾来望过我一次，是生是死，漠不关心，自己的同胞手足是这样，毋怪他人了。史小姐不禁叹了一口气，又想到本身问题，这几年来觉得也太荒唐了一些，好像有点对不起自己父母和兄弟姊妹，想来我在外面这样不自检点，他们也未尝不耳闻，所以疏远我，不来到我处，这未始不是一个原因。那末索性疏远了我，倒也是遮没了我的羞耻。

史小姐正想到这里,张妈进房来了,说:"饭粢粥已经炖好,粥菜也买来了,洗了面吃吧。"

史小姐用足了力撑着坐起,又觉得头脑子一阵空虚,便靠在床架子道:"我不想起来,面水你端到床上来吧。"

张妈道:"还是我绞两把毛巾给你揩了,刷一刷牙齿,将就一些好了,人不舒服,也用不到考究。"

史小姐点点头,当下揩了脸,刷了牙齿,张妈又用梳子替她梳了梳头发,史小姐道:"你拿面镜子来,我知道一定瘦了,脸上好像绷绷叫样子。"

张妈授了她一面镜子道:"瘦些有什么相干?只要吃得落饭,马上就复元的。"

史小姐一照镜子,大吃一惊,竟然瘦了许多,两边两个颧骨也有些高起来了,嘴唇皮一丝血色也没有,变得灰白。她伸出舌头一看,喊道:"啊呀,张妈,你看我舌苔一片黄腻,厚是厚得来,我看毛病一定还伏在里面。"张妈一个头伸过来,对她舌苔张了张道:"真的,我看这样吧,你如果不放心,还是吃两帖汤药,理理消爽,这黄腻大概是湿,白是寒,大致你的毛病就是现在不发作,秋凉后也要发出来,不如现在就吃两帖药,预防预防。"

史小姐放下镜子愁急道:"现在请哪一个医生看病呢?上海名医太多了,反不知请哪一个好。我史家有什么病痛,总是请的金济万,我也看过两次金济万,并没有把我毛病医好,而且请他到屋里来出诊,总是半句闲话也没有,一百个不睬不睬你,问他病情碍勿哇,总是不理你,病人应该吃些什么,也不理你,总之他怕讲话,一到脉一搭,由带来的学生开了方子,匆匆忙忙就出送,好像椅子上有针触伊屁眼,这种医生上海滩上会红得半爿天,实在出我意料……"

张妈没有待她说完,把她手里镜子接了下来,放回原处,盛了一碗薄凌凌的饭粢粥,端到她手上,又在床上搭了一只小圆桌,把两个粥菜盆子放在上面,然后坐在床沿上道:"不过我倒有一个医生,想介绍给你,相信不相信随你,照理医生是不介绍的,因为你是小毛病,并且我对这个医生交关信仰,毛病也不知看好多少了。"

史小姐一边吃粥一边道:"啥人呀,啥人呀,你说出来。"

张妈道:"他姓张,叫张剑秋,住在爱尔近路北山西路一爿同德康药号内,他是上午门诊,下午出诊,对我们妇女科最拿手,别样毛病当然也看的,不过我介绍几个女人去看病,都只不过两帖药就见功,饭就吃三大碗,所以我相信女科他最拿手。讲到张剑秋当然没有金济万那样红,可是医生一红最是要不得,因为他的诊务一忙,势必马虎,一马虎开出来的方子虽吃不坏,但也未见有功效,所以张剑秋这郎中我脑筋中永远记牢他,逢人总说他好,而且穷人富人一律客客气气,丝毫没有臭架子。"

史小姐道:"张妈,你就打个电话请他出诊,到这里路太远了,他有自备车子吗?"

"有一部半新旧的包车,据说还是朋友送给他的。这个郎中我越想越觉得他好处来,有一次我小佬子马路上掼一交,跌坏了一只手臂,就此举不起来,我一时忘了张医生了,到一个白克路姓冈的伤科专家那边去看,据说伤了筋,断了骨,包医好至少至少要三百五十元,史小姐,我的境况你是知道的……"

史小姐一边吃粥一边道:"是不是后来你想起张剑秋,到他那边去医了?"

张妈手在膝盖上一拍,笑道:"蛮对,蛮对,姓闵的伤科要我三百五十元,我一时到哪里去借,后来一想,就想起张剑秋,当下我抱了小囡回出闵医生这边,赶到张剑秋那边去,经他大略一看,马上说:这是脱了节呀,只须一拍就会接上,立刻就好。当时张医生捉了我小囡的手臂用力一拍,居然把骨节接上,这只手立刻就举了起来。史小姐,你想想,当时真叫我不知怎么样的感激他,连话都说不出来,而且一个铜板也不曾花。张医生说是脱节接接上,不费吹灰之力,用不到一个钱。"

史小姐道:"上海的有名气郎中,真正热热昏昏,闵伤科也算真有名气的,就有这种手段。还有什么话说?"

"索性你就对我说,脱了节,开口要我三百五十元,我倒也情愿,为什么过甚其词的说是伤了筋,断了骨,我一听伤筋没有关系,用黄酒栀子鸡蛋面粉一调,敷上就好,断了骨我小囡可不要成一个残废的人么?"

"张妈,他要是不说得厉害些,凶些,三百五十元你决不会捧出来的,这就是滑头医生的生意经络。"史小姐把粥吃好,张妈又替她添了半碗。这时候张妈翻了电话簿子,把张剑秋电话号码找到,打了电话去,请张医生下午出诊,将详细住址告诉了挂号处,又问现在出诊啥行情,据说只有七块钱,路远路近一样行情。史小姐听见了便说:"出诊只有七块钱,何其便宜呀。请金济万起码五十大元,出一条本弄堂,也要五十大元,路远加倍,法租界也加倍,居然每天出诊要出到半夜三更。"

下午三点钟光景,张剑秋医生坐了包车来到史小姐府上,穿了灰色长衫,戴了黑眼镜,手中一柄折扇,一派斯文样子,到了大门口下得车子,用扇骨在门上"笃笃笃"敲了三记。张妈在厨下收拾,听见这时候有人敲门,料到张医生来了,赶出来开了大门一看,果然是张医生,她本来认得他的,连连笑着喊道:"张先生,张先生,好久不见,你还认得我吗?"

张剑秋对她一凝视,方始想起几年前他接过她小囡的骨节,那时候她还在盛杏荪公馆做厨房,便咧开嘴一笑,用扇骨朝她指了指说:"咦,你怎么在此地?盛公馆你不做了吗?"

张妈跟上笑道:"盛家几个小辈太难服侍了,我老早告辞不做了。张先生,楼上请坐,楼上请坐。"当下便领了张医生到了二楼史小姐房间,这时候史小姐靠在沙发上听无线电,精神很好,一些看不出有病样子。她听张妈说张医生来了,急忙把无线电一关,起身迎接,待看见张剑秋面目,是一个三十多岁模样的人,便微微对他鞠了一躬,招招手道:"张先生,请坐请坐。"

张剑秋也恭敬的弯了弯腰坐了下来,轻轻摇着扇子,张妈又介绍了一番,端了茶,授了香烟。史小姐微笑道:"张先生,你看我面色有病没有病?"

张剑秋约略对她脸上望了望道:"让我搭下脉才会知道,可是看你神色不像有病。"

史小姐道:"其实我毛病在内里,你看了我的舌苔就会知道了。"说着便向了光线地方伸出舌头来,这当口她发现张医生脸上还有几粒小小麻子,点缀得怪有趣。

张剑秋医生验看了史小姐的舌苔,退坐到椅上,摇着折扇道:"这也不一定内里有病,吃下去的东西冷热太不调济,以致熏蒸到舌苔上来,也有这个现象。好好,让我搭了脉看看。"说着便坐到台子边来。

张妈早找了一本书，放在台子上，一折为二，恰恰枕在史小姐手腕底下，张医生三个指头搭住她的脉搏地方，凝神了一会问道："你昨夜寒热似乎很重的？"

史小姐道："不，昨夜没有寒热，只是有些昏昏沉沉……"

"这就是寒热，不过你只热而不寒，我从脉搏上搭出来就会知道。"待张剑秋仔细搭了脉之后，有些惊异起来，忽然问道："你……你感觉有些恶心吗？"

"近来常常泛恶，还有些头晕，以前不是这样的。"

张剑秋已经有八分吃准史小姐怀孕，问道："那末你的经期中间停止过没有？"他脸向了窗外，只怕对了史小姐尽望，使她太窘了。

"约摸有两个月没有来了。"史小姐的头垂了下去。

"过去呢，过去经期是不是都准的？"

"也不一定，有一个时期很准，可是有一个时期不是超前便是落后。"

张剑秋听了侧过头来对张妈望了一眼，张妈便对他努努嘴，意思叫他不必再问下去。张剑秋把史小姐调换了一只手再搭脉，搭着一阵放了手，笑道："史小姐，你要吃一两帖药也可以，不吃也不妨。你既然请得我来，我准定开一张方子给你。"

史小姐道："常常泛恶，恐怕是胃病，因为我对饮食，邪气不当心，一歇吃冰冻的，一歇又吃热的。至于头晕，我自己知道这是身体亏弱，血分不足，一个人血分不足，也会头晕的……"

张妈站着台子边磨着墨，张剑秋垂了一个头开方子，一边含糊道："对对，这也是一个病因，以后希望你饮食格外要小心。节气已经交了秋令，血分不足，到了冬天我可以替你开一张膏滋药方子长服，复元起来很快的。"

"真奇怪，我近来一张嘴交关馋哩，想吃这样，想吃那样，有许多东西我从来想不到吃，近来偏要想到吃，我看这也是胃病一种吧。"

张剑秋把方子开到一半，心想无非开些安胎的药，就是服了下肚也无甚效验，这是怀孕必然现象，每个女人都是一样，实在算不得是病。于是匆匆把方子开好，压在台子上对张妈道："这方子你到北京路胡庆余堂去撮，大药店终究要道地一些，吃两帖，好一些就停服，不必再吃的，也不必再请我出诊，依我看来根本没有病，以后只须饮食当心，晚上别贪凉，身体自然而然会好了。"

史小姐欢喜得说不出话来，觉得张医生太好了，太老实了，一些也没有医生架子，说出话来句句忠恳，不像平常医生，吃了两帖，再请出诊，一派生意经络。当下便急急忙忙拖了张妈到房门外面去，鬼鬼祟祟一番，不知讲些什么话。

原来史小姐是让张妈喊些什么点心请张医生，张妈道："我看还是免了罢，张医生他没有多大工夫耽搁，马上就到别处去出诊，他很忙的。"

"那末喊点心来不及，家里现成的有些什么？"史小姐道，"可是事前我没有告诉你，极应该炖好些莲心羹，他一到就把点心送上来，这是请医生出诊应该要备好的。"

张妈一想家里现成的除非冰冻牛奶，玫瑰饼干，要末装一盆出来，总算应应景，便说："有有，我马上送上来。"

史小姐回进房间，张剑秋站起身告辞道："史小姐，我少陪哉，再会，再会。"

"啊呀，张医生，慢一步，慢一步，我还有话要问你，再请坐五分钟。"她把他的去路阻拦了。

"有什么话？"

史小姐胡乱扯了两句笑道："今年天气不正，听说外面病人邪气多。张医生，我还听得人家说，今年外边有一种湿瘟症，总归转好的少，死的已有好多个，这是不是也归天气不正原因？"

张剑秋道："当然当然，天气不正才多这一种病痛，我手里医到湿瘟症，约摸有六十个，其中有五十五人获救，因为肯听我的话，安心服我的药，始终由我一人诊治。还有五六人就不治，这是什么原因，不外有两点：一、起初医得迟了而待到我上手病症已变，当然无法可想。二、病人没有一种信仰，这个医生医医，那个医生医医，以致药石乱投，试问毛病如何会好。湿瘟症顺势起来，只要自己当心，看护周到，不用服药也就会好，但，等到一变症，绝对就无法办。"

"那末西医方面可有什么方法补救？"

这时候张妈把冰牛奶，干点心端了上来。史小姐笑道："张医生，真正抱歉，请用一些粗点心，本想到锦江喊一点，恐怕你要走了，请喝一杯冰牛奶吧。"

张剑秋推让了一阵，也就坐下来吃了，喝了一口牛奶，一块饼干半块在手里半块在嘴里动法动法，说："西医对湿瘟症根本就把你送命，病人热度很高时候，他用冰块来冰你，拿冰淇淋来给你吃，病人果然舒服，然而性命就交托他手里了，至于治湿瘟的西药，目前还没有发明。"他一边说一边把一杯牛奶两三口喝得精光，便起身告辞，史小姐知道他还有别处去出诊，也就不耽搁他工夫了，偷偷用红纸包了念块钱，交代张妈，吩咐送张医生下楼时候交到他手里。另外加了四块钱给张医生的包车夫。

史小姐道："好好，张医生，我不再耽搁你工夫，以后有空请过来白相，横竖你同张妈也相熟的。"一边说一边送张医生到了楼梯口便由张妈送他下去，自己也就回了进房。

张剑秋下得楼来，轻轻对张妈道："你们小姐有喜了，我本想当场恭喜她一番，看见你对我努努嘴，我心里就有数，这到底是什么一回事？"

张妈把诊金塞到张医生手里，说："我幸而打你一个招呼，否则你说她有喜，她一定要否认，一定说你瞎三话四，可是事体千真万确，她那个样子还不是有喜吗？我早早就知道了。"

张剑秋道："呀，这不是儿戏，你应该告诉史小姐，可是她的先生呢？"说着站在大门口阶沿上不走。

张妈道："她根本没有出嫁，何处来的先生？有了先生肚皮里有喜当然是桩好事，何奈现在却生的私囝呢。"

张剑秋一切都明白了，不必多管闲事，便匆匆上了包车，对张妈举了举折扇，去远了。

待张妈回到楼上拿那张方子去撮药，史小姐却钉紧了问道："张妈，张妈，这末长久刚回上楼，你同张医生讲些什么话？"

"没有讲什么呀。"

"没有什么话为何要这末许多辰光？我楼窗口见张医生刚刚坐了包车出弄堂，可见你们两人在下面一定接头什么事，你不用瞒我。"

张妈相当窘迫，要想把真话讲出口，只怕史小姐否认，如果瞒到底，这也不是事体。当下笑道："真没有事呀，你的思想忒过头了……"

"勿关，过头不过头，你一定同张医生讲过我什么话，否则你们两人决不会耽搁这末长久。张妈，我处处当你自己人看待，你今天要是瞒了我不老实讲出来，我一辈子也……"史小姐说到这里转了语气道："只要你对得起我算了。"

张妈手上拿了那张方子，站在那里，走也不好，不走也不好，心里一忖还是说了出来吧。于是对了史小姐又是一笑道："张医生说你不是病，说你有喜，明年正二月有红蛋吃了。"

史小姐听了有红蛋吃了，脸色顿然一红，一直连耳朵根头颈都红了，马上说："倒碰得着，我肚里有小囝没有小囝自己难道会不明白，要他说我有喜。你们一定不是说这桩事。"

"真的，天地良心，要是讲你别的，你以后永远不要相信我。"

史小姐道："笑话真笑话，就作算我肚皮里有小囝，在上海滩上并不是一件稀奇的事，用不到大惊小怪，两个人鬼鬼祟祟的，问问你还故意瞒我起来，你们真鬼摸大蒜头。"

张妈笑道："因为张医生问我史小姐的先生何处发财，我告诉他还没有出嫁，你想：没有出嫁的小姐何来有喜？因此他再三叫我不要把这事说出来，这是遵从他的吩咐，张医生是一眼勿错。"

"上海滩吭没稀奇，没有出过嫁的小姐有喜，也是常事，我不是自己遮掩自己的面子讲不中听的话，这的确如此，像我过去，你张妈是知道的。讲到我有喜，也许可能，我决不推诿，说一定否认的话，不过这是难免的。"史小姐说一句，眉毛眼睛跟着一动一动，好像都帮同讲话。

张妈不要再听下去了，拿了方子匆匆忙忙就走，说："那末我到胡庆余堂去撮了药再来，大马路你要带买什么？"

"顺便永安公司斩念块钱南腿，现在要买南腿也只有永安一家，其余统是北腿冒充的。"史小姐开了橱门取了五十块钱，交付张妈，又说："除了撮药南腿之外，有多余的，买几只苹果，生梨，蜜饯，梅子，或话梅，越酸越好。"

史小姐待张妈走了后，肚里相当愁急，虽然嘴上讲得泰然的，上海滩上生私囡用不到大惊小怪，可是事实上如何不要掉脸？给我两个哥哥知道，给我家庭方面的人知道，我的确难以做人。真是冤家，这肚里的一块肉，究竟是谁种下去的？我自己也莫明其妙。我这个人真也可说荒唐透顶，看情形张医生的话是不会错的，他从脉搏里搭出来说是有喜，这还不是千真万确吗？

史小姐考虑了半天，才想了一条出路，决意用药来吃掉它，幸而现在还只有两个月，日子短，不过像只小老虫那样子，还不曾变成人形，吃掉它是很容易的。

正想到这里，张妈兴冲冲的一手拎了两帖药，一手拎了几个纸袋，赶了进房，看见史小姐笑道："快哇，电车去，电车来，连撮药买水果，斩火腿，一共只不过两个钟头，药没有到胡庆余堂去撮，我想这种草头药，别人家也一样的……"

史小姐道："我关照你买的话梅，阿曾替我买来？"

"买来哉，统统买来哉。"张妈把买来的东西一样一样打开，史小姐拿起一只苹果，在身上抹了抹，也来不及扦皮，就往嘴里一口咬了下去，一边吃一边道："张妈，张妈，这药你不用去煎了，我认为张医生的话丝毫不错，我根本没有病，这的确是怀孕现象。经他一提醒，过后想想：处处地方是对的……"

张妈道："当然，当然，那末这药不吃，何必又要去撮？"

"既然不是病，何必还要吃药呀？"

"这是安胎药，吃了对你有益的。"

"因为是安胎药，我更加不要吃，如果是打胎药，我倒求之不得。"

张妈知道史小姐有些小囡脾气，不去理她，自顾把药打了开来，一包一包拆开合并在一起，打算拿下去煎，不料史小姐赶了过来，把药往痰盂内掼，狠巴巴道："我告诉你不吃就不吃，啥人要吃这断命安胎药，心里气也气煞快，恨不得立刻把肚里一块肉打掉。"

张妈没有办法，只得听她的，也就下楼做晚饭去了。

晚上史小姐本欲去看看湖力生，可是肚里有喜这一桩事，使她坐立不安，哪里还有心绪再去看湖力生，便废然靠在床上大动其脑筋，以为要下毅然决然手段，赶快解决，日子一拖多，这块肉在肚里日长夜大，更没有办法可想，事体一定要弄得大家都知道，名声就臭了，这一宣扬出去，还得了呀。史小姐在床上辗转反侧，无法入眠。

天亮张妈进来收拾房间，史小姐便在床上拍拍床沿道："张妈，张妈，来来，我要问问你。"

张妈走到床前问什么事。史小姐对她笑笑，又伸手拍拍床沿道："你这里坐一歇，我要同你仔细讨论。"

张妈便把手里一块揩布往旁边茶几上一放，一个屁股床沿上一坐，笑道："喔哟，还要同我仔细讨论。"

"是的，这件事非要仔细同你讨论不可，你的年纪究竟比我长，阅历也丰富了。"史小姐脸上一笑，又接下去道："我要同你讨论的事，想你已经有几分明白了吧。"

其实张妈早已料到，嘴里却说："没有知道，我真的没有知道。"

史小姐含羞的说："真不瞒你张妈说，可怜我昨夜思想了一夜没有睡，要是我大了一个肚皮，叫我如何还可以做人，我这张脸放到哪里去？并且我史家在上海不是没有地位的人家，一举一动外面都有人注意。他们势必要宣扬开去，好管闲事的人就要把这事登在报纸上，当做一桩新闻，请教到了这一个地步，我立得住脚跟吗？我不但要被家庭方面指摘，就是我一批朋友都要轻视我了……"说到这里眼圈一红，仿佛落下眼泪样子。

张妈诧异道："咦，你不是昨天说过上海滩上生私囝是桩很平常的事情吗？"

"那是我随便说说的，当然不能作准，像我们有地位的人家便不允许有，并且我同湖力生的婚姻恐怕也因此有变卦，问题非常的严重，所以我现在不得不及早同你商量一个办法，免得日子多了，急来抱佛脚，那是糟了！"

张妈忖忖，摇摇头道："同我商量，一无办法可想，这件事关系太大了，我可不能担保。"

"张妈张妈，你一定想想办法，救救我，救救我，我今生今世决不忘记你，要是你不替我想办法，我唯有一死算了！"史小姐忽然挂下两行泪水来，频频用绢头拭着，悲悲切切道："就是打胎打死我也情愿！"

张妈见这样子，心里一软，安慰她道："你也不用难过，要是决意打胎的话，我可以替你打听打听什么方子，总要打听确实，再给你回音。"

史小姐泪水涟涟道："张妈，我现在方才知道这件事非常严重，细细一想，越想越可怕，关系太大了，我真是死也死得落！"

张妈马上道："依我看来没有什么了不得，真也用不到打胎，这一滴血到底是啥人种下去的，横竖你肚里总明白，尽可以要他负责好了，我想决没有同人家小姐发生了关系，有了喜而这个男人漠不关心的道理。你为何不去同他商量？也许他不主张打胎，你倒忽然打了，万一他责问你起来你有何闲话回答他？"

史小姐不做声，细细一忖，认为张妈这句话不是没有理由，只是这块肉究竟是谁种的，自己也有点模模糊糊。这时候她道："张妈，事体到了这个地步，我也不用瞒你，也不去顾面子两个字了，实在同我发生过关系的男朋友不止一个，有四五个，有中国人也有西洋人，叫我去咬定哪一个？"

张妈替她出主意道："你认为哪一个同你日子最多，感情厚，你就咬定是他种的好了。"

"这事我决不做，良心上对不起人，或许将来验下血不是他种的，闹纠纷，这是意料中的事，这是第一点。何况我根本没有出过嫁，养小囡如何办得到呢？"

张妈道："这责任由他去负了，他不主张打胎，当然还有下文，做正式手续来迎娶你，或者主张打胎的，那末也由他去动脑筋，是他的事了。"

史小姐道："我偏不要这样做，总之这件事知道的人越少越好，闹出去实在是掉脸。张妈，现在废话少说，我心里也从来没有这样愁急过，你赶快去替我打听打听有什么药可吃，我决意吃掉它。"

"有了危险，我如何对得起你？"张妈认真道，"虽然只有两个月，还不曾变成人形，万一有了危险……"

"我死而无怨，决不怪你。"

张妈站了起来，收拾了房间，要下楼去做早饭当口才道："我知道了，今天不是明天我给你回音，不过责任我不负，不要弄出事体来，都推到我张妈一人身上，你也对我不起。"

史小姐一阵苦笑道："我没有良心坏到这个地步！"

下午张妈出去，到了傍晚才回来，史小姐高兴不过，知道一定打听到什么药了，马上问道："怎么样？怎么样？"

张妈故意吓吓她，摊摊双手道："药是已经打听到，只是他们都不肯说出详细名堂，如何吃法，多少分量。我再三讲好话，他们都一口拒绝，说这是罪过的事……"

"我知道他们一定要钞票，你就送下钱给他们好了。"史小姐眉头一蹙道，"张妈，你现在赶快去，带一百只洋，讲到钱我总归一口答应，你不用替我做人家。"

张妈手一拍哈哈哈，大笑道："我打听来了，故意吓吓你呢。事体是这样的，只有一样药，吃下去百发百中，只不过老价钿，敲一记竹杠，有的药材店居然道德关系，还不肯卖哩。"

史小姐钉紧着问道："到底一样什么药，吃下去百发百中？张妈，老价钿，我不怕，贵足贵我要把它买来的。"

于是张妈道："这名目叫……叫麝香，有真有假，假的当然白吃，真的方始有效，可是价钿实在太贵，要到大药材店买。"

史小姐呻吟一下道："这药我知也知道，对打胎的确有效，听说香得太厉害，有些难以下咽。"

"要存心吃，那当然不顾了，至于如何吃法，我打听下来觉得一些也不困难。还听说，假使这个女人身体向来亏弱的，还用不到一定吃真崭实货麝香，只须买个麝香壳子吃吃，胎就打下来了。"

"什么叫麝香壳子？"

张妈道："就是外面一层皮，皮里面才是麝香，这层皮剥下来时候，当然上面还黏着一些粒屑，把壳子研了粉，用水吞服，一样有效，不过这个女人身体结实，就勿来事。"

"那末壳子便宜还是麝香便宜呢？"

"当然是壳子便宜。"

"我决不贪便宜，决意买麝香，要带多少钱去？还有一层，买多少呢？"

"它是跟金子行情走的，一眼也没有假货，完全真崭的，大致两千块钱一两，两百块一钱，念块钱一分，像你的身体一钱太觉凶猛，五分至少要吃，两五得十，那末就要一百块钱。"

史小姐立刻去开橱门拿钞票，一边道："不要说一百，就是一千我也情愿拿出来，我吃下肚，果真打掉胎了，我另外再重重酬谢你哩。"当下交付了一百块钱给张妈，另外又塞了她念块钱做车钱，张妈说："车钱我不要，你的事就是我的事，待吃了下去有效，大家都好。"

史小姐偏要她接受，张妈也就受了。

当夜果真把麝香买来了，张妈认真对史小姐说："你可知道险一险买不到，药店里查问我买去何用，我不说打胎，只说配药，哪里料到他就知道我说谎，不卖给我，我没有办法，只得照直说了出来，我道：'不瞒你先生说，我因为小囝太多了，实在吃同穿都不周全，真真苦得要命,现在肚里又有两个月身孕,我是做娘姨的,万难再养,请你先生帮帮我忙吧。'经了我这样一恳求之后,方始答应,特为替我研了很细的末,说用不到五分,只三分够了。现在我只买了三分回来,一共六十块钱。"史小姐急急忙忙把它打开来,一阵奇香扑鼻,一如香精的味道。

史小姐眉头一皱,苦笑道:"张妈,真的,这香得异诧异样,叫我哪能下咽?我一闻到这层香味,就打恶心了。"

张妈把史小姐手里一包麝香末接了过来道:"当心,当心,别被一阵风吹掉了。香得打恶心,本来香料当中要算麝香最香,如果没有这一层香,哪能打胎?这香气下了肚,往下一冲,赛过榔头呀,讲到作孽实头作孽。"说着重又把它包包好,放在抽屉里。

史小姐心里扑扑的跳,面色吓得煞白,好像今夜有重大的不幸发生似的,一人坐在椅子上发怔。

张妈正色道:"药是已经设法买来了,吃与不吃,听凭你主张,你说吃就吃,不吃我也不一定要你吃,因为危险性很重,这吃了下去是挖不出来了。"

史小姐垂了一个头,想了一会道:"我决意吃。"

"万一有了意外,我可不负责,预先告诉你,也不要说药是我买来的。"张妈郑重其事的对史小姐这样说。

"决不怪你,一个人生死天数,我倒把它置之度外,张妈,你放一百念四个心好了。"史小姐手脚也冰凉了,还有些颤抖,心想:"这究竟不是毒药,吃了下去决不致毒死,胎下地一歇工夫有血往下冲,但,只两个月身孕,也没有什么了不得。"想到这里又安慰多了。接上便问张妈道:"可是胎下地时落在床上,还是脚盆里?"

"那当然是床上,你把药吃下就仰天平躺着,也许半夜里胎自然而然下来了。"

"那末床上可不要弄了许多血渍?"

"我会替你安排妥当,包你舒舒齐齐。"张妈说着便下楼出门去了,隔了一会买了两张大油纸回来,把床上席子除去,铺了一条旧褥单,褥单下面铺了油纸,褥单上面也铺了油纸,油纸上面再衬了一层元色毯子,对史小姐道:"你看这样就安全了,血多足多,横竖垫了有两层油纸,还有你的三角裤今夜别穿了困了。"

史小姐点点头,以为不错。张妈道:"今夜我准定不困,陪你一夜,胎落地,我就出后门抛到垃圾桶里去。"

"你要抛得远,本弄堂垃圾桶,千万别抛进去,巡捕看见要查究的。"

"我会用布包包好,真正小老虫一只,啥人留意?巡捕真也不会注意。"张妈一看,统统安排舒齐,便把那包麝香拿了出来,交到她手里,史小姐的手却是颤抖着,脸色愈加难看起来了。

张妈便倒了一杯开水授给史小姐道:"我教你一个吃下去的法子,两只手指捏紧了鼻子,不是香味就闻不到了?一面把药末放在舌苔上,马上用白开水往下一吞,不是下肚了吗?"

史小姐试了试,眉头又是一皱,一闻到这层香味,肠胃里也就翻了,想不到香的东西如此难吃,宁可还是吃苦的药。张妈站在旁边有些愁急道:"照你这样子哪能吃得下?真作孽,我看还是免了吧。"

史小姐想到大了肚皮的名誉难听,便咬一咬牙齿,硬一硬头皮,捏了鼻子,把药末子倾在舌苔上,闭上眼睛,一口开水就往下一吞,居然吞了下肚，刚正下肚又一阵恶心，几乎兜底吐了出来，史小姐极力镇静住，总算没有吐出。张妈欢喜道："好哉，好哉，难就难在下咽喉一歇工夫，赶快平躺着吧，药性一到达，胎盘就要震动，这是百发百中的。"

史小姐连忙解衣躺到床上去，盖了被，在被里把下面小裤子脱了，轻轻对张妈道："今夜你千万别离开我房间一步，你躺在我床前，电灯也一夜开到天亮。"

"你放心，我决不会走开。我想，胎落了地，你的血一定出得勿会少，恐怕你的身体抵挡不住，我去煎一些参汤备着，你的心意怎么样呢？"

史小姐只点了点头，仿佛生了一场大病似的，一些精神也提不起，她把枕头底下那一串钥匙拿了出来，交给张妈开橱门拿参，张妈拣了一枝小的，丫下半节，放在煤油炉里炖在那里。

史小姐是晚上八点三十分吃麝香的，到了九点十点十一点，还是一些动静没有，心里不禁诧异起来，张妈躺在地板席子上，不断的问着有没有觉得，隔了一会又问问，史小姐总是摇摇头，说一些也不觉得呢，张妈便道："大致药性还没有达到，辰光还早，我看上半夜没有动静，一定要到下半夜了。"

史小姐道："为什么药性这样的慢呢？真奇怪这三个多钟头里面，肚里推动也没有推动一下，按理药下去，双方斗法的也要斗起来了，现在丝毫不觉得。"

"痛也不痛？胞浆水有哇？"

"告诉你，总之丝毫不觉得，痛就来事哉，哪里还谈得到胞浆水？"

"我看总要到下半夜见颜色。"

"像这个情形,下半夜也未必有颜色。"史小姐苦笑道,"真倒霉,屁股底下垫得厚厚的一叠,难过也难过煞了,如果到了天亮一些颜色没有,这不是一桩大笑话?"

张妈忍不住笑了起来道:"勿会的,这是真崭实货麝香,阿有吃下肚一眼呒没颜色道理?"

史小姐到了这时候也无可奈何,姑且挨到下半夜再看情形,叹了一口气,轻轻道:"我看下半夜也未必有什么颜色,既然三个钟头已经过去了,按理也应该有些打动样子,那末才会落地,现在根本同平常一样。"

张妈说:"假使真的下半夜也没有颜色,那末分量一定吃得太轻,看你身体如此结实,起码吃到八分到一钱,也许见效,现在你只吃到三分,效力不够,当然等于白吃了。"

史小姐这时候精神有些恍惚,也就迷迷糊糊的睡着了。不一会工夫,张妈自已也糊里糊涂睡着了。一觉睡到大天亮,张妈才惊慌失措的打地板上爬起,伏到床上去看看史小姐,又把她盖的被头揭开一些看看,完全同平日一样,一些血渍也没有。这时候史小姐被惊醒了,张开眼来,见张妈伏在床上,还以为胎已经下来,急急问道:"阿曾下来,阿曾下来?"

张妈只摇摇头。

"阿是呒没下来?"

张妈咬住嘴唇又点点头。

史小姐连忙打床上坐起来道:"真是见鬼,罢了,罢了,张妈,倷专门做些给人上当的事,我还担了一夜心思,以为危险不危险,这真是一桩大笑话,讲出去被人笑痛肚皮哩。"她把裤子穿穿好,下了床,急急忙忙赶到马桶上小便要紧。

这时候张妈忍不住了,捧了一个肚皮格格格大笑道:"真天晓得,说我给你当上,我明明从外面打听来的,千真万确。哪能?你吃了一些不觉得,这一定是吃得太少了。"

史小姐坐在马桶上噗哧一笑道:"谢谢侬一家门,吃得太少,就是多吃也根本不会有效力,我不知你从何处打听来的,这一样断命药,倒难为了六十洋钿。"

张妈笑得眼泪也落了下来道:"我要是存心给你当上,天火烧,一家门死完。这麝香真崭货板灵的,也许昨天买的滑头货,所以不见效,也说不定。"

史小姐下了马桶,净了脸,见床上油纸,毯子,垫得厚厚的一叠,心里说不出的恨,指着对张妈道:"赶快,赶快,房间慢一慢收拾,先把床上东西一齐搬去,我看见心里就触气。"

张妈连忙放了手里生活,把床上毯子,油纸搬掉了,一边道:"放好了,还有用的,我再去打听打听别样什么打胎药,据说打胎的药名目邪气多,我想总有一样灵验的。"她把油纸折折好,放在衣橱里。史小姐阅着申报,无意中看见一个西医广告,忽有所悟,决意去同西医商量,听说西医有一种刮子宫打胎法,非常安全而可靠。当下便对张妈道:"张妈,张妈,你把我那双皮鞋擦擦亮,我马上出去有事。趁这早晨风凉一些,去走一趟就回来。"

史小姐想去望望长远不见的小姊妹王三妹,贵族门口的女老板蹄髈阿六,相信她们对打胎经验一定很丰富,如果直接陌里陌生上门去找西医,也许要对你拒绝,就是不拒绝也要大大敲你一记竹杠。

她不是没有西医认得,而是要面子,所以宁可找陌生医生。

史小姐换了衣服,匆匆出门,到了静安寺路派克公寓,按了电铃,那扇洋门上开出一个小窗洞,里面老妈子问找谁,史小姐道:"找你们东家太太,蹄髈阿六。"

"她还没有下床,请你下半天再来吧。"

"你是新来的吧,你去告诉她,说我是史四小姐,她知道我的。"

"请你等一等。"说着便关闭了窗洞。

史小姐心里恨透,站在外面等,门口上面那盏门灯悬着,人人都知道这里是个贵族咸肉庄,现在我到这种地方来,多少总有些难堪,晚上人家不大注意,白天人人走过看见,恶形不恶形?幸而隔了不一会工夫,老妈子出来开门了。史小姐到了里面,真是熟门熟路,很快的赶到厢房间蹄髈阿六睡的房间里,只见阿六躺在床上,两只又粗又胖的臂膊却伸出被外,便奔到床前合扑在被上亲热不过的格格格一阵大笑道:"啊呀,阿姊,我这人实头糊涂得世上少有,这许多日子我没有来向你请安,近来你身体很好?你还是同从前一样的胖呢。"

蹄髈阿六也很亲热的笑道:"本来我这里你是不会再来哉,不过吃饭总不要忘记种田人,你从前不到这里来走动走动,也决不会搭上老沈,听说你搭上老沈之后,小房子租在环龙路,是哇?有介事哇?"

史小姐急忙摇摇头道:"别再去提起了吧,老早分开了,老沈毫无良心,一眼吭没意思,谢谢一家门。"

"什么?几时离开的?我现在不大出门,消息没有从前灵通了。"

"去年就离哉,其实我们租小房子也不过徒有其名,实际他有女人,每夜要回家,只一个星期勉勉强强偷出来住一夜,有时一个月中我们只不过碰头一两次。这件事我赛过做了一场梦,提起心头就恨,算了,算了。"

"现在,看你又有新户头样子?我打听打听祥康里,据说你也长远呒没去,王三妹也说长远呒没看见你了。"

史小姐道:"真的,王小姐近来哪哼?"

"近来仍旧到这里来走动,她抱定宗旨不同客人租房子,生活倒蛮写意,手头上也积了一些钱,都在我们这里积起来的。"蹄髈阿六说到这里,改了语调道:"喂,你今天一早赶到这里来阿有啥事体?快快说。"

史小姐一时难为情开口,脸上一红羞答答道:"有一眼眼小事,想同你商量商量……"

蹄髈阿六一轧苗头,就知道史小姐今天到这里来有重大的不可告人的事情,否则无事决不会到三宝殿,又见她说话半吞半吐的,再看见她面色黄而无血色,这分明是有喜的现象,于是坐了起来,靠在床架子上,很关切的问道:"有什么事来同我商量?你说,你尽管说。"

史小姐讷讷的说不出口,坐在床沿上,垂了一个头,面孔一会红一会白,只是望着地板微微的笑着。

"咦,你既然来同我商量,又为什么不做声?"蹄髈阿六伸出一只手执住史小姐手掌,轻轻抚着,表示出无限的深情,又接下去道:"我同你赛过同胞姊妹一样,何话不可谈,何事不可商量?说吧,你有何困难?总尽我阿六力量来帮助你……"

史小姐才道:"我真难为情开口,我不知如何会做下了这一桩冤孽的事情，我睡在梦头里都想不到。阿姊，你年纪长，经验丰富，阅历深了，想来想去，觉得这桩事还是来同你商量最最妥当……"

"你说吧，说吧。"

史小姐含羞的笑了一笑道："我有喜了，我已经有了两个月的喜了。"

蹄髈阿六手一拍，哈哈笑道："如何，如何？竟然给我料到，我一见你的面色，就有八分苗头给我轧出。那末有喜应该有红蛋吃，为什么要同我商量，姑爷做啥生意的？"

"阿姊，你还同我寻得落开心有红蛋吃，我有的是私囝呢，我离开你们这里之后，根本就没有正式嫁人，统是搭的男朋友，不瞒你阿姊说，我的私生活自知也忒荒唐了，现在这肚里一块肉，究竟是啥人种的，叫我也难以回报得出，我既没有嫁人，何来有喜？"

"阿是打胎呀？"蹄髈阿六大吃一惊。

史小姐道："我昨夜已经吃过麝香哉，可是没有效力，胎打不动，今天我见报上有一个西医广告，方才触动脑筋，相信西医用手术打胎，这是一定安全可靠的，所以特为来问问你，同你商量商量，想请你介绍一个医生。"

蹄髈阿六犹疑了一下道："有有有。"

史小姐双手抱住了阿六的肩膀一抖，咧开嘴笑道："真的，是不是真的有？你一定要介绍给我。"

蹄髈阿六正色道："西医认识是有的，可是他们不一定肯替你打胎，因为这究竟犯法的事，有的名医更不必谈了，他们当然不会干这种事，就是肯打胎的医生，对陌生人上门来求打，他们也照样拒绝，非有熟人介绍不可。"

史小姐笑道："我来同你商量就是托你介绍，我早料到你的门路多，上海各方面的人都相熟。"

蹄髈阿六道："闲话不错，托我介绍，打胎的医生我相熟的有两位，一位是日本医学博士，一位是德国柏林医学院学士，这两位对打胎都有专门经验，我曾经介绍小姊妹去打过胎，都很安全的当场打下，当场出院，同平常人一样，手术实头快，本领也真有本领，只是费用太贵了。"

"我勿在乎此，我但求安全的打下，大人平平安安，就是多花一些钱，也愿意。"

蹄髈阿六一边下了床，一边说："打胎是犯法律的，你是知道的，所以医生冒犯了法干这种有伤道德的事，他们为了什么？那当然就是钞票了。"

"当然为了钞票，这一点我非常明白，所以我闲话先讲在前面。"史小姐见阿六上马桶，她又坐到床那一头去对阿六说："我想他们也有一定章程，譬如打一个胎啥行情？"

蹄髈阿六道："这倒没有一定章程，完全看你来头，有钱人家小姐，大公馆里小姐，还有太太，少奶奶，丈夫出门去了，家里太太，少奶奶搭了朋友，有下身孕，这事情上海很多很多，那末医生就要敲一记竹杠，讨你三千五千都会开口，可是这三千五千值不值得呢？仔细想来却是大大值得，究竟养私囡的坏名誉是不会有了。"

史小姐道："蛮好蛮好，三千就三千，我只要安全，太平无事。他们诊所在什么地方呢？是你陪我去，还是你备一张条子介绍？"

"当然我要亲自陪你去，一个姓杨的住在虹口，那是柏林医学院毕业的，一个姓章的，住在马立斯新村，那是日本医学院毕业的，要路近一点就去姓章的诊所吧。"

史小姐道:"我想明天就请你陪我去,总归我永远不会忘记你。"

蹄髂阿六打马桶上站起身,一边束裤带一边道:"明天我恐怕没有工夫,还是后天吧,横竖你只有两个月喜,肚皮还看不出,就是三个月也无妨,大胆放心好了。我准定后天陪你去就是,不过我有一句话告诉你,任何人面前不可提起,千万千万要守秘密,听见哇?"

史小姐道:"阿姊,这是我本身的事,哪能会告诉人家?"说着也就起身告辞出来了。

史小姐总算不虚此行,当下回到环龙路家里,还只是上午十点钟,张妈已经买了小菜回来,正在拣着,见史小姐进来,便问道:"你到什么地方去的,一会儿就回来了。"

史小姐笑嘻嘻道:"哼,你真也不会猜得着,告诉你吧,我到小姊妹那边去的,就是商量这桩事。"说着指指自己肚皮,又眳了眳眼睛,眯紧了笑。

张妈急急问道:"小姊妹怎么说?"

史小姐道:"她说是极平常一桩事,没有什么了不得,叫我后天到她那边去,她陪同我去西医诊所,略用手术,不五分钟就下来了,快是快得非凡不去说它,并且奇怪的胎下地,本人丝毫都不觉得,这不是神医吗?"

"真有这种事?"张妈也吃惊起来。

史小姐恐怕张妈泄漏出去,便道:"小姊妹再三关照我,此事任何人面前不可以宣布,不但本人名誉要紧,就是介绍人肩胛,医生肩胛都很重,因为这是犯法的,巡捕房取缔的,这不是儿戏呢,万万不可告诉别人,听见哇?"

张妈道:"我有数,有数,决不会对第二个人说,我这一点进出不知道,真是年纪活在狗身上哉。"

史小姐一笑:"你帮我的忙,我总归知道,将来我嫁了湖力生,一定带你出国,到外国去白相相,也让你见见海外景致。"

"那末我靠了你史小姐的福啰,想不到我还有老来运哩。"

史小姐听了笑笑不做声,回到楼上,一人思思量量,又想起了湖力生,心想五天没有见面,好像隔了好几个月一样,不知如何,一想到他的音容,就恨不得立时立刻非要见到他不可,决意今天茶舞时间到仙乐斯去望望他。

史小姐一直守到傍晚,便急急忙忙赶到仙乐斯,这时候茶舞刚正开场,一看湖力生正站在音乐台上大卖其力,不觉心中欢喜起来,于是便拣了一个贴近音乐台的位子一坐,吩咐仆欧来一杯咖啡,把手里一只白皮包打开,拿出一只香烟盒子,抽了一支烟,吸了一口,把烟雾往空中一喷,湖力生果然留意到了,便一边指挥着,一边回过头来对史小姐做了一个眯眼,手掌在耳朵边招了招,这分明就是打招呼了,待到一支舞曲指挥完毕,立刻跳下音乐台,来到史小姐桌边,双手揿住桌缘笑道:"你……你为什么这几天不来?我想你想得苦。"

史小姐对他瞟了一眼嗔道:"省省吧,断命迷汤就少灌灌,难道我不来望你,你就不能去望我吗?"

湖力生知道史小姐有些不高兴了,连忙牵牵她的手笑道:"阿拉自家朋友,阿拉自家朋友,晏歇我同你细谈。"说着匆匆回到音乐台上去了。

湖力生知道史小姐挺欢喜听他唱《卖梨膏糖》，于是待第三支音乐起奏，乐队中坐在最高位子的，便"噹……"一声敲了一记大锣，这分明是《卖梨膏糖》开始了。史小姐肚里说不出的高兴，认为湖力生越唱嗓子越崭了，大有麒麟童的作风，不过麒麟童的嗓子带涩，远不及湖力生圆润，一边是五音联弹，丝竹陪衬，不算稀奇，而湖力生现在唱的只有锣鼓，喇叭，凡华令伴奏，这多少扎硬，多少不容易，尤其他那只嘴巴唱的时候扁法扁法，像老太婆，更觉得有趣，看见笑煞人。史小姐一脸的笑容，向了湖力生，湖力生有时也侧过头来向史小姐眉来眼去，大打其无线电。因为他唱这支歌，舞客个个兴奋，纷纷跳下舞池，以致舞池一时拥挤不堪。史小姐待他唱到煞末一句，立刻"啪啪啪"鼓起掌来，接上四座掌声也跟着一哄而起，而且鼓之不歇，原来还要求湖力生再唱一支，这时候湖力生堆了一脸的笑容，对了四座鞠躬，便立刻面孔向了里，指挥棒空中一指，接下去唱的是《王老五》。史小姐旁边台子有一对男女，男的批评道："湖力生唱来唱去这几个老调，都是上海过时货，他拾来大唱特唱，未免过于炒冷饭了。"女的便说："虽然炒冷饭，湖力生唱来自有其噱头，听来并不惹气，我还是佩服他。"男的道："听说湖力生挺贪色的，邪气欢喜女人，来者不拒，大半是舞女，小半是公馆里小姐，少奶奶，姨太太，名目真多哩。"女的噗哧笑了起来责问道："这不怪事，你怎么知道这末详细？"男的道："我又不是木虫，小报上差不多天天对他有攻击的文字，这是公开的秘密了，跑跑跳跳舞场的个个都知道。"

史小姐偷听到这里，顿然心里扑扑的跳，回过头来朝那男的望望，可是并不相识，史小姐还以为那男的话是对她讲的。假使湖力生的私生活真的如此浪漫,那末我拼了命追求他,把一颗赤心去寄托他身上,这无异于缘木求鱼,飞蛾扑火,还不是自取灭亡,做笨拙的事吗?史小姐想到这里,一颗心寒了起来,又安慰自己:也许是造的谣言,故意破坏人家,只听片面之词,真凭实据没有看到,我决不能贸贸然相信。

史小姐满腔心思,一时无从排遣,觉得做人麻烦死了,为什么世上不如意事竟会这样的多?

史小姐守到茶舞散场,同湖力生一起来到五味斋吃夜饭,在三楼一间火车座中,她把外边帘子拉了拉上,两人在里面边吃边谈判起来。

"密司脱湖力生,我始终还是不甚赞成你这一个脾气,人家一往情深待你,可是在你好像漠不关心的,不放在心上,你可知道这几天我不来望你,为的什么原因?"史小姐说一句,撇一撇嘴唇,心里恨他又爱他。

湖力生贼忒嘻嘻道:"对勿起,对勿起,你今天不来,我本预备明天要去望你了。"

"嘿,现成风凉话就少说说吧。我五天不来望你,其中一天是特为你置办一切家具,你不是答应住在我家三楼吗?现在替你统布置好了,只须请你搬进来,我是花上好几千块钱为你办的一房间摩登木器,以后你要是住上两个月三个月就搬了出去,我真为你活活气死……还有两天不来望你,因为病了,你看我这面色,多么黄而瘦,现在幸而可以起身,能够来望你,否则我病在床上,就是危险万分时候,你也根本没有知道……"

湖力生故意吃惊道:"当真你生过病……"

"难道我说谎不成?"史小姐瞟了他一眼接下去道:"我想你本人不来,也应该打个电话过来,连电话一个也没有,辣手真也辣手,这都不去说它。不过我始终看不出你对我有一种真情流露,我总归对你有些不大信任……"

"请你放心,我决不会答应了你而不搬到你府上,准定这个月底搬进来就是。你要知道我们西洋男人的性格完全与中国人不同,有的地方非常粗心,没有你们中国女子弯弯曲曲都能够顾虑得到,这一点要请你特别原谅。"

史小姐含笑道:"你要我原谅,我当然能够原谅你,不过我有一句话要问你,究竟有没有这种事……"

湖力生不待她说完抢着道:"什么事,什么事?"

史小姐笑嘻嘻道:"我听得外面有许多人都说你在上海搭下不少女朋友,什么舞女也有,小姐也有,姨太太也有,像部垃圾马车,并且有一张报纸上差不多天天刊登着攻击你的文字,说你是只采花浪蝶,不客气简直说你是个淫棍,你凭良心说,有没有这种事?"

湖力生跳了起来道:"这完全是外边一种谣言,你是一个聪明人,如何也会去轻信它?"

史小姐道:"并不,只是说的人口口声声咬煞你是事实,好像亲眼目睹的,要是我同你无甚关系,那末造谣的人尽由他去造,与我丝毫不相干,只是我对你寄以深切期望,当你是我理想中的伴侣看待,你想,我听了外面对你这种飞长流短,心里多少难受……"

湖力生急急道:"我拿人格担保,下个月我住到府上你就可以知道我的私生活情形,这种谣言就可以不攻自破。总而言之,实则实,虚则虚,我自问并没有什么对你不起地方。"

这时候夜饭已经吃好，史小姐一支牙签塞在牙齿缝里剔着，说："那末你准定月底搬到我那边去？三楼已经替你安排好了，打扫得非常清洁，张妈把地板用蜡打得同舞场里跳舞地板一样光亮，我因为身体不舒服，否则再替你买几件文具与案头的摆饰品。"史小姐说一句眉目之间自有一番感慨的情调显露出来，到了后来，便叹上一口气道："总之我在一日，巴望我们的情感永远维持下去，同时把你安排得妥妥帖帖。你是一个异国的人，老远几千里来到我们中国，举目无亲，如果没有一个人能诚实的照顾你，想来你的身世也很凄凉，你的年纪又这样轻，我佩服你们西洋人真有勇气。"

湖力生笑道："这就叫解决面包问题，你们中国正是我们西洋人一个好去处，遍地黄金，俯拾即得，寻钱极其容易。同时你们中国女子比我们西洋女人富于情感，尤其密司史可说是一个中国标准多情女子，我有了你，可以永远终老中国，不作回祖国想了。"

史小姐也笑道："你能够有这种思想就好哉，我死了眼睛也闭了，只怕你口是心非，当了我面前说这样的话，当了别个女人面前也是说这样的话，谁又会知道？"

湖力生是个搭壳子大王，见人说人话，见鬼说鬼话，无不把几个女性弄得昏头七冲，自然而然跌进他的圈套，何况史小姐是反而来追求他的，当然拖车同龙头一接就上了。史小姐对这一次谈判结果，非常的满意。

两人打五味斋回出来，九点半了，湖力生急忙赶到仙乐斯去指挥乐队，临别史小姐叮嘱他道："你今夜舞场打烊，来我家里，我领你看看三楼房间布置。"

"好好好，我一定去。"

"我在家里等你,十一点钟打烊,十二点钟你总可以到了?"史小姐同他握握手,有点依依不舍,说:"我本可以陪你到十一点钟打烊,一齐到我那边去,不知如何今夜精神很不好,我想早些回去休息休息,你准定来吧。"便两下分手了。

史小姐回到家里,告诉张妈今夜晏一些睡觉,十二点钟光景有客人到家里来。张妈道:"十二点钟已经半夜了,哪里还有客人到这里来?"

"我这样关照你,当然有客人来,多问什么的?"史小姐平日待张妈很和气,讲话总是轻言细语,从不以为我是个主人,你是个底下头娘姨,绝不存下一丝主仆成见,可是今夜情形两样,张妈问她这半夜里哪会有客人来,这也是句平常的话,史小姐就面孔一板,恶声对她,接上就冒出火来道:"你们做娘姨的顶顶开心是夜饭一吃马上困觉,百事可不问,有人敲门,明明听见也装做不听见,我每天看见你下午总打一个瞌睡,为什么还是困不醒,一个猪猡胚!"

张妈大吃一惊,以为你外面受来的气,出到我头上。当然有些不服,稍为轻轻辩驳一两声,真像蚊子叫,不料史小姐已经听见了,这一来非同小可,肝火往胸口直冒,台子一拍就骂:"什么话来?张妈,你可以背后吱哩骂人吗?要骂当场骂,当面骂,老实告诉你,这里你情愿做就做下去,不情愿做,到了月底另请高明,我决不会挽留你。难道娘姨是少了宝,无处去觅访?真困扁你枯郎头哉,气数真气数!"

张妈到底年纪长了,涵养功夫很深,她听了史小姐这几句话,忍气在肚里,心想过去主人待她很不错,今夜一定言语之中有了误会,那末我就原谅她,决不同她顶山头,相骂淘气本是常事,只要一个不做声,也就相安无事了。张妈于是急急忙忙离开了房间,到楼下去了。到了楼下心里好不气闷,真所谓无缘无故受了这一顿不白之冤,心想史小姐突然一反平日面目,也许不是好的预兆。老古话:"其人平日恶的,到了快死,突然会改善起来,平日善的,突然为恶,那末临死日也就不远了。"虽然迷信,倒是真有其事。张妈吃了这里的饭,只好受这里主人吩咐,便坐在客堂间里等门,不得睡觉。

哪里知道等门一直等到十二点钟,一点,二点,还是没有客人光顾,张妈真有点疲倦起来了,不得不到楼上去看看史小姐睡没有睡,到得楼上一看,只见史小姐靠在沙发里也睡着了,张妈不敢去惊动她,在床上拿了条毯子,替她轻轻盖在身上,别给她受了寒,这已经是秋天了。

这一夜湖力生就根本没有到史小姐家里来,原来他早投到别个女人怀抱里去了,史小姐却一往情深的守候他,以致和衣睡在沙发里过了一夜,还带累了张妈只睡得头两个钟头就天亮了。第二天史小姐一觉醒来,双脚麻木得一些动弹不得,勉勉强强移到床上躺下,苦苦相思着湖力生昨夜又为什么失约,会不会半夜里在路上出了意外,或者戒严到行里去了,把头脑子都想痛了,仿佛要有一场大病模样。

到了午饭过后,史小姐觉得身体好些了,想来想去好像有一桩事还没有做,一时却想不起什么事来,无意中又跑到三楼去。这三楼一个房间布置得非常舒服,她心想湖力生来到这里,一定欢喜得说不出话来,我只要他心里欢喜,只要一颗心向了我,我的愿望已达,今生也就算了,决不再作他想。史小姐坐在那张空床上思思想想，方才想起一桩事没有做，就是写字台上，桌上，床前夜壶箱上，梳妆台上，都是光光的一件摆饰品也没有。于是急急回到二楼，带了钞票，也不告诉张妈出去买办东西，便匆匆忙忙走了。一直到了傍晚才回来，大包小裹，车夫替她搬进来，放满了一台子，史小姐吩咐张妈道："统统搬到三层楼，一包一包拆开，我来安排好了。"

原来史小姐办的东西煞费一番心思，写字台上那座大理石笔盘，花了三百多元，安置台上，确实精致而大方。她知道湖力生喜欢修饰，各式各样化妆品统办到，一样一样排列梳妆台上，任他随意取用。放到小桌上的一个车花玻璃瓶，一只立体烟缸，也别致得有趣。还有夜壶箱上一尊音乐大家贝多芬的铜像，这分明祝颂湖力生将来也有贝多芬的成就。足见史小姐办这几样东西，都富于含蓄，而又迎合意中人心理的。可是张妈看在眼里就一肚皮触气，心想：有啥犯着？做些想不穿的事，真所谓痴心女子碰着负心郎，看这位外国人会不会住到你这里来，我就冷眼旁观好了。

史小姐把三楼房间安排好，心想这样总对得起湖力生了，要是他不来住，或一颗心依然不向了我，那末我也唯有把他放弃了，乐得看穿一些，当真我一定去转他念头？我姓史的没有这样痴心，没有这样的笨拙……史小姐一人这样望前想一阵，又望后想一阵，终认为湖力生这个人私生活一定非常浪漫，在舞场里偷听来的对他不满的舆论，恐怕不全是谣言，我姓史的虽然没有亲眼目睹，但有许多事真不必需要目睹，相信其为事实。

史小姐想到这里，以为他昨夜明明答应来的，又失约不来，那末今夜我不到他舞厅里去，看他会来不会来，就可以试出他是不是脑子里有下我这个人影子，从这一点上他的真面目就可以看出一部分来的。夜饭过后,张妈泡来一杯红茶,史小姐见茶叶统浮在面上,又是把张妈一阵骂,说水没有煮沸,就来煞不及冲在杯子里,茶叶发不出,这种阴阳水吃坏肚皮。其实红茶的茶叶,不一定沸水冲下立刻就会张开的,但张妈不做声,心想你这两天脾气大变,看你变到几时,无非象牙筷上扳雀丝。总之,决意忍在肚里,做到这个月底走路,为数也没有几天。史小姐骂了几句,见张妈不响,也就自骂自歇,一人上床睡觉去了。这一夜湖力生又竟然不来,史小姐躺在床上辗转反侧,一夜不曾合过眼皮,听听下面有没有人敲门,也始终没有声音。房间里电灯一直开着,这分明就是告诉了外面来敲门的人:我还没有睡呢,等候着你呢。可是史小姐听见敲过一点钟了,料到湖力生不会再来的了,方始叹了一口长气,手拍拍床沿道:"嗳,算了,算了,我决意明天到医生那边去打胎,把肚里的胎卸了,就一身轻,再当面去问问他对我究竟有没有意思,爽爽气气说一句,免得我日日夜夜一颗心吊在他身上,太没有意思了!做人做到这一步,拿热气去换人家冷气,这不是我姓史做的,也没有倒霉到这一步。"史小姐眼睁睁望到天亮,听张妈楼下收拾,又到楼上来收拾,听她用自来水冲痰盂,洗拖粪,一些粒屑声音都能够细细听到,她又看太阳晒上纱窗对过的红墙头,由一条线,一些一些阔起来,浓起来,终于伸展到房间里来了。这时候史小姐反而心静如水,决意下了楼,梳妆梳妆,吃了早点,在皮包里放了三千元钞票,另外宽带了一些,也许不够的,临出门时对张妈道:"我到派克路小姊妹那边去,有人来找我,叫他留下一个字条好了,告诉你话,别再老糊涂,摆一点心思在身上。"张妈对她点点头,心里气得说不出话来,待史小姐走出大门,她把门关上,才一人大发牢骚道:"家运气数！家运气数！史家出了这一个烂污货，真正现世。外面受来的气，尽管出在我头上，我张妈不是你一个出气筒，冷粥冷饭好吃，冷言冷语难受，下个月我要是再做下去，我张字颠倒写。也没有一变就变到这个地步的，捣那个娘格臭鸭蛋！"

史小姐不知如何在车子上眼睛跳得很厉害，她觉一定有大祸临头，便把这只跳的眼皮用手揿住，不许它再跳，待放了手，照样又跳起来。史小姐到了蹄髈阿六家里，见了阿六，一手指了眼皮，第一句就道："阿姊，真诧异，今天这只眼睛跳得真厉害，不知什么缘故？"

蹄髈阿六道："眼睛跳这是血脉不和，根本就没有关系，迷信攀谈，当然说有大祸临头，不过我不相信。"这时候阿六早饭也吃过了，本想又三只脚一桌麻将，恰恰史小姐到了，于是急急忙忙拖她到了房间里问道："怎么样，是不是现在就陪你到医生那边去？"

史小姐道："前天你说是今天陪我去的，心里真是比什么都急。"

"那末你钱带了没有？"

"带了三千元，我想你讲讲交情，或可便宜一些，如果一定不肯，他说多少就依他多少，我决不计较。"史小姐一边说，一边手掩着眼皮，因为又跳得厉害起来。

蹄髈阿六道："当然，讲讲交情，五百一千也没有定规，这原是黑门生意，完全看来的人身价，我说你是史公馆里小姐，他开口至少五千，因为你史家上海大族，无奈名气太响了，我只须说你是我庄上小姊妹，那末他就不能狮子大开口，其实花五百同花五千，一样是这些手续，一样是打下。"

史小姐笑道："我就假充你们庄上小姊妹好了，我的本意并不是省钱,要是你说出史家,我就心里吓,只怕传出去难听极了,我自己荒唐,才弄到这个地步,可是还要替我爹爹遮遮面子,替我两个哥哥遮遮面子呢。"

"那末我对医生说你姓张好了,绝不提起你本姓。"蹄髈阿六一边便换衣服,换鞋子,又郑重其事道:"史小姐,不过我有句话对你说,章医生打胎,他是用最新式刮子宫打胎法,安全果然安全,不过这终是件危险事情,我可不负这个责任,你自己要摆定宗旨。"

史小姐拍拍胸脯道:"自然,自然我老早摆定宗旨,过去你介绍打的个个都好,难道挨到我头上就不好?决不会的,并且医生赚得这钱,上得来手,决不是儿戏。"

"好,那末我现在就陪你去。"当下蹄髈阿六和史小姐出得门来,喊了两部黄包车,直达马立斯新村章医生诊所。

到了马立斯新村,两人下了车,七转八弯到了章医生诊所,蹄髈阿六上前按了电铃,只见走出一个老妈子,把玻璃门开了一条缝,半个身体在里面,轻轻问道:"小姐,你找哪一个?"

"你们章医生在吗?"

"请问有什么事?"

蹄髈阿六对微微一笑道:"我有一些小事情拜托他,这里我来过两三次了,同你们章医生相熟的,请你放我进去,勿碍的。"

老妈子才放心把门开直,领了她们到会客室里坐下,又问道:"请问两位小姐尊姓?"

蹄髈阿六道:"你告诉章医生,说派克公寓蹄髈阿六找他,他就知道了。"

老妈子授了两支香烟,端了两杯茶,史小姐四边张张望望,觉得这个地方要是陌生人来找，真也找不到，门口又没有悬着章医生招牌，只单一个"章寓"。到了这里一些也看不出诊所派头，同一个平常人家一样。史小姐对蹄髈阿六道："阿姊，这里真不像是个诊所，要是你不领我来，我死也不会敲门进来，上海滩上自有这许多奇奇怪怪事情，出乎我们意料之外的，打胎居然还有专门打胎的医生？"

"他这里虽然难找，可是知道的人很多，大都是公馆里小姐，打胎这生意真是好交易，一个月只做一号已经够开销了，如做二号三号四号都是赚头，况且他这里因为地段中心，手术高妙，差不多三头两天有生意上门。上海滩上真是无奇不有，养私囝也会这样的多，而且来到这里的都是有钱人家，作孽真作孽……"

史小姐忽然面红耳赤起来，便推蹄髈阿六道："够了，够了，别说了吧，我越听越触耳。"

正在这当口章医生打楼上送客下来，那个客人穿的元色纺绸长衫，手里拿了一把老长的油纸扇，浓眉大眼，一面孔杀气腾腾，只是经过会客室朝外走，章医生在后面送着，老妈子便抢在前面开门。章医生送他到了门口一鞠躬而别，然后回进会客室招呼蹄髈阿六笑道："啊呀，长远不见了，你近来生意很好？"

阿六站起身介绍史小姐给他道："这位张小姐，是我们庄上新来的小姊妹。今天有点事来拜托你……"

史小姐只好心里默认姓张，默认是阿六庄上小姊妹，笑嘻嘻起身对章医生鞠了一躬。

章医生看见史小姐，已经料到来的原因，便对阿六道："来来，请到楼上来，我问你。"自顾到楼上去，阿六便跟在后面。待到了楼上,章医生面色很难看道:"阿六,阿六,你可知道刚刚我送的人是个什么家伙?我被他敲去三千元竹杠。"

蹄髈阿六大吃一惊道:"什么?被他敲去三千元竹杠?"

章医生把拳头在桌面上击了一下,气愤万状,面色十二分难看,叹了一口长气道:"算了,算了,不知什么人泄漏了消息,刚刚那个家伙是本段地界一个著名流氓,他居然告诉我姓什么,叫什么,住在什么地方,他来拿这三千元开销,还问我是否愿意,如果不愿意,他尽可不要,那副吃硬态度,让你阿六看见,也气伤心……有什么话说?"

"那末你总走漏了消息出去?本来流氓打听了你做这种生意,挺是个敲竹杠机会,你外面到底有冤家没有冤家?"蹄髈阿六代为愁急起来,眉头蹙紧了,又拍了一拍桌角道:"唉,你为什么他开口三千,你就答应了三千?"

章医生靠在沙发里道:"我没有这样笨虫,他开口三千就答应他三千,你真料不到他的心狠,你可知道他开口要我多少?"

"总不会要三万。"

"嘿,他竟然开口讨我三万。他说我每个月生意邪气好,统扯每日有一个妇人上门来打胎,那末至少三千元一个,一个月就有九万元进益,现在分三分之一给他,也不为过。这三万元如果不愿意在他们面上花用,他们决不会强要,只是你这个生意就不会给你这样安逸,不是封你门,就是捉你人,小焉者封门而大焉者捉人,判处死刑。他讲有两条路:一条是生路,就是捧出三万元。一条死路,就是他立刻代为报捕,也许十分钟内手铐扣起来。阿六,你想想,我一时真被他弄得焦头烂额,而他那副吃相,刚刚走过，你是看见的，多么可怕，完全是个强盗胚子。于是我再三同他讲交情，总要帮帮忙，大家都是中国人，你今天上门，我总归给你撑足面子，决不与你为难，你说我每月有九万元收入，这完全是谣言，绝非事实，何况上海私营打胎医生，不是我一人，据我知道一共有十五人，散布上海。总算横讲竖讲，由五百元加到一千，一千五，二千，二千五，三千，而他也步步下跌，才接受了三千元了结。虽然三千元小事，但，此风一开，以后就受累无穷，他不时可以来搅不明白，我这生意还可以做吗……"

蹄髈阿六寻思了一会道："章医生，不过话要说回来了，你这钱譬如买长锭烧给他们，譬如一个月中少接一个生意，只好打这算盘，那末就担保不会出事体了。"

史小姐在楼下等得不耐烦起来，有些火冒道："阿姊阿是死在楼上勿下来哉？恨得来。"

可是史小姐在楼下会客室里尽等，等了好一会，依然不见蹄髈阿六下楼来，心里恨是恨得来，又不便贸贸然赶上楼去，心想他们究竟谈些什么秘密，介长远辰光，可不要把我史家底细都告诉了他，那末真是一个十三点了。

蹄髈阿六在楼上原是章医生为了被敲三千元竹杠，说长道短的讲之不休，然后他们才谈到史小姐打胎的事上来，阿六道："章医生，算了吧，三千元敲也敲去了，毋庸再放在心里，世界上金钱寻不完的，只要去了会来，依然给你补足就好。今天我介绍你一个生意，楼下那个张小姐……"蹄髈阿六说到这里，把声音压低来："我同你讲老实话，其实她并不是姓张，她姓史，上海史家你知道不知道？"

章医生侧着头，想了一想道："不仔细。"

"咦，上海史家你都不仔细呀，鼎鼎大名，她的老太爷是个大官员，红得发了紫，两个哥哥也是大官员。咦，你为什么会不知道？"

章医生经阿六一说，方始明白，连连点头笑说："对对对，那末史小姐是不是有了身孕？"

阿六道："为了她怕坍史家的面子，故意说是姓张。她今年恐怕已经有念五六岁，还不曾出嫁，可是真是一个会胡调的人，七搭八搭，说来话长。现在问你，我介绍来打一个胎啥行情？"

章医生伸了一只手五个指头。

阿六道："阿是五百只洋？"

章医生马上大笑道："阿六，你枉为同我老朋友，你阿曾听见过有五百只洋打一个胎？"

"那末是不是要五千？"

"起码五千，这是你介绍来面子，别个上来没有八千七千休开口。现在药本重，钞票又不值钱，我情愿拿从前五百，日脚好过，不愿现在拿五千，生活艰难。你开咸肉庄，客人做一个夜厢，行情当然也跟从前不一样了，这是一律情形，一涨百涨，何况打胎我要冒着危险，如果真的破了案……"

阿六道："够了，够了，废话一大泡，我介绍来的你无论如何费用便宜些，这也是我介绍人面子。"

章医生摇摇头笑道："我已经买你面子，不然史家真是上海有钱大公馆里小姐，讨她九千或一万也不算少，她也是要打胎的，所以你不必为她打算，你应该帮帮我忙，我吃这碗饭，赚这种铜钱，老实说也是绝子绝孙的……"

"哪哼,章医生你的心近来何其狠,说五千一定要五千,金口,你是不是金口?"

"钱根本又不要你阿六拿出,这分明是割我的皮,你假使要拿回佣,我可以打一个九折,你到手五百元,好哦?"

阿六啐了章医生一口道:"我来拿你回佣,真要死快哉,三五百元勿在我眼里,谢谢一家门。"

"那末你回佣不拿,我只收她四千五好了,这个回佣的钱,省在她头上好了。"

阿六预备再同章医生讨价还价时候,那老妈子赶上楼来对了她道:"太太,楼下那个小姐,请你下去,等得很心焦,她要走了……"

蹄髈阿六道:"晓得哉,你关照她,说我马上下楼。"老妈子便下楼回报史小姐去了。这里章医生对阿六道:"现在你再要叫我便宜,我实在无从再可便宜,真不瞒你阿六说,我们吃这行饭,开出价钿并没有讨价还价,只要手术特别认真,把细,这是最最要紧,否则你钱出得少了,我心中老是不高兴,也许手术上一个疏忽,因为心境关系,这是难免的,所以你别的地方尽管替她挖打,节省,对打胎上的费用,还是不要做人家的好,我欢喜老老实实。"

阿六沉思了一下道:"我只肯出三千只洋,你答应不答应随你便,你别这样扯足了风篷,咬煞四千五,只要我下次多介绍几个生意上来就好了,难道我阿六这一点面子不买?"

"笑话,笑话,我要是不买你面子,闲话早已告诉你了,至少开口八千,现在废话少讲,史小姐在楼下已经等到很心焦,你下楼去一言为定,问她四千愿不愿,愿,一边付款一边就开始动手术,不愿，那末你叫她另请高明，或请你另外介绍一个医生，都吰没关系，生意各人各做。"章医生讲话爽里爽快，一刮两响，说罢便跑到另外一间，抽了两支香烟，分一支给阿六，呼了一口，便往大沙发里坐了下去，一双脚矮凳上一搁，咧开嘴巴笑道："阿六，阿六，真的，你们庄上近来阿有新人才？我来做一个夜厢，听说有几个电影明星，你们庄上常常跑动，阿有其事？说起你们庄上王三妹，我见她头顶大了，此人风骚入骨，见她一笑，就受不了，我做过她三次，在她身上花过三千三百只洋，这许多日子不到你们那边的原因，就是她逼我买钻戒，我吓得不敢见她的面……"

蹄髈阿六挥挥手道："去去去，同你一本正经商量事情，你七拉八扯的，是不是三千一定不肯做？"说着面孔一板。章医生恐怕阿六动气，只得三千就三千接受下来，阿六立刻赶下楼去，史小姐看见她，心里只是火冒不出，一把扯了她道："这末长的时间，你到底讲……讲些什么，我还当做你在楼上打瞌睡勿下来哉？"

阿六对她眼睛一瞟，坐了下来道："见人挑担不吃力，我是为了你的事呢，你知道章医生开口要多少？"

史小姐道："我没有来打过，如何会知道？"

"她开口八千，你想吃性狠不狠，不过近来药本昂贵，这生意危险性又重，他说也是做一天算一天了，因为是我介绍来，也不好不接，并且刚刚又被流氓敲去三千元竹杠，这是的的确确事实？"

史小姐心里大吃一惊："八千……那末讲到结果？"

"讲到结果，算打对折，四千元妥当，不过你只带了三千元，还缺一千元，我已经代你付了，你现在付我三千就是，这已是天大面子。"蹄髈阿六狠一狠心，揩了一千元的油，她心里以为这揩了章医生的,并不是揩史小姐的。她接了三千元钞票,对史小姐道:"我替你垫一千元,你回到屋里,慢慢派人送还我好了。"

史小姐横感谢,竖感谢,说是代垫一千元今天回家就吩咐张妈送上门,决不误事。当下阿六便领史小姐上楼,付了款子,阿六道:"章医生,你收了款子也不必开什么收条了,大家都是相熟的。"

章医生收了钱,锁到账台旁边那只洋箱里,对史小姐道:"张小姐,你是不是预备现在就动手术?"

史小姐听见现在就动手术,早吓得心"扑托扑托"的跳,面色也顿然苍白起来,嘴唇皮也变得乌黑了,讲话有点颤抖,她对章医生点点头。蹄髈阿六见史小姐面孔转了色,便安慰道:"你不用怕,你要始终信仰章医生,他有绝对的把握,使得你安全的把肚里一块肉打下,他不是第一次打胎呢,他有多年的丰富经验了,你放一百念四个心,不必吓,听见哇啦?"

史小姐点了点头强笑道:"我不吓,我始终相信章医生。"她嘴上这样说,心里却恐怖得不能再恐怖了,手脚都在发冷发抖起来了。

章医生按了按电铃,把老妈子喊上楼下,吩咐她道:"任何人来找我说不在家,推说出诊去了。"老妈子答应了一声也就下楼而去。章医生对史小姐招招手,叫她跟他到里面一间,于是史小姐便跟在他后面到了里面一间密室,蹄髈阿六也打算跟进来,笑道:"到底如何打法,我也没有见过,我可以进来见识见识吗?"

章医生连忙道:"对不起,对不起,别的可以参观,手术间任何人拒绝参观,请你外面白相一歇吧。"

蹄髈阿六一张嘴便嘟了起来道:"谢谢,你拒绝我进来,我真也不愿意参观,这怕人势势的,看了触霉头。"

章医生领了史小姐来到密室，斗小的一间，没有窗洞，四壁绷着白布，边头有一具玻璃橱，里面放着雪亮的手术上用的刀叉，玻璃瓶，药水棉花，布，杯盘，室的中央放着一张半人高的手术用的克罗米铁床，顶上一只反光灯射了下来。史小姐这时候眼皮不跳了，倒是一颗心跳动得厉害，而且还感到一阵一阵心口头发虚，吐出酸水来。她见章医生穿上一件白竹布外衣，纽子纽在背脊后面，开始在自来水龙头下洗手，这时候外面走进两个年青女子，随手把室门关上了。史小姐见她们两人，一进来就穿上白外衣，方才明白这两个女子是章医生的助手，果然章医生一边洗手一边吩咐道："你拣一支新针头来用吧，老的统钝了。"章医生这一番洗手工夫，也足足占了二十分钟之久，待洗好，便套上消过毒的橡皮手套，接上两个女助手也洗起手来。

章医生一边找针药，一边对史小姐道："请问你有多少日子身孕了？"

史小姐道："那一天生病，请了一个医生看病，方才从脉搏里搭出，说我有喜，我一派身上来的日期的确有冒两个月没有了，同时感觉到头晕，泛恶，口馋等等现象……"

章医生道："当然，当然，这一定是怀孕，你已经有了两个月出头，为什么不早些日子来？"

"我没有知道你章医生这里能够打胎，还是前天阿六姊对我说起，才托她介绍。"史小姐说到这里，见两个女助手捧出一盘雪亮的刀叉，放在火酒炉里消毒，于是她怕得又发起抖来，急急拖了章医生问道："请问用……用的如何手术？"

章医生笑了一笑，壮她的胆道："没有什么手术，很简单一桩事,你不必怕,大胆放心好了。"说着吩咐她把旗袍脱下,旁边那个女助手便上来替史小姐解旗袍纽扣。史小姐道:"我自己来,我自己来。"

史小姐一边解纽扣一边手在那里发抖,终于把外面一件旗袍脱了下来,露出里面衬里短衫,下面一条短裤,炒米色长统丝袜一直穿到大腿上面。章医生见史小姐手脚有些发抖,便问道:"你嫌冷吗?"

"不。"史小姐摇了摇头。

"那末请你躺到这张手术床上来吧。"

史小姐硬了硬头皮,上了床,仰天躺着,一个女助手把她短裤脱了,丝袜也脱了,另一个女助手端来一盆水,肥皂,剃刀……史小姐没有办法,只得由她们去摆布,只把手掌掩了脸,怕羞极了。她现在静待着章医生什么手术做出来,一些不怕了,她知道怕也无益,还不如听天由命。这时候章医生在她臂膊上打了一针全身麻醉,史小姐望到天花板上,忽然眼花缭乱起来,顿然失去了知觉。

章医生喊了她两声,没有回答,知人已麻醉了。注射麻醉,用药都有规定,身体强健与否,大有分别,身体薄弱的用半身麻醉,上半身有知觉而下半身知觉全失了。现在以为史小姐身体很好,便用了全身麻醉,两小时之后方才渐渐清醒。这时候章医生套上手套,心细如发,处理得十分郑重,用一个鸭嘴形的器械插进去,不一会工夫便自然而然的扩大开来,有了一个碗口大的洞,反光灯一直照到里面子宫,章医生仔细诊察了一番,便一手拿了一只瓢形的刀,锋利无比,伸了进去,将胎儿的血肉一块一块的割了出来,真像豆腐那样的嫩,可是血流不止,每割一次,章医生的满手都是血,变了一只血手,而割出来的零零碎碎血肉,放在盘里,真是不忍卒睹,这时候章医生等于一个杀人凶手,假使稍有不慎,将子宫割碎,孕妇的性命就立刻交托他这只杀人的手里,任他如何心细如发,真是危险万分,章医生工作始终紧张,不容一丝疏忽,两个月的胎儿,居然割出来的连血带肉,放满了那一个盘底。章医生接连换了几种不同的刀,大都是瓢形的,到子宫里面从事清除,看是否割完,几度搜刮之后,认为已经没有剩余留在里面了,便拭去道口血渍,撤除鸭形器械,只见那口渐渐缩小,归为原状。善后手续就是洗涤子宫,因为不免有污血留在里面,助手捧了一大瓶消毒药水,另外一根橡皮管,一头是铜的,一边将药水灌了进去,一边打道口流出来的,统是血和药水混合的流液。

一切手续完毕,接上替她身上盖了一条毯子,章医生诊她脉搏,防虚脱,替她打了一针强心针,增加她的抵抗力,因为流血过多,往往有虚脱现象,这是很危险的,大致有心脏病,或贫血病,极容易虚脱。

章医生在史小姐旁边守了不少时间,不时的看手表,不时的替史小姐搭脉,知道回醒时间还没有到,便吩咐两个助手守着,自己到室外吸上一支香烟。

蹄髈阿六在沙发里等得打起瞌眬来了,章医生走到她面前,用脚轻轻踢踢她的脚尖,"嗤"的一笑道:"这样的好困,像只猪猡!"

蹄髈阿六被他一踢,一个震动,也就惊醒了,张开眼来见章医生嘴里衔了一支香烟笑嘻嘻站在她面前,立刻坐起搓搓眼睛问道:"阿是已经舒齐了?"

"老早舒齐了,这手续本来迅速无比,延长就完结。"章医生说着也就在对过沙发里一靠,脚一搁。"现在只等她回醒过来,再休息一会,车子送她回去,总要有两个星期调养,方可恢复本来状态,另外最好每天打补血针,或者打维他命针,帮助她恢复得快些。"

蹄髈阿六道:"阿是现在人还没有醒?"

"马上就会醒了,完全清醒总要两小时以后。"章医生说着把半支香烟往烟缸里一搁,又赶到那间密室里去了。这时候史小姐果然有些回醒了转来,手脚开始在那里舞动,而两个助手用力揿住不让她舞动,因为麻醉药性失了效力之后,回醒过来第一步就是手脚乱踢乱动,可是她的神经这时候还是没有完全清醒,眼睛是闭的。

隔了一歇,史小姐也就安静起来,一些不动了。章医生在史小姐耳朵根头轻轻叫两声,史小姐赛过做了一场春梦,忽然张大了眼睛骨碌碌的转,对了章医生脸上望着,怔住了。

章医生对她道:"你认得我吗?"

史小姐不做声,只是对他脸上呆望,好像不认识一样。章医生知道这是清醒之后必有现象,笑嘻嘻道:"恭喜你呢,你已经脱离危险了,下部你觉得有些异样吗?"

又隔了一歇,史小姐方始完全清醒过来,笑了一个呵欠,急急问道:"章医生,章医生,阿曾替我打下来呀?"

"老早打了下来,非常安全,一丝危险没有,恭喜恭喜。"

史小姐打算要坐起来,只是非常乏力样子,一些也坐不起,把手在床上撑了撑,依然坐不起,两个助手齐声道:"你休息一歇吧,慢慢的坐起,多养一会神。"

史小姐问阿六姊在哪里,章医生道:"她在外面房间,你尽管多养一歇神吧。"

章医生吩咐助手替史小姐再度检查一番，认为情形很好，助手便替她穿上衬裤，束好带子，这样又休息了一会，然后扶她打手术床上起来，一直扶到密室外长沙发上躺下，章医生道："最好喊辆汽车回去，别吹了风，另外再请个医生打针，调理一番，恢复起来很快的。"

史小姐见到蹄髈阿六，苦笑着喊了一声"阿姊"，好像掉下眼泪似的道："真对你不起，要你陪了我这末长的时候，耽搁了你许多辰光了……"

蹄髈阿六拖了张矮凳，陪坐在史小姐面前，心细的道："我已经问过章医生好多次，他说经过情形非常好，我放心得多了。我问你，你有点觉得什么，痛苦觉得不觉得？"

史小姐摇摇头答道："丝毫不觉得什么，赛过做了一个梦，现在梦醒了回来，手术早已做好，真叫我奇怪，章医生的确有本事。"

蹄髈阿六欢喜道："这就是钞票好东西，你假使没有花这四千只洋，就是有办法打下来，你的痛苦也受得够，现在你赛过做了一梦，可说梦醒一身轻。"

史小姐点点头笑笑，阿六见她脸色可怕，一丝血色没有，便说："打胎到底辛苦的，你回去之后，好好的把身体调理一番，吃点补品，或打补血针，章医生告诉你过没有？"

"对我说过了。"

这时候已经中午，章医生诊所里开出午饭来，小菜相当考究，四荤一素一汤，一共六碗，章医生一定留蹄髈阿六午饭，阿六也就不客气坐下来吃了，阿六道："那末张小姐给她吃点什么呢？她肚子一定饿了。"

章医生一边吃饭一边道:"我已经关照,预备好了,她只好吃一杯牛奶,流质的东西,如果嫌饿,可以多吃几顿,明天方可以吃饭,每顿最好吃一碗鸡汁,自己小菜场上买一只活鸡回来,去毛去头去脚去翅膀,斩了一块一块放在炖鸡汁的磁罐内,不可以放水,炖到五小时以后汁自会出来,就喝这些汁下肚,鸡肉不要吃,这是最好的调补之法,效力伟大,药房么卖的什么鸡汁,什么牛肉汁,大半不可靠,当然自己做的真崭实货。你对她说:每天预备一只鸡,一个月下来,身体比过去更结实。"

　　这时候史小姐一边喝着牛奶,说:"一天一只鸡很省力的,我回去明天就开始吃起来好了。"

　　史小姐一杯牛奶下肚,精神略为兴奋些,讲话声音也提高些了。

　　午饭后,蹄髈阿六又同章医生谈谈讲讲,到了两点钟,方才设法喊了一辆木炭汽车,把史小姐送到环龙路府上。蹄髈阿六把大门敲开,张妈见史小姐面无人色的横靠在汽车里,倒吃了一惊,阿六道:"侬阿是史家娘姨?"

　　张妈道:"是的,是的。"

　　"我同你把史小姐打车子里扶起来,扶她上楼躺到床上。"

　　张妈打算问她得了什么病,一看有人陪送而来,也许经过医生看过了,不便多问,当下便弯下身体,跨进车厢,同阿六一起用足了力气把史小姐扶下车子,可是两个女人力气究竟有限,汽车夫手脚很敏捷的,赶上来把史小姐背后托了一把,双手腋下一撑,扶进门口了。

　　阿六趁机道:"车夫,车夫,谢谢侬,有心请你一直扶小姐到楼上吧,这扶梯真难走。"

史小姐喘着气,双手捉紧了车夫衣服,恐怕自己掼倒,车夫力大如牛,觉得扶梯上这样扶了反不能走,便道:"小姐,索性抱你起来吧。"他调了一个面,弯下腰,一手搭在背脊上,一手钩在腿弯里,把史小姐凌空抱了起来,"登登登"一直跑上了楼,张妈赶在前面嚷道:"来来,跟我来,这一个房间里。"

车夫抱到床前,把她轻轻放在床上,史小姐连忙道:"谢谢,真正谢谢。"

"没有关系,没有关系。"

阿六对史小姐轻轻的说:"木炭汽车出差一次是三十元,酒钿在外,至少也要付他三十五元,这是我们庄上老喊的,你因为是他抱上楼,我看另外加他五只洋赏封,付他四十块好了。"

"对对,要得,要得。"史小姐说着便把枕头底下一个钥匙交给阿六道:"你拣一个长的钥匙就是橱门上的,开出来,中间抽屉里有钞票先付了他四十块,让他走吧,车子出来辰光延长,要作钟头算的。"

阿六一边开橱门取钞票一边道:"勿碍勿碍,讲定接送总归依接送办法,辰光稍为长些有什么关系?"橱门开来,拿了四十元钞票交了车夫手里,一边再三谢谢也就下楼去了。

史小姐道:"阿姊,我欠你一千元,请你也随手拿了吧,免得我派人送了。"阿六果然良心一歪,就取了一千元,往自己皮包内一塞,笑道:"好好,我不同你客气。"于是把橱门锁上,钥匙交还史小姐,坐了一歇也就走了。

史小姐俟到蹄髈阿六走后,才把今天打胎的事一五一十告诉了张妈,讲到后来就不做声了。张妈打算问她打下来的是男还是女,一看史小姐已经双目闭住睡着了，想想又奇怪起来，伸手摸摸她的额角，只有一些些温暖，又替她搭搭脉搏，真是跳得很慢很慢，张妈心里一跳，倒有些怕了起来，不要打胎时候内里受了伤或流血过多，又加之车子里一阵震动，上楼时候用力伤了神，就此虚脱……

张妈想到这里，又看看史小姐面孔，怕是可怕极了，像张黄表纸，双眼顿然下凹，嘴唇皮雪雪白，现在只有一口气了，假使这口气没有，又还不是朝来的路上去了？张妈知道史小姐也许十二分乏力之后懒得开口，迷迷睡着了也说不出，于是急忙把房间里的窗，统统关了起来，产后最忌吹风，一方面替她炖好一些参汤，让她吊一吊神。一直到了傍晚，史小姐方才回醒了转来，张妈胸口去了一块石头，赶到床前轻轻道："小姐，小姐，你现在醒了，好好，刚刚你讲讲话忽然半段中断了，我一看你面色，真叫怕得可以，你是不是没有精神？"

史小姐蹙紧了眉头，双目望着天花板，声音像蚊子叫的答道："我……我自己也没……没知道，张……张妈，我看我这个人恐怕……"说到这里两行泪水打两边挂了下来。

张妈道："小姐，我劝你心里不用难过，我看你一定流血过多，元气大伤，你要好好调养，我炖了一些参汤，要不要喝了？"

史小姐点了点头，一个脸在被角上擦了擦，把两行泪水擦了。张妈看看她又是很凄凉，心想这完全是自作自受，还有什么话好说？张妈把参汤灌在一把小小茶壶里，把茶壶嘴那一头凑在史小姐嘴里，她一口一口慢慢咽着，大致咽了四五口便不要了。隔了一会，人果然有些精神起来，便问张妈道："我早晨出去到现在有人来找过我吗？"

张妈道:"没有,一个人也没有。"

"电话呢?"

"电话也没有打来,我一步也没有离开这里。"

史小姐又想起湖力生来,一颗心终是吊在他身上,叹了一口气问道:"湖力生呢,他也没来吧?"

张妈道:"是不是下个月预备搬进来的那个外国先生?"

"就是他,他就叫湖力生,为什么你头脑子这样的笨,到现在还没有摸清楚。"史小姐不知如何又对张妈冒起肝火来了。

张妈道:"没有来,没有来,连影子都没有来,小姐,我劝你看穿点吧,这种外国人当真还有良心的不成?你也太痴心了。"

史小姐听见张妈说她太痴心了,禁不住又流下泪来,便偷来拭了拭道:"也好,随他的便吧,如果有良心的来也好,我总归一片真心待他,没有良心不来也好,横竖我是个不久于人世的人了。唉,张妈,我想想做人实在一无意思,无意义极了……"

张妈道:"做人本来是一场空,有什么意思呀?小姐,我劝你还是想得穿点吧,身体要紧,别忧伤了,况且你在产后,身体又这样坏,真正一眼推班勿起。"

史小姐面孔向了里床,尽管淌泪,实在禁不住心中悲伤,忽然呜呜咽咽哭出声来,她恐怕被张妈听见,又要隔靴搔痒的劝着,索性把被头掩了脸,偷偷的哭泣,待张妈煮好了稀饭送上楼来,方才收泪,但,眼泡皮已经哭得绯绯红,肿得像胡桃那样,张妈把稀饭盛了一碗,端到床前,叫她多少吃些,史小姐摇摇头道:"吃不落,张妈,真不瞒你说,我一些也不想吃,心口十二分窝涩,身上不时出冷汗。"

张妈道:"我看你还是勉强吃些吧,没有吃东西,当然更加抵抗不住。我看你多少吃一些,你如果不吃,身体更加吃不住了。"

史小姐经张妈再三劝了一阵,勉强坐起身来吃了两三口,又像要恶心吐出来样子,连忙把手里的碗放下,躺了下去。张妈见她这副样子,也就把稀饭碗盏收拾了下楼,又把参汤炖着,预备半夜里再给她吊一吊精神,心想明天还是请张剑秋医生来替她看看,年纪轻轻一个女人,抛下了家庭,一人在外边这样住着,荒唐的结果,哪会有好收场?我张妈在这里做个娘姨,真是处处当伊亲生女儿一样照顾,现在眼见她糟到这个地步,也真是忒作孽相了。

到了第二天史小姐病体更加恶劣,连面上都浮肿起来了,张妈一看情形不对,连连问道:"小姐,小姐,你到底自己觉得有些怎么样呢?自己有病,当然自己也应该有些知道……要不要请张医生来替你看看?"

史小姐心口郁结万分,微微摇摇头叹口气道:"不必,不必,我自知不会中用了,你……你替我打个电话,给我妹妹,叫她马上到这里来,我有话对她说……"

张妈立刻打了电话到西摩路史公馆,告诉她们如是这般,原来这电话接的就是她妹妹,回说立刻就来。张妈又打了电话请张剑秋出诊,告诉了史小姐,说:"你毛病很重很重,脸也肿了,赶快请医生不能再挨,我不听你的话,已经请张医生出诊,他马上就来了。"

隔了不多一会史小姐的妹妹倒没有来张剑秋医生倒赶了来,这次张妈请他出诊,他特别讲交情,特别出力,算是按照急症拔号,把门诊都搁下赶出来了。一到没有上楼,张妈便将史小姐的病情一五一十说了一番,张医生就一阵跳脚道:"该死,该死,为什么要请西医打胎,这最是危险不过的事,他是动刀动枪硬劲割下来的,人是血肉做的,哪能经得起这苦头!"

张妈道:"我本当劝她多吃一些麝香,一定会得下来的,她不听昨天早晨便一人出去请西医打胎,说是一个小姊妹介绍的,待到打罢回来,人已经不像了,路也不能走了,三个人扶她到楼上躺下,今天人更不对了。"

"好好,让我上楼看了再说。"

当下张医生到了楼上,走到史小姐床前,见她面孔真的已经浮肿,又是吃了一惊。他放下皮包,坐在床沿上,打被里轻轻拖出她一只手臂,搭着脉搏,张妈在旁边道:"小姐,张医生来替你看病呀。"

史小姐回过头来朝张医生看了一眼,不做声,又把眼皮闭上了。张医生把脉搭到一半,对张妈微微摇摇头,又皱皱眉头,低声道:"病是十分沉重,完全是流血过多,心脏衰弱,仿佛近乎虚脱一样,她的亲人在什么地方?"

张妈把声音压低道:"我已经打过电话去了,叫她妹妹来,可是到现在还不曾来。"

"你赶快叫她亲人来,否则你张妈肩胛太重了,这个毛病依我看……"张医生同张妈离了床走到写字台前,张医生又道:"毛病是不出三天,总归完结,所谓油尽灯灭,这是逃不过的定律,最大原因还是心脏衰弱,所以要浮肿,中医无法可想,就是开一味大参汤,也是无济于事,或者西医打打针,可以扳转来也说不定,不过毛病已经入骨,眼前只好死马当活马医医看了,所谓尽尽人事而已。"

张妈听了大吃一惊,一时手脚无措道:"叫……叫我一人如何办呢？她的亲人一个也不到，张医生，张医生，一定请你帮帮忙，救了她一条性命吧。"

张医生泰然道："什么话来，我做医生，当然出来医病，对病情如何凶险，决不能含糊其词。现在方子我开一个放在这里吃不吃随便，不过这帖药下肚，人有精神一些，或脸上浮肿减退一些，打一个电话给我，我来再替她扳扳看，如果这帖药下肚一无颜色可以看见，就不必再请我出诊，另请高明好了。"说着便打开皮包，开方子，一边道："张妈，不过我劝你这肩胛还是由她的亲人去肩了的好，你是一个娘姨，犯不着呀。"

张妈又手忙脚乱赶去打电话到西摩路史家，赶紧叫亲人来，可是一时心慌意乱，把电话拨错了一个数字，都打到一家油行里去了。

这时候张医生把方子拟就，又仔细考虑了一番，把手指在方子上弹了一记道："张妈，来来来，电话打不通，索性等一歇再打，我告诉你……"

张妈把电话挂了，赶过来，张医生道："这张方子大有进出，吃不吃听便，最好让她的亲人到了，再请一个医生来评评看，也没有关系。毛病总归……总归，我实在没有把握。"张医生说到这里，把方子授到张妈手里，自己便把皮包搭搭上，拎在手里打算就走。张妈赶快拿了五十块钱，用红纸卷了卷，塞在张医生手里道："费心，费心，如果吃了药好些，我再打电话请你，千万还要你想想法子，救救她。"

张医生接了钞票，也就不客气往里面袋里塞了，一边下楼一边道："知道，知道，待吃了这帖药，如果转机些，那末就有希望，我再想想特别法子扳扳。医生只能医病，不能医命，如果史小姐不好，当然我想尽方法也没有救的,是哇?是哇?"说到这里,打客堂到了门口,两下分别了。

张妈刚正打电话,听见下面有人敲门,张妈推开楼窗一看,原来史小姐妹妹来了,张妈急忙赶下去,开了门抱怨道:"为什么,你为什么到现在才来?你姊姊病重得了不得,医生都要回头了。"

史小姐的妹妹也不说什么,匆匆忙忙赶到楼上,见姊姊躺在床上,面孔肿得不成一个样子,心里一酸,几乎落下眼泪来,执住她一只手唤道:"四姊,四姊,你……你怎么糟得这个样子,做妹妹的看见怎不伤心呀!"

史小姐微微张开眼睛,忽然挂下两行泪水,又把眼皮闭上了。她妹妹知道病人怕烦,心里很难过,便轻轻把姊姊脸上流下来的泪水拭了,回转身一个电话打给朱克文医生,请他赶快出诊。又问张妈道:"我姊姊何日起病的,为什么你老早不打电话通知我?你枉为是吃这里的饭,你真老糊涂透顶了!我不是抱怨你,极应该老早就通知我。"

张妈本想把史小姐的打胎事情瞒住不说,可是吃了这个冤枉,便不得不照实吐露出来了,她妹妹方才明白姊姊的致病之由,叹了一口长气道:"真是自作孽,自作孽!她一向一人住在外面不归家,以致爹爹哥哥姊妹都同她意见不合,平日太荒唐了,哪会有好结果?一家的人除了我,个个都同她性格不合,因为反对她住在外面,爹爹替她许配青海路南浔刘家,她不肯嫁,许配吴家又不愿,却爱在外边七搭八搭,名誉也就坏完坏完。说起来真正一言难尽,我平日总是劝她,哪里劝得好呀……"

正谈到这里朱克文医生已经赶到,张妈急急忙忙下楼去开门,只见朱医生带了一个女医生同来，他开口问道："这里是不是史公馆？"

张妈道："是的，是的，请进来。"

原来朱医生是个西医，史小姐的妹妹曾经有过一个险症，毛病已经到了九分九，只差一口气了，完全是朱医生替她扳转来，所以她心目中只有一个朱医生给她印象最深，这次她四姊的病，也非请他出诊不可。朱医生刚正上了楼，她打房间里奔了出来迎接，朱医生看见她，一阵握手笑道："什么，你在这里？"

"是的，这是我四姊的家，她病得很重，一定拜托朱医生帮帮忙，帮帮忙，想想特别法子……"

"别急，让我诊察了之后告诉你。"朱医生来到房里，走到史小姐床前，对病人约略一看，就对史小姐的妹妹道："毛病果然很重，你告诉我什么时候起的，为什么不早点替她请医生？你也太糊涂了。"便吩咐助手替她量热度，拔出来一看，已经到了一百零三度三，朱医生大吃一惊道："该死，该死，一个人如何抵抗得住这末高的热，赶快用冰袋，打退热针。"又说："脸上已经肿得这个样子，身上必定也肿得不成样。"把被头揭开，解开史小姐身上衣服，整个身体肿得吓坏人，那腰身肿得像水桶一般，又像肉体里打了一泡气，朱医生急忙替她被头盖好，用听筒听了一会心脏，皱了皱眉，摇摇头，微微叹口气道："心脏坏完坏完，衰弱得一些些抵抗能力都没有了，等于失了效用，依我看不出念四小时，就要虚脱，现在先替她打一针强心针，不过这是拖拖辰光而已，根本还是无效，现在身上还不曾出汗，如果一身汗一出就完结了。"

史小姐的妹妹只是悲悲切切出眼泪，朱医生道："你不必难过，现在我既然来了，当然尽我能力做到，万一扳得转也说不定，这要看你姊姊的寿命了。"便吩咐助手灌好强心针，朱医生在史小姐手臂上用火酒擦了擦，替她打了一针，说："最好把她送到我医院里去，可是病到这个样子，一动也不能动。"

史小姐的妹妹拖拖朱医生袖子，叫他到楼下去，将这病情一五一十告诉他，朱医生跳脚道："这完全伤害他手里，这个打胎医生在什么地方，你马上去报告捕房，这还有什么客气？打胎并不是危险的事，可是有心脏病的人，万万打不得，这个打胎医生没有经验，贸贸然动手，实属可恶至极，你怕事不去告发，我代你报捕，快快！"

史小姐的妹妹经了朱医生这样一怂恿，一想这件事还要征了四姊同意，并且这个打胎医生的地址也只有她知道，于是匆匆回到楼上，在史小姐床前再三盘问，但，史小姐只是一声声嚷着周身痛苦得不能言说了，像在那里要死不能，要活不成，对问她的话，老实说，她是决不会讲出来的。她愁眉苦脸嚷着痛苦，嚷着还是赶快死了吧，做人做到这个地步，还有什么乐趣呢？一边嚷一边哭，在床上翻来覆去。朱医生俟到她稍为安静一些后，开了一张方子，吩咐赶快去配来给她吃下去，再看今天傍晚情形，也就匆匆要走。

史小姐的妹妹包了两百元出诊费，交了朱医生手里，送到楼下泪水涟涟问道："我四姊毛病，你看来到底有救没有救？我是心里焦急煞了！"

朱医生道："毛病是没有办法，接连打强心针根本无用，反而使她痛苦，不如让她安静的迷迷糊的半睡状态，望上去还好过一些……"

"依你这样说来,这个人变作绝望了!"她妹妹又哭了。

朱医生跨上车子道:"或者你再另外请一个名医,不妨大家评评看,一口气没有断,总要想办法。"说着,自备汽车也就开着走了。

史小姐的妹妹知道这个责任太重大,一面盼咐张妈出去配药,一面打了电话回去,请爹爹来,岂知老太爷接了电话非但不来,反而很气愤,说是死是活随她的便,我早已没有她这个女儿。养了子女不肖,比什么还痛心。她妹妹知道爹爹脾气古怪,早吓得不敢开口,接上预备打电话给大哥,可是她知道大哥后来同四姊感情不睦,也就免此一举,打电话到嫁出门的二姊同三姊那边,她们到底还有同胞手足之情,挂了电话便前后赶了来,可是史小姐这时候毛病突变,已经不会开口,到了弥留状态了。二姊同三姊一商量,以为有一口气,还是要救,便决意花一千元,特聘名医。

原来这个医生是海上最有名望的西医,姓牛,曾经医过国府要人的小肠气,补过海上名流的脑袋,结果都痊愈了。史家老太爷挺挺信仰他,平日两人很有交情,二姊同三姊以为请了牛医生出诊,如果毛病无救也就算了。所以无论如何要请牛医生出诊,二姊特为赶回西摩路,偷了老太爷的名片,又赶到牛医生府上,这时候已经晚上九点多钟,经了二姊再三面恳,牛医生方始答应,一同车子到了环龙路史家。牛医生把史小姐详详细细诊察一番,又用听筒把心脏听了一会,道:"心脏已经坏了呀,总之,你们太疏忽,医得太迟了,现在虽然还有一口气,要是这口气断了就完结了。"

二姊同三姊还有她的妹妹,听了这几句话哭了起来,牛医生道:"这毛病不但是坏在心脏,而且还夹有急性肺痨,因为平日太不知自爱,精神心血亏耗太甚,有以致之,按理像你们这种人家是不会有这种病的，实在莫明其妙。"牛医生见三姊妹都在那里悲悲切切出眼泪，便劝道："你们不用难过，还是赶快问问她有什么遗嘱，现在我来替她打一针。"

西医要使病人慢一点死，多给她拖延一歇，多给她一些痛苦，惟有这一种强心针，也叫救命针，然而靠这提神的作用，也就片刻工夫。牛医生给史小姐打了一针也就走了，一会果然见她身体牵动了一下，把眼睛张了开来，泪水又流下来了。二姊同三姊连忙围到床前高声喊道："四妹，四妹，牛医生说过了，你的病静养几天就会好的，你心里不用难过，你有什么话吗？你有什么话对我们说吗？"

史小姐把眼睛闭上了，微微摇了摇头，只是流泪，一句话也没有。

姊妹三人一齐伏下去轻轻推了推她，又问道："你有什么话对我们说吗？你外面还有什么没有料理清楚的事情吗？"史小姐只微微张动着嘴唇皮，始终讲不出一句，看她一牵一动，脸上更肿得不成样了。她们知道人是无用了，坐到旁边去商议后事，又吩咐张妈做了一些夜点心，预备陪夜。延到下半夜四点三十分，史小姐浑身一场大汗，随即魂归阴府了。这篇风流千金，就此宣告结束。在这里告诉读者的，当她遗体由殡仪馆早晨来抬出大门口时候，她那个最后爱人湖力生也赶来了，因为在舞场里跳了一夜的舞，早晨路过，顺便来借史小姐家里打一个觉，方才知道史小姐已经过世了，不觉大吃一惊。冥冥中这分明来送她丧的。

图书在版编目（CIP）数据

风流千金 / 周天籁著 .——上海：文汇出版社，2019.11
ISBN 978-7-5496-3042-4

Ⅰ.①风… Ⅱ.①周… Ⅲ.①长篇小说－中国－当代
Ⅳ.① I247.5

中国版本图书馆 CIP 数据核字（2019）第 243242 号

风流千金

著　　者　周天籁
责任编辑　朱耀华
特约编辑　甫跃辉
装帧设计　张志全

出版发行　🅆文匯出版社
　　　　　上海市威海路 755 号
　　　　　（邮政编码 200041）

照　　排　南京理工出版信息技术有限公司
印刷装订　启东市人民印刷有限公司
版　　次　2019 年 11 月第 1 版
印　　次　2019 年 11 月第 1 次印刷
开　　本　890×1240　1/32
字　　数　250 千
印　　张　11.25
印　　数　1-2300

ISBN 978-7-5496-3042-4
定　　价　45.00 元